Reprint Publishing

Für Menschen, Die Auf Originale Stehen.

www.reprintpublishing.com

Amerikanische

Reise = Skizzen

aus dem

Gebiete der Technik, Landwirthschaft

und des

socialen Lebens.

Amerikanische
Reise = Skizzen

aus dem

Gebiete der Technik, Landwirthschaft

und des

socialen Lebens.

Von

Ludwig Bäcker,

technischer Betriebsverwalter auf der ungarisch-altenburger Domäne Sr. kaiserl. Hoheit des Herrn
Erzherzogs Albrecht, ehmaliger Lehrer der Technologie an der k. k. landwirthschaftlichen
Akademie zu Ungarisch-Altenburg.

Braunschweig,

Druck und Verlag von Friedrich Vieweg und Sohn.

1867.

Vorwort.

Zur Verwerthung meines amerikanischen Privilegiums auf Mais-
bierbrauerei erschien die persönliche Durchführung dieser an Ort und
Stelle sehr wünschenswerth, damit der Beweis von der Vortheilhaftigkeit
der Sache geführt werde. Es ward mir auch von meinem hohen Dienst-
herrn, S. Kais. Hoheit Herrn Erzherzog Albrecht, die Erlaubniß zur Reise
nach Amerika und der Urlaub zu fast einjährigem Aufenthalte daselbst
in großmüthigster Weise gewährt, und so verweilte ich von December 1862
bis November 1863 in den Vereinigten Staaten.

Nun wage ich anzunehmen, daß die Veröffentlichung meiner dort
gemachten Beobachtungen und Erfahrungen, insbesondere der in das
Gebiet der Technik und Landwirthschaft einschlägigen, Einiges zur Klärung und Erweiterung der europäischen Anschauungen von den bezüg-
lichen transatlantischen Verhältnissen beitragen dürfte.

Weit entfernt unbedingt den Lobredner der amerikanischen Lebens-
auffassung überhaupt oder des dortigen Gebahrens im Geschäftsleben insbesondere zu machen, halte ich mich doch für überzeugt, daß es dort für
den Europäer gar viel zu beherzigen giebt: nehmen wir den praktischen
Geschäftssinn, welcher den Amerikaner kennzeichnet, das selbstthätige Eingreifen des Besitzers in das Getriebe des Geschäftes, die Oekonomie mit
Arbeit und Material, das Streben, die gewerbliche und kaufmännische
Manipulation zu vereinfachen, mit dem nicht selten die Grenze des Mög-
lichen erreicht wird u. s. w.

Bei einem Reiseleben, oft unter Mühsal und in der Sorge für die Durchführung der in den Brauereien eingeleiteten Instructionsarbeit, oft bei längerem, oft bei kurzem Aufenthalte gesammelt, ließen sich diese Skizzen nicht wohl in ein festes System geordnet wiedergeben; meine Erzählung mußte so eine mehr nach Zeit und Ort als nach der Art des behandelten Gegenstandes fortschreitende sein, nichtsdestoweniger wurde auch der Gruppirung nach dem Stoffe so weit es anging Rechnung getragen.

Einige Abhandlungen, als die über das Sorghum, die Sorghum-zuckerbereitung, den Mais und seine Verwerthung zur Mehl-bereitung, in der Stärke-, Weingeist- und Bierfabrikation, über Bierbrauerei und das Besteuerungswesen, ließen sich nicht in den Zusammenhang des touristischen Theils der Reiseskizzen verflech-ten, weil sie zu ausgedehnt und zu streng fachlich gehalten sind, diese bilden daher eine zweite Abtheilung meines bescheidenen Reisewerkes.

So sehr ich auch bei meiner Heimkehr aus Amerika gewünscht hatte, diese Schrift dem Publicum bald vorzulegen, so gestattete angestrengte Berufsthätigkeit mir doch deren Ausarbeitung nicht sofort, und schließlich wurde die Drucklegung auch durch die Ereignisse des Jahres 1866 ver-zögert.

Indem ich noch den europäischen Leser um Nachsicht bei Beurtheilung der mit dem besten Willen zu nützen ihm dargereichten »Reiseskizzen« bitte, benutze ich diesen Anlaß, um meinen amerikanischen Freunden, wel-chen diese Schrift zu Händen kommen sollte, für die genossene Gastfreund-schaft herzlichen Dank zuzurufen.

Ungarisch Altenburg, 1. Januar 1867.

Der Verfasser.

––––––––

Inhalt.

Touristischer Theil.

Technische Abhandlungen.

brauereien, Alefabriken und gewöhnlichen Wassermaischbrauereien. — Ergebnisse dieser Maisbraumethoden in Bezug auf Qualität und Haltbarkeit des Biers sowie auf Ersparniß. — Notizen über Gerstenmalzfabrikation.

Seereise.

Am Mittag des 3. December 1862 verließ unser Schiff, der Dampfer „Edinburgh" von 2619 Tonnen, den Hafen von Liverpool. Bei herrlichem Wetter, alle Segel aufgezogen, steuerten wir der irischen Küste zu. Noch jetzt denke ich mit Lust an jenen 3. December, denn solche Freude kehrte nicht wieder: die ganze übrige lange Zeit, ausgenommen diesen ersten, den dreizehnten und den letzten Tag der Reise, hatten wir ungünstiges Wetter, Regen, Wind und Sturm genug. Schon am Abend des ersten Tags ward ich seekrank und wäre nicht im Stande gewesen, früh Morgens mich zu erheben, ja mich nur auf meinem Lager zu bewegen, hätte nicht Vormittags das Schiff vor Queenstown Anker ausgeworfen. Es war ein Tag der Freude für Alle; die meisten Herren und einige der Damen betraten irischen Boden. Es scheint mir ein Beweis der grenzenlosen Armuth der Bevölkerung jenes Landes zu sein, daß Queenstown, eine Stadt, vor welcher doch 50 Schiffe vor Anker liegen, ganz und gar an die armseligsten Quartiere einer osteuropäischen Stadt erinnert.

Außer mir waren nur zwei Deutsche unter der ganzen Schiffsgesellschaft des Hinterdecks; wir schlossen da auf Erins grüner Insel Bekanntschaft. Jeder ließ sich ein paar Silbermünzen in Kupfergeld verwechseln, durch dessen Verthei-lung unter die Bettelnden wir manches frohe Gesicht zu schauen bekamen. Der eine Deutsche war ein Magdeburger Kaufmann, der andere war Baron W., ge-wesener österreichischer Offizier, welcher in die Dienste der Vereinigten Staaten zu treten beabsichtigte und den sein bewunderungswürdiger Humor in kurzer Zeit zum Liebling der ganzen Schiffsgesellschaft, der Damen zumal, machte. Außer diesen zwei Deutschen waren mehrere englische, schottische und amerikanische Fa-milien, zwei Italiener, einige Franzosen, mehrere Amerikaner, ferner, nicht zu vergessen, eine drollige irische Miß, endlich eine junge und schöne Schottländerin in der ersten Cajüte. Vom Vorderdeck lernte ich einige Franzosen und Elsässer

kennen; auf dem zweiten und dritten Plaze zusammen waren etwa 300 Passa-
giere, in der Mehrzahl arme irländische Auswanderer. Diese waren in den
ersten Tagen trostlos anzusehen, nach in der Hauptsache überstandener See-
krankheit befanden sie sich aber vortrefflich, denn sicherlich bekamen sie auf dem
Schiffe mehr zu essen, als ihnen in ihrem armen Vaterlande vergönnt gewesen
war. Diese irischen Männer waren robuste Bursche von großer Rohheit der
Sitten, die Weiber zeichneten sich aus durch schwarze, niegekämmte Haare, durch
schlampige Kleidung und allgemeinen Schmutzüberzug.

Den ersten Tag nach der Landung bei Queenstown, also am dritten Tage
der Fahrt, mußte ich ganz in meinem Bette, d. h. auf meiner Matte, bleiben.
Krank, hungrig — und doch unfähig zu essen — durchfeuchtet, fröstelnd, an
Fuß und Hand erstarrt, lag ich in meinen Reisepelz gehüllt bis zum dreizehnten Tage. Auf dem Deck hielt ich nicht Stand, nur ein oder das andere Mal
gelang es mir, einen Tag über im Speisesaal liegend auszudauern. Da ich
mich dem Steward (Schiffsaufwärter) nicht verständlich machen konnte, so war
es ein Glück, daß mein preußischer Landsmann mich brüderlich mit dem nöthigsten Essen versorgte: ich konnte nur Hafergrütze, süßen Reis, Ei, etwas Huhn,
Südfrüchte zu mir nehmen. Das Höchste war mir vom ersten bis zum letzten
Tage ein Apfel, das Labsal aller Seekranken, während die speisebeladenen Tische
des Salons mir Entsetzen erregten. Der bei weitem größte Theil der Schiffsgesellschaft war nur etwa eine volle Woche hindurch seekrank, nur bei mir und
einem jungen Theologen der Neuen Welt wollte das Kranksein kein Ende
nehmen.

Das Wetter war so schlecht, daß wir am zwölften Tage von den 3000
Seemeilen Wegs nur 83 zurücklegten, also per Stunde 3½ Meilen, die man
mit einem Paar guter ungarischer Ochsen auch machen kann. Alles war nie-
dergeschlagen, selbst die Schiffsoffiziere fürchteten das Ausgehen der Kohle und
des Trinkwassers. An einem Nachmittage, so ziemlich dem stürmischsten, wurden die Matrosen alle aufs Deck commandirt und jedem sein Posten bei den
Rettungsbooten angewiesen. Darauf kamen, Gottlob, etwas bessere Tage; doch
legten wir selbst am besten Tage nur 243 Seemeilen zurück, während bei sehr
günstigem Wetter und Wind ein Segelschiff 300 und mehr machen kann.

Die Schiffsgesellschaft war bald freundschaftlich geeinigt zu Einer Familie;
wer nur noch kriechen konnte, fand sich in dem Salon ein; die Einen spielten
Karten, die Anderen — wir Deutsche und der schottische Pfarrer — Schach;
die Pfarrerin — obgleich über und über in Roth gekleidet — hatte sanfte und
friedliche Eigenschaften, sie stickte wunderhübsch, schnitt Blumen aus Papier; die
jüngeren Herren suchten die jungen Damen zu unterhalten, Baron W. vor Allen,
der eine ganze Sammlung genialer Skizzen zu Papier brachte. Sehr gemüthlich verflossen die Abende, die zwei Italiener sangen schöne Duetts, des älteren
hochgeschulten Tenor begleitete des jüngeren mannhafter Baß. Oft spät in der

Nacht, wenn ich hülflos in meiner Cabine lag, richtete ich mich auf im Geiste, wenn der herrliche Männergesang vom Salon aus die engen Räume durchtönte. Durch die Bemühung des Schiffsarztes und der irischen Miß kam ein Chorgesang zu Stande, der im Gebiete der Volksmelodien des angelsächsischen Stammes sich bewegend zur Hebung der Stimmung wesentlich beitrug.

Und solche Mittel, unserer Situation eine gemüthlichere Seite abzugewinnen, waren wahrlich wohl am Platze. Das Wort „Seesturm" spricht sich so leicht aus auf trockenem Lande; ich meinentheils habe mir niemals (gleich manchem Vermessenen) gewünscht, des Wörtchens Bedeutung kennen zu lernen und mußte den Sturm jetzt doch so überreich genießen. Wenn ich auf allen Vieren das Verdeck erklommen hatte, so erinnerte mich das, was ich sah an ein Feuerwerk, das in den Knabenjahren meiner Phantasie Nahrung gegeben hatte: ein aus einem Schlunde nach allen Seiten ausbrechendes Flammenmeer. So der Seesturm: es ist kein Oben und kein Unten mehr, das Schiff scheint ganz verloren in dem Labyrinth aufsiedender Wassermassen.

Nach sechszehn so verbrachten stürmischen langen Tagen und noch längeren Nächten hielt plötzlich in der Nacht des neunzehnten Decembers das Schiff an. Ein allgemeiner Jubel erfüllte unsere engen Zellen, denn Jeder glaubte wir ankern vor New-York; es war indessen der Pilote, welcher sich aus seinem kleinen Fahrzeug behende auf unser Deck schwang, um das Schiff sicher in den Hafen zu leiten. Bis dahin hatten wir noch 55 Meilen zurückzulegen. Früh mit Sonnenaufgang fuhren wir in die Bucht von New-York ein. Es ist das ein herrliches Landschaftsbild, lieblich wie die Gestade des Genfer-Sees, dabei großartig und staunenswerth. Unabsehbar ziehen sich Gruppen herrlicher Villen hin, dazwischen Parkanlagen und Cederngebüsche, Stadt reiht sich an Stadt, Schiff drängt sich an Schiff, und in der Ferne taucht das tiefblaue Himmelsgewölbe in die spiegelnde See.

Das Zuziehen des Schiffs zu den Docks und das Douanenwesen hielten bis Mittag auf. Die Behandlung, welche wenigstens ich von den Zollbeamten erfuhr, war eine sehr gutartige. Um so räuberischer überfielen mich die Träger und Fiaker, und es schien ominös, daß sich mir schon in der ersten Stunde meines Aufenthalts auf transatlantischem Boden die Geltendmachung der Grundregel des amerikanischen Lebens, das „Hilf dir selbst", geradezu in Form des Faustrechts aufzwang.

———————

New-York.

New-York selber ist eine Welt, nach London und Paris wohl die größte Stadt der „civilisirten" Erde, reicher als Paris, als Seestadt origineller, in unglaublichem Verhältnisse zunehmend. Die Stadt macht einen imponirenden Eindruck, der dem von London an die Seite zu stellen ist. Die Häuser haben großentheils südländisch flache Dächer, sind häufig aus Ziegelrohbau und, zumal die Wohnhäuser, im Allgemeinen nicht so hoch wie jetzt in Neu-Wien, aber massiv, palastartig.

Es existirt in New-York ein deutscher Gasthof ersten Ranges, das Prescott-Haus, im Broadway; ich war indessen an ein sehr gutes Haus zweiten Ranges gewiesen, das Hotel Jegel. Wie zähe der Mensch ist, zeigt sich daran, daß ich kaum zwei Stunden dem bretternen Gefängnisse entstiegen, etwas Schwindel abgerechnet, mich so wohl fühlte, als ob nichts Besonderes vorgegangen wäre. Im Hause war Alles deutsch, also auch die Speisekarte, und zum ersten Mal nach drei Wochen genoß ich mit vortrefflichem Appetit ein deutsches Mittagessen. Dann erst erwachte mein Interesse für das, was um mich her vorging.

Da sitzen im Speisesaale die Neuangekommenen in schweigsamen Gruppen und brüten über zukünftige Geschicke. Ein paar Tische werden von den Stammgästen eingenommen, von Herren und einzelnen Damen, die sich die Zeit durch Conversation, durch eine zerstreute Kartenpartie oder durch ein Domino vertreiben. Glücklicher Weise findet sich immer ein Wortführer für die Conversation, ein vielgereister Kaufmann, ein Officier der V.-St.-Armee, der europäische und amerikanische Kriegsabenteuer zum Besten giebt. Die Bengelhaftigkeit — so würde man es in Europa nennen — mancher Prahlhanse, die schon länger im Lande wohnen und den Neulingen, den „Grünen", imponiren wollen, erregt häufig Spaß. Einem V.-St.-Officier sagt z. B. ein solcher Mensch: „Alle Unions-Officiere sind Schufte," in Deutschland müßte das mit Blut gewaschen werden, hier aber lacht man dazu. Ein Anderer sagt: „Die Schwaben sind große Esel, aber Karten spielen sie gut." Abermals freudiges Gelächter!

Großes Interesse nahm ich an einer Gesellschaft von etwa 30 Abkömmlingen des Schwabenlandes, die nach jahrelangem Aufenthalte im Staate Missouri durch die Ungunst der Zeitverhältnisse, die Folgen des Bürgerkriegs, ihren in das Gebiet Oregon vorausgegangenen Freunden nachzuziehen beabsichtigten. Sie gehörten in Missouri, und dasselbe wird an ihrem neuen Bestimmungsorte auch der Fall sein, einer sehr wohlhabenden Genossenschaft an, deren einzelne Glieder kein Eigenthum besitzen und sich in Landwirthschaft und

Gewerben gegenseitig in die Hände arbeiten. Der Mehrzahl nach treiben diese Leute Landwirthschaft, daneben sind alle gewöhnlichen Gewerbe vertreten, insbesondere Gerberei und Branntweinbrennerei. Es waren mehrere siebenzig- und achtzigjährige Frauen in der Gesellschaft, die in nichts, weder in Dialect, Sitte noch Tracht von den Gewohnheiten ihres Heimathlandes abgelassen haben. Nur die Männer sind mehr oder weniger der englischen Sprache mächtig, und die jüngeren derselben erscheinen auch im Aeußern theilweise amerikanisirt. Der Eindruck, den mir dieses kleine Gemeinwesen machte, war ein sehr wohlthuender. Möge es fröhlich blühen und gedeihen in dem gepriesenen Lande der Wanderer nach dem Westen, in Oregon, wo schon manche solchartige Colonie durch Religiosität, Arbeitsamkeit und wahren Gemeinsinn gesellschaftliche Probleme löst, die in Europa ins Reich der Träume gehören.

Ich selber war so glücklich noch am ersten Tag meines Aufenthaltes in New-York, und zwar in meinem Hotel, Herrn D. zu treffen, an den ich zunächst empfohlen war und dessen Freundschaft ich nachher so Vieles zu danken hatte.

Er führte mich nach Leerung einer Flasche Markgräfler durch die Hauptstraße New-Yorks, den Broadway. Dann ging ich noch zum Hafen und sah die Sonne herrlich im Meere untertauchen, so wie ich sie am frühen Morgen hatte emporsteigen sehen.

Pferdebahnen durchkreuzen ganz New-York, nur der Broadway ist davon frei. Auf manchen Straßen, besonders in der Nähe des Hafens, ist Alles gemüthlich durcheinander, Menschen, Karren, Wagen, Pferde und selbst Dampfwaggons. Ueberall sah ich Wälder von Christbäumen zum Verkaufe ausgestellt .... Die deutsche Feier des Weihnachtsfestes zieht selbst noch jenseits des Oceans die in Vielem abtrünnigen Söhne Germaniens an und dieses sowie manches andere Gute entnimmt der Amerikaner gern vom Deutschen.

Der Weihnachtsabend im D.'schen Hause war mir sehr angenehm und interessant. Die Gesellschaft bestand aus etwa funfzehn großen und ebenso vielen kleinen Gästen, der Christbaum war recht schön von Herrn D. selber in der Vornacht aufgeputzt, nur Kinder bekamen Geschenke. Die Conversation ward in verschiedenen Zungen geführt; am liebsten versuchte ich mich mit den Kindern abzugeben, die meisten jedoch hielten meinem Englisch nicht Stand. An den Kindern fiel mir auf, daß sie viel weiter entwickelt waren als europäische Kinder gleichen Alters sind — eine Bemerkung, die, wie ich später fand, im Allgemeinen für Amerika gilt. Die Stadt New-York gilt als ein sehr ungesunder Ort für Kinder, schwächliche halten das Klima nicht aus.

Der zweite Christfeiertag wird in New-York fast nicht geachtet, ja selbst am Weihnachtsfeste waren viele Läden offen. In diesem Lande der rigorosesten Sonntagsheiligung war mir dies befremdend. Keiner der kirchlichen Festtage wird dem Sonntag gleichgestellt.

Am Neujahrsfeste besuchte ich Mrs. D. Es ging im Hause ab und zu wie in einem Bienenstocke, denn es ist eine strenge Vorschrift der amerikanischen Etiquette, daß jeder Herr, welcher einem Hause irgend nahe steht, am Neujahrstage die Dame besucht. Von früh 11 Uhr bis Nachts 10 Uhr befinden sich die Herren auf solchen Besuchsreisen. In vielen Häusern setzen sie sich nicht nieder, stehend werden einige verbindliche Worte ausgetauscht.

In den nächsten Tagen suchte ich, nachdem meine Geschäftsangelegenheiten eingeleitet waren, mich mit der Stadt und ihren Inwohnern etwas näher vertraut zu machen. Vor Allem wollte ich ein Theater besuchen. Man hatte mir zunächst den Besuch eines solchen in der großen Geschäftsstraße Bowery widerrathen, weil es dort sehr bunt zugehe. Im Broadway dagegen ließ ich mich durch die an einem Prachtgebäude brillant illuminirte Inschrift „Concert Hall“ und durch die Massen sich hineindrängender Menschen verleiten ebenfalls einzutreten. Was ich da zu sehen bekam glich keineswegs einem Concert nach unseren Begriffen. „Loofers“ und „Rowdies“ machten sich da breit; man wußte nicht, wer eigentlich spielte, denn Jeder auf Gallerie oder Parterre, dem es eben einfiel, interpellirte die Spielenden. Das war ein Klatschen, Poltern, Pfeifen — Rauchen, Trinken, Discouriren! Gegeben wurden lauter kleine einactige Stücke, jedes von einem, zwei oder drei „Künstlern“ ausgeführt. Diese waren fast alle als Neger angestrichen. Kühne Balletproduction wechselte mit Couplets oder trivialen Dialogen. Meine Nachbarn legten sich ungenirt auf mich, brachten von rückwärts ihre Beine auf das Niveau meiner Schultern, schaukelten sich mit dem Behelfe meines Stuhls — von Anderem, Unziemlicherem gar nicht zu reden. Freunde hatten mir für solche Fälle dringend gerathen, in keinem Falle in einen Streit mich einzulassen, so lange ich ganz „grün“ sei: ich trachtete also bei Zeiten davonzukommen. Die Damenwelt ist in solchen sogenannten Theatern glücklicher Weise nicht vertreten.

Nachher habe ich zu meiner großen Befriedigung zwei noble Schauspielhäuser aufgefunden; auch das deutsche Theater in New-York fand ich meinen Erwartungen im besten Sinne gewachsen, besonders die Oper erfreut sich massenhaften Besuchs.

Wie die New-Yorker noch größere Kinder oder Narren mit Modecuriositäten sind als andere uns weniger weit entrückte Großstädter, hatte ich oft Gelegenheit wahrzunehmen. Vielleicht haben europäische Zeitungen Nachricht gegeben von der schönen Zwergin Miß Lavinia Warrens und dem „General“ Nutt. Um das Brautkleid der Miß Lavinia zu sehen, als es in einem Schaufenster des Broadway ausgestellt war, drängten sich von früh bis spät eine bis zwei Wochen hindurch Hunderte von Neugierigen, fast durchaus Damen. Die feinste Miß wirft sich mit staunenswerther Courage in das Gedränge.

Seinem eigensten Wesen nach ist der Amerikaner einfach in Sitte und Gewohnheit. In der Weltstadt New-York trifft man nichtsdestoweniger Beispiele von unerhörtem Luxus. Hier läßt sich der Eine eine Badewanne mit Silberblech ausschlagen, ein Anderer nimmt dann vergoldetes Silberblech. Rosenholz als Material zu Fortepianos ist nicht gut genug, es wird — was nur einigermaßen angeht — aus Elfenbein hergestellt. Noch in keinem Winter machten die Juweliere so glänzende Geschäfte, noch nie wurden so viele Diamanten bei dem Zollamt zur Einfuhr angemeldet, als dies im Jahre 1863 der Fall gewesen ist. Der Bürgerkrieg macht gar Manchen schnell reich, sei es auf dem Wege übernommener Lieferungen für die Armee oder durch Ausbeutung des Armeedienstes, sei es durch glückliche Benutzung der zum Theil abnormen Handelsverhältnisse, sei es durch Börsenspiel, welches bei dem wechselnden Goldagio im vollsten Sinne zum Hazard wird. New-York ist nach London die reichste Stadt der Welt, und es liegt nicht im Charakter des Amerikaners, das Gewonnene ängstlich zusammen zu halten, er fährt vielmehr, auch nachdem er reich geworden, mit stoischer Ruhe fort zu wagen, er gewährt, ohne hypothekarische Sicherheit zu beanspruchen, anderen kühnen Unternehmern unglaublich hohen Credit, er schreckt nicht vor dem Gedanken zurück, daß die Wellen des Glücks, die ihm heute so hoch gehen, sich morgen in ein stilles Wasser verwandeln können — denn solche Phasen ist er gewöhnt an seinem und an Anderer Vermögen zu erfahren. In einem Lande, wo man es mit Menschenleben oder Gesundheit und körperlicher Integrität nicht eben schwer nimmt, kann auch der Besitz von Geld, wie sehr man auch liebt dieses den „Gott" des Amerikaners zu nennen, nicht in dem Maße reizen, als dessen glücklich gewagter Erwerb.

Charakteristisch ist die Art wie der Amerikaner ißt, nach dem Sprichwort: „Wie der Mensch ißt, so ist er." — Die Eßzeiten kommen mehr mit den deutschen als mit den englischen und französischen überein. Die Stunden sind ziemlich allgemein: 6 oder 7 Uhr früh, 12 Uhr Mittags, 6 oder 7 Uhr Abends. Die Art und Anzahl der Gerichte bei diesen drei Mahlzeiten bleibt sich nahebei gleich, zu jeder Mahlzeit wird Kaffee oder auch Thee genommen, Suppe traf ich selbst in deutschen Häusern nicht. Fast nie fehlen Kartoffeln, geschält und mit Fett gedünstet, Alles steht zu gleicher Zeit bereit auf dem Tische und zwar gewöhnlich in reicher Auswahl und Menge: mehrere Sorten Fleisch, Gemüse, gekochtes oder eingemachtes Obst, gesottene Maiskolben, Bratwürste, Käse u. s. w. Wenn die Glocke oder die Pauke — so könnte man die zu diesem Zweck benutzte Metallscheibe nennen — das Zeichen giebt, nimmt Jeder eilig seinen Platz ein, und diese Eile geht so weit, daß auf Dampfschiffen und selbst auch in Boarding-Häusern einige Minuten vor dem Signal die Tischgäste, jeder mit der Hand auf der Stuhllehne, bereits sich zur Attaque fertig aufgestellt haben. In tiefem Schweigen, das nur unterbrochen ist durch einiges Geklirre mit Löffeln, Gabeln, Messern, Tellern oder auch durch etwas zu hörbare Arbeit der Kau- und Schlingorgane, wird das Mahl vertilgt. Alle Speisen werden ohne Beobachtung irgend einer Reihenfolge auf einen und denselben Teller herausgenommen und findet auf diesem oft eine dem Europäer unbegreifliche Juxtaposition statt; nur zur schließlichen warmen Mehlspeise oder zum Gefrorenen wird ein zweites kleines Tellerchen gereicht. Der Gebrauch einer Serviette wurde in den Häusern der Mittelclasse von mir nur selten angetroffen, vielleicht findet der Schnurrbart aus diesem Grunde so große Gegnerschaft im Lande. Gewöhnlich verläßt der Erste, welcher mit dem Essen fertig ist, eiligst und stillschweigend seinen Sitz und das Zimmer, selbst die Frau, welche mit ihrem Mann in den großen Speisesaal des Gasthauses eintrat, eilt von dessen Seite hinweg, wenn er sich nur wenige Minuten mehr Zeit zu diesem Geschäfte nimmt als sie. In großen Gasthöfen ist eine Abtheilung von elegant in Schwarz gekleideten Negern hinter den Speisenden als Bedienungsmannschaft aufgestellt, in anderen vertreten hübsch gekleidete irische Mädchen die Stelle der Mohren. Im Süden fächeln Sklaven den Speisenden mit grünen Zweigen Kühlung zu. Ein anderes Getränk als frisches Wasser wird in der Regel beim Speisen nicht genossen; ich rede auch von den Mahlzeiten der Reichen, die freilich in besonderen Fällen Champagner, Bordeaux und Rheinwein in Strömen fließen lassen, aber im gewöhnlichen Leben gerade durch äußerste Vereinfachung des Speisezettels mir auffällig waren.

Das Gasthausleben entspricht dem Charakter des Amerikaners so sehr, daß allwärts in großen Städten und beliebten Orten überhaupt viele Familien jahraus jahrein im Hotel leben. Das „vornehmste" Hotel New-Yorks, das Fünfte Avenue Hotel, beherbergt viele reiche Familien, denen dieses Leben bequemer ist, als die Führung eines eigentlichen Haushalts. Aus dieser Gewohnheit ist es herzuleiten, daß das Gasthausleben in Amerika überhaupt nicht so expansiv ist, als der Aufenthalt in europäischen Hotels von ähnlicher Großartigkeit und Eleganz. Kleine eben im Werden begriffene Städte haben Gasthöfe aufzuweisen, so groß und zweckentsprechend eingerichtet, wie man sie in europäischen Hauptstädten kaum findet.

Am deutlichsten zeigt sich die excentrische Art des Amerikaners in der Art wie er trinkt. Der Deutsche führt in der Heimath ein gemüthliches Wirthshausleben, welches er — jedoch nur vereinzelt — auch in die neue Welt verpflanzt. Im Allgemeinen nimmt er auch in diesem Stücke eifrig die Unsitte des Amerikaners an, vor dem Schanktische stehend, das Glas zu leeren, ohne es wieder aus der Hand zu geben. Eine Gesellschaft von jungen Männern tritt in das Schanklocal einen „drink" fordernd; dieses kostet je nach dem Grad der Vornehmheit (wenn dieses Wort in so demokratisch sein sollenden Verhältnissen erlaubt ist) 5, 10, ja 20 Cents, d. i. 10 bis 40 österr. Neukreuzer, und kann beliebig ein Glas Wein, Bier, Whisky, Brandy, Punsch, Cider sein. Einer von der Compagnie ist zunächst der, welcher zahlt, freihält (treat); sehr gewöhnlich geht aber die Reihe des Tractirens um und — gesetzt die Gesellschaft bestehe aus 6 Personen — so trinkt und zahlt also jedes Mitglied 6 drinks in kürzerer Zeit, als die ist, in welcher der deutsche Spießbürger behaglich am

Wirthshaustische sitzend seine „Halbe" leert. Sind Fremde gerade an der Bar
(dem Schenktisch), so werden sie kurz und bündig zu dem oder den drinks mit
eingeladen und würden stark verstoßen gegen Tact und Landessitte, wollten sie
dieser Aufforderung sich entziehen. Der Gebrauch des „Treatens" ist nach
meiner Ueberzeugung ein tief ins gesellige und Familienleben eingreifender, ein
Hauptgrund der leider so häufigen Trunksucht; er ist eben so verderblich für die
Finanzen des Amerikaners als für seine Gesundheit. Auch in diesem Stücke
wie in allen ist der goldene Mittelweg nicht des Amerikaners Sache: wer eine
Trinkstube besucht, gilt dort schon bald als Säufer; und es ist nicht gentleman-
like, zu bekennen, daß man Freund von einem guten Glase Bier oder Wein ist.
Ein fröhlicher Gesang deutscher Arbeiter im Wirthshause oder gar auf der
Straße gilt als die Spitze aller Sittenrohheit.

Gerade so erscheint es uns nach anerzogenen deutschen Begriffen, als
Gegenstück zu dem Gesagten, höchst abgeschmackt, wenn wir zum ersten Mal in
einen Mäßigkeits-Gasthof zu logiren kommen, wie ich sie später, besonders im
Staat Ohio, kennen lernte. Schweigend und Zeitungen lesend sitzt eine Gesell-
schaft in dem großen Wartraume, die Bar ist ihres gewöhnlichen buntfarbigen
Flaschenschmucks beraubt und nur zu der Urne, welche das mit Eis gekühlte
Trinkwasser enthält, bewegt sich hier und da einer der ernsten Gäste, um immer
in ein und dasselbe ungereinigte Glas sich den unschuldigen Labetrank abzuzapfen.
Die Eintönigkeit oder besser Untönigkeit eines solchen Wirthshauslebens wird
zuweilen unterbrochen, wenn eine brennende politische Frage eine animirtere
Conversation hervorruft oder auch momentan durch den Schall der zur Abspei-
sung, denn so muß ich das reizlose amerikanische Mahl nennen, auffordernden
Glocke: keinem Signal wird in Krieg oder Frieden bei dem Volke jenseits des
Oceans schneller und unbedingter Gehorsam geleistet als der Speiseglocke oder
Pauke. Nach schnell und glücklich beendigtem Speiseacte folgt eine erneute
Sitzung der Gesellschaft im Sprech- und Lesezimmer. Im Sommer dehnt sich
diese über die stets geöffneten und nur durch eine Art von spanischer Wand
innerlich verstellten Thüren auf die Straße aus; im Winter sind Oefen oder
Kamine die Knotenpunkte. Sowie in Familien eine zweite Abtheilung, bestehend
etwa aus jüngeren Kindern und den Dienstboten, sich an den Tisch setzt, nachdem die erste größere Hälfte abgespeist ist, so erscheinen auch in den Boarding-
häusern, Eisenbahnstationen 2c. die Familienglieder und Dienstboten, nachdem
die Gäste den Tisch verlassen haben.

Nach diesen Abschweifungen auf das Thema der amerikanischen Sitten
und Gebräuche im Allgemeinen erlaube ich mir noch einige Specialitäten über
New-York selber mitzutheilen, ohne mich über solche Dinge zu weit auszubreiten,
die sich besser für Reisehandbücher, als zur Aufnahme in meine flüchtigen Skizzen
eignen.

New-York ward von den Holländern schon im Jahre 1612 gegründet, sein Charakter als Metropole — Empire City — datirt sich aber erst vom Beginn dieses Jahrhunderts, und von allen Erscheinungen, welche uns auf diesem fremden Boden entgegentreten, ist gewiß gerade die schnelle Entwickelung der Stadt zu solch' riesigen Verhältnissen die staunenswertheste. Noch vor einem halben Jahrhundert bedeckte New-York nur eine Fläche von geringer Ausdehnung, seither hat es sich fast über die ganze 15 Meilen lange vom Hudson gebildete Halbinsel Manhattan ausgebreitet und alle Vorstädte und umliegenden Dörfer an sich gezogen. Die Lage New-Yorks an der Mündung des gewaltigen Hudson, die hohe Naturschönheit der Gegend, ihre aus der Halbinselform entspringenden maritimen Vortheile, ferner ein Hafen, dessen Umfang 25 engl. Meilen beträgt und der durch vorliegende Inseln gegen den Anprall der See-stürme geschützt ist und fähig wäre alle Marinen der Welt aufzunehmen — diese Verhältnisse, deren Werth sich durch die Willens- und Thatkraft des ameri-kanischen Volkes potenzirt, mußten New-York in so kurzer Zeit zu einer Welt-stadt machen.

New-York im engeren Sinn liegt, wie bemerkt wurde, auf der Halbinsel Manhattan. Am östlichen Ufer des East-River liegen die Schwesterstädte Brooklyn und Williamsburg, auf dem Westufer des Hudson liegt Jersey-City — zusammen über eine Million Menschen beherbergend.

New-York wird durch den Crotonaquaduct mit Wasser versorgt. Dieser, die großartigste Wasserleitung der Neuzeit, wurde auf Kosten der Stadt New-York von J. B. Jervis mit Aufwendung einer Summe von 12 Millionen Dollars zu Anfang der Vierziger Jahre erbaut. Der Crotonaquaduct liefert täglich 50 Millionen Gallonen, etwa 3,550,000 Wiener Eimer Wasser, sonach verfügt die eigentliche Stadt New-York ohne die Nebenstädte Brooklyn, Williams-burg, Jersey-City u. s. w. über eine größere Wassermasse als alle Londoner Wasserwerke zusammengenommen liefern, über ein Quantum, welches um ⅕ mehr ausmacht als die Wassermasse betrug, welche das alte Rom aus 14 Aqua-ducten bezogen hat.

Der Crotonaquaduct ist im Ganzen 45½ englische oder 13¼ österr. Meilen lang mit einem Durchschnittsgefälle von 13¼ Zoll auf die engl. Meile; er geht auf seinem Wege durch 16 Tunnels und hat 33 Luftzüge mit 15zölligem Durchmesser, die 14 Fuß über die Oberfläche hinaufreichen und zum Theil zum Einsteigen in das Innere des Aquaducts benutzt werden können; ferner ist der Aquaduct mit 6 Ausgußöffnungen versehen, die dem Wasser bei einem gewissen Stande den Ausfluß und benöthigten Falls selbst die Entleerung des Ganzen gestatten. Zum Schutze gegen Frost ist der Aquaduct mit Erde bedeckt.

Sein Wasser erhält der Crotonaquaduct aus dem Flusse Croton in der West-chester Grafschaft; durch einen Damm wird das Wasser dieses Flusses 40 Fuß über die natürliche Höhe gehoben und so durch Rückstauung ein Wasserbehälter, der sogenannte Croton-See, geschaffen, der eine Oberfläche von 400 Acres,

281 Wiener Joch, und einen Inhalt von 500 Millionen Gallonen oder 35¹⁄₂ Millionen Wiener Eimern besitzt. Der Aquabuct zieht sich zunächst — als in einen gemauerten Pfeiler gelegter und übergewölbter Canal von 53 Q.=Fuß Querschnitt — dem Thale des Croton entlang bis zum Hudsonfluß und von da nach der Stadt Yonkers, passirt sofort das Bett zweier Flüsse und zieht sich auf der Anhöhe weiter bis zum Harlemflusse. Hier wird das Wasser von Eisenröhren aufgenommen, die es über eine 1450 Fuß lange Brücke führen und dann wieder an eine gemauerte Leitung abgeben, welche nach 2 englischen Meilen Wegs abermals in vier Eisenröhren ausgeht, in denen das Wasser über das Manhattanthal geleitet wird. Diese Rohrleitung geht 102 Fuß ins Thal hinab, steigt am anderen Abhang wieder hinauf und stellt einen Heber von 4100 Fuß Länge dar. Aufs neue besteht jetzt der Aquabuct aus Mauerwerk und gelangt, über eine Höhe und ein weiteres Thal wegziehend, zum Aufnahmebehälter nächst Yorkville. Dieser ist 1826 Fuß lang, 836 Fuß breit, und bedeckt sammt der Um= dämmung eine Fläche von 35 Acres; er besteht aus zwei Abtheilungen, deren eine 20 Fuß, die andere 30 Fuß tief ist und hält 150 Millionen Gallonen, also 10 bis 11 Millionen Wiener Eimer Wasser. Unterirdisch gelegte Eisenröhren führen schließlich zu dem 2 englische Meilen entfernten Vertheilungsbehälter, 3 englische Meilen vom socialen Mittelpunkt New=Yorks, der City Hall, gelegen.

Der Vertheilungsbehälter bedeckt die Fläche von 4 Acres, ist 36 Fuß tief, enthält 20 Millionen Gallonen, 1,420,000 Wiener Eimer, und ist ebenfalls in zwei Abtheilungen getheilt. Der Behälter liegt 45 Fuß über den nächst= gelegenen Straßen und höher als irgend ein Punkt der Stadt New=York.

In dem älteren Theile von New=York auf einem verhältnißmäßig sehr kleinen Raume drängt sich hauptsächlich das Leben der Weltstadt zusammen. Gerade dieser Theil ist nicht eben regelmäßig gebaut, und er erinnert mehr oder weniger an europäische Großstädte; die neu angewachsenen und täglich sich aus= breitenden Theile der Stadt dagegen bestehen aus schnurgeraden, meilenlangen Straßen, Streets, die von breiteren Straßen, Avenues, rechtwinkelig durchkreuzt werden. Die Altstadt, den Broadway inbegriffen, welcher der Centralpunkt des Stadtlebens ist, wird daher dem aus europäischen Hauptstädten kommenden Reisenden weniger originell erscheinen als die neueren Stadttheile, die von den Geldfürsten Amerikas bewohnten Avenues, wo Paläste sich zu Straßen reihen. Monotonie ist aber auch hier der Grundzug wie in Allem was in Amerika der Mensch schafft, ja wie in der amerikanischen Natur selber.

Der wohlhabende Amerikaner benutzt wenn möglich ein Haus für seine Familie ausschließlich und zwar muß dieses ein Erdgeschoß und mehrere Stock= werke enthalten. Das Erdgeschoß enthält die Küche nebst Vorrathsräumen und wohl auch das Speisezimmer, der nächste Gebäudetheil die gewöhnlichen Empfangs= und Wohnzimmer, die höheren Stockwerke enthalten die Schlafzimmer, Arbeits= zimmer, Rauchzimmer u. s. w. Große Miethhäuser bestehen aus einer Anzahl solcher Familienwohnungen, die einzelnen Quartiere sind also nicht horizontal nach den Stockwerken getrennt, sondern es ist das Haus durch Wände von oben bis unten in die betreffenden Abtheilungen geschieden. Wenn wir von den Hauptverkehrsstraßen absehen, so finden wir vor jeder solchen Familienwohnung gewöhnlich einen grünen wenn auch oft sehr kleinen Platz, der mit sorgfältig gepflegten Blumengruppen, Sträuchern und einzelnen Bäumen geziert ist. Der Zutritt zur Wohnung führt durch diesen die Hausbreite einnehmenden nach rechts und links abgeschlossenen Raum, welcher einschließlich der ins erste Stockwerk von außen hinaufführenden Treppe in geeigneter Zeit zum Familienaufenthalte dient.

New-York ist reich an öffentlichen Bauten aller Art. Wohl finden sich ungefähr dieselben in wenig veränderten Typen in jeder amerikanischen Stadt wieder: das Rathhaus (City Hall), Gerichtshaus (Court House), zahlreiche Bankgebäude, Bibliotheken, kleine und große Kirchen, prachtvolle Schulhäuser. Von letzteren giebt es mehr als 200, ferner 300 Kirchen, in welchen etwa 30 Confessionen und religiöse Secten ihren Gottesdienst, jede in ihrer Art unbeirrt begehen. Oft werden Kirchen auf Speculation, zum Zweck der Betstuhlvermiethung gebaut; und wenn dies „Geschäft" mißglückt, zu anderen Zwecken, wie ich selbst mitansah, versteigert.

Einer religiösen Genossenschaft, und zwar einer die fashionable ist, als eifriges, d. h. als zahlendes und sonntäglich einen bis drei Kirchenbesuche leistendes Mitglied anzugehören, ist für den Mann oder die Familie, welche gesellschaftliche Geltung haben will, unerläßlich. Dieser Kirchenbesuch gilt besonders für die auf den herrlichen Villen in New-Yorks Umgebung den Sommeraufenthalt nehmenden Familien als ein gegenseitiges Criterium für den Rang, auf welchen jede derselben in der geselligen Stufenleiter hoffen. kann. Wenn ein Landhaus neu erbaut oder bezogen wird, der Besitzer aber keines der benachbarten Gotteshäuser besucht, so bringt sich dadurch die Lady um den besten Anlaß, den Ladies der Nachbarschaft vorgestellt zu werden, da die Zeit vor dem Eintreten und nach dem Austreten aus der Kirche zur Erfüllung solcher gesellschaftlichen Formen vorzugsweise benutzt wird. Die Folge ist, daß die Lady keine Besuche ihrer Nachbarinnen erhält und, abgesehen von dem durch diese Mißachtung verletzten Stolze, für den Sommeraufenthalt gesellschaftlich isolirt bleibt. Ein solcher Fall mag für manche Damen um so empfindlicher sein, als die Landhäuser gewöhnlich dicht aneinander liegen, Berührungen unter Nachbarfamilien daher fast unvermeidlich sind.

Neben dem in so viele Secten zersplitterten Protestantismus ist der Katholicismus numerisch und durch seine innere Einheit in hohem Grade einflußreich. Irland sendet jährlich Tausende von eifrigen Anhängern der katholischen Religion übers Meer als überreichen Ersatz für die in der amerikanischen Lebensströmung lau gewordenen oder abgefallenen Kinder der Kirche und als guten

Zuschuß für die demokratische Partei. Es ist bezeichnend fürs Menschenherz, daß die Söhne des grünen Erin, selbst kaum schweren Banden, und seien es nur die des Hungers, entgangen, jenseits des Oceans die eifrigsten Stützen der Sklavenpartei zu werden pflegen.

Der Bischof von New-York ist derjenige Mann in den Vereinigten Staaten, welcher bleibend — von periodischen Wiederwahlen unabhängig — über Millionen von Menschen, Bürgern Amerikas, den größten, in manchen Stücken unbedingten Einfluß ausübt. Er war es, der die irischen Massen beim Aufruhr im Juli 1863 noch lenken konnte, und der zu ihrer Zurückführung auf die Bahn der Vernunft und Menschlichkeit das Seine beitrug. Die Hauptwirkung in dieser Beziehung war freilich den Knütteln der Polizeimannschaft und den Kanonen und Bajonetten der vom Felde heimkehrenden Milizmannschaften zu danken.

Von den Kirchen auf die Friedhöfe übergehend, ist es ebenfalls eine Eigenthümlichkeit, und zwar gewiß eine lobenswerthe, der amerikanischen Großstädte, daß man diese Cemeteries in die schönsten Parkanlagen zu verwandeln pflegt. Freilich sind solche Friedhöfe nicht gemeinschaftlich für Arm und Reich, wie in europäischen Ländern, wo es als erste Anforderung an Humanität und Aufklärung gilt, von Religions- und Ständeunterschied dort abzusehen und die Asche der Verstorbenen in Friede und Eintracht in gemeinschaftlicher Erde zu bestatten. Nur wer Vermögen genug besitzt, sich um theures Geld ein Stück Grundes auf solch' einem Friedhofe anzukaufen, kann eine Begräbnißstätte daselbst erwerben. Dem Besucher New-Yorks wird Greenwood Cemetery, der schönste und größte Begräbnißplatz, als eine der größten Merkwürdigkeiten gezeigt, und in der That verdient er diesen Ruf durch seine weite Ausdehnung, durch kostbare Monumente, durch geschmackvolle Anlage der schon von Natur reizenden Landschaft, die mehrere vortrefflich benutzte Höhenpunkte besitzt, deren einer einen Ausblick auf den Ocean gestattet. Ebenso rühmen sich auch Philadelphia, Cincinnati, Louisville und andere Städte des Besitzes reich angelegter Friedhöfe, die viel besuchte Zielpunkte der Ausflüge der fashionablen Welt sind.

Für diesen letzteren Zweck aber besitzt New-York in seinem Centralpark ein weitaus geeigneteres Object, das einer solchen Großstadt vollkommen würdig ist. Die Entstehung des 843 Acres großen Centralparks in einer Gegend, die von Natur aus fast nichts als nackte Felsen zeigte, datirt aus den letzten Jahren; noch ist derselbe nicht nach allen Seiten vollendet und doch übt er einen nicht zu verkennenden Einfluß auf das physische und moralische Wohl der Bevölkerung aus. Jede Volksclasse, jedes Geschlecht erfreut sich des Naturgenusses, den der Centralpark bietet. Vornehmlich am Nachmittage des Samstags giebt sich die New-Yorker Welt dort Rendezvous, die Ladies in stolzen Equipagen, die Dandies in luftigen „Buggys". (Diese ein- höchstens zweisitzigen Wagen passen vortrefflich zu dem abgeschlossenen egoistischen Wesen des Amerikaners.)

Während sodann der Amerikaner den Sonntag regungslos in seiner Wohnung und in der Kirche verbringt, giebt der Centralpark dem deutschen Gewerbsmanne die dankenswerthe Gelegenheit, nach heimathlicher Sitte seinen Sonntagsspaziergang auszuführen; freilich ist unser guter Landsmann gezwungen, sich an dem „reinen" Naturgenusse genügen zu lassen, denn weit und breit winkt ihm dort kein Wirthshausschild — dies ist der Tribut, welchen er der amerikanischen Sitte zu zollen hat. Im Winter bieten mehrere Seen im Centralpark Gelegenheit zu der besonders bei den Ladies beliebten Uebung des Schlittschuhlaufens.

Die Anschauung aller Schönheiten des Centralparks, seiner grünen Rasenplätze, bewaldeten Hügel, Felsenpartien, seiner Hallen, Brücken und anderer Bauwerke, des bewegten Lebens, welches er von früh Morgens bis spät Abends bietet, erfreute mich um so mehr, als ich die Entdeckung machte, daß das erste und bis jetzt einzige Monument, welches denselben ziert, die Statue Schillers ist.

Mit einbrechender Nacht wird es menschenleer auf den verschlungenen Pfaden des Centralparks. Es wäre dort ebensowenig gerathen, Mondscheinspaziergänge zu unternehmen, als dies in den Umgebungen europäischer Hauptstädte ist. Was die Sicherheit in den belebtesten Straßen New-Yorks, im Broadway zumal, anbelangt, so läßt diese nichts zu wünschen übrig; zu jeder Stunde der Nacht wird selbst eine einzelne Dame dort respectirt werden, doch bin ich weit entfernt, dieses Lob den schlecht beleuchteten Seitenstraßen oder gar den verrufenen Quartieren New-Yorks vindiciren zu wollen — eingeborene New-Yorker werden niemals in der Nacht solche Gegenden betreten, es sei denn, daß sie auf gefährliche Abenteuer absichtlich ausgehen. Von der crassesten Geldsucht der Einzelnen und der Machtlosigkeit der Behörden in so wichtigen Fragen zeugt es, daß ganz im Centrum der Stadt die sogenannten Fife Points, der Herd menschlicher Verworfenheit, nicht ausgerottet werden können: die elenden Spelunken dort bringen mehr Quartierzins ein als anständige Häuser es vermöchten, also bleiben sie stehen.

Ein ähnlicher Beweis von der Schwäche des Regiments dem Terrorismus gewisser Classen der Bevölkerung gegenüber ist der Fortbestand der jetzigen Feuerlöschorganisation New-Yorks. Die Stadt besitzt Dampfspritzen, bedient von einer „freiwilligen" Feuerwehr. Diese Freiwilligen nun sind leider der Mehrzahl nach die sogenannten Runners, Loofers, halberwachsenes und erwachsenes Volk, das sich aus der großen Classe von dem Vaterhause entlaufenen Söhnen recrutirt und vom Scandalmachen, von der Wahlbestechung und von ähnlichen schönen Erwerben lebt. In New-York hat man so gut als in den anderen amerikanischen Großstädten die Unzweckmäßigkeit ja Schädlichkeit eines aus solchen Freiwilligen bestehenden Löschkörpers erkannt, in anderen Städten hat man auch längst statt dessen eine bezahlte Feuerwehr errichtet, in New-York aber wagt die städtische Regierung es nicht, den Loofers ihre Lieblingsbeschäftigung zu entziehen, aus welcher sich doch nebst dem freien, d. h. selbst genommenen Trunk in den der Brandstätte benachbarten Schenken, noch gar mancherlei per fas et nefas herausziehen läßt. Feuersbrünste sind in New=York der vielen Bretterhäuser und Riegelwände halber, aber auch wegen des Versicherungsschwindels außerordentlich häufig; das fast stündliche Feuersignal, Glockenschläge vom Thurme der City Hall machte mir besonders in den ersten Nächten meines Aufenthalts dort einen unheimlichen Eindruck, doch minderte sich dieser, als ich aus dem Signale selber den betroffenen Stadttheil erkennen gelernt hatte. Es wird behauptet, daß die Loofers, wenn in diesem oder jenem Quartier das Nichtbrennen schon zu lange dauert, des Wartens müde sich selbst ein Feuer anzuzünden pflegen; in den westlichen und südlichen Städten ist es gar nicht selten, daß sie berüchtigte Häuser demoliren oder niederbrennen, wozu sich bei so viel vorhandener Disposition zum „Lynchen" ein Vorwand nicht unschwer auffinden läßt.

Diese das „ländlich, sittlich" illustrirenden Bemerkungen kann ich nicht wohl in geeigneterer Weise zum Abschluß bringen, als durch die Anführung der Eindrücke, die ich von den Geschäftsgrundsätzen des amerikanischen Volkes erhielt. Ebenso verkehrt wäre es, über die Art des amerikanischen Geschäfts=gebahrens unbedingt und ungehört abzusprechen, als es schmählich für den Neu=ling im Lande ist, sich diese Geschäftsgrundsätze oder vielmehr das Zerrbild derselben sogleich zum Ideal und Vorbild zu wählen. In keinem Punkte möchte ich strenger als in dieser Frage die Unterscheidung zwischen dem Amerikaner und dem Eingewanderten durchführen. Der letztere und speciell der Deutsche drüben wird häufig von dem Einen Gedanken — schnell Reichthum und Unab=hängigkeit zu erwerben — so vollständig beherrscht, daß jedes Rechtsgefühl, jede Rücksicht, jede Scham darin untergeht. Es ist leider notorisch, daß ehrenhafte Männer, die nach Amerika übersiedelten, von diesem Strudel mit hingerissen ihre früheren Grundsätze nicht selten dort mit Füßen treten, für das was sie in Europa an materiellen und ideellen Besitzthümern aufgegeben haben, wird ein Ersatz schleunigst begehrt, und um diesen, nämlich Reichthum, zu erhaschen, wird auch das letzte und höchste Gut, welches im alten Lande von ihnen selbst über jedes andere gestellt wurde, Treue und Ehre, weggeworfen. Bei den gründlichen Erfahrungen, welche ich selber im Geschäftsverkehre mit eingeborenen und mit deutschen Amerikanern machte, traf ich gerade unter den Deutschen — es sei gesagt, ohne daß ich den vielen Ehrenmännern unter meinen amerikanischen Landsleuten zu nahe treten will — Ehrvergessenheit, Wortbrüchigkeit, unge=schminkte Gemeinheit am häufigsten an. Es fehlt wohl auch unter den euro=päischen Deutschen oder im Bereiche der sie umwohnenden Nationalitäten nicht an Menschen, denen kein Mittel zu niedrig ist, wenn es nur ihren Zwecken dient, ja es existirt eine Kategorie von Leuten, deren Streben vom amerikani=schen Standpunkte aus geradezu lächerlich erscheint — solche nämlich, die schon darin einen Genuß finden, daß sie überhaupt Anderen schaden können, ohne für sich selbst einen Vortheil dabei zu ersehen. Aber derlei Menschen pflegen sich noch in einen Schein von Rechtthun zu hüllen, sie bramarbasiren nicht, wie manche Deutschamerikaner, mit ihren Wort=, Schrift= und Eidbrüchen, mit den Erfolgen ihrer Niedrigkeit.

Glücklicher Weise steht es um den eigentlichen amerikanischen Geschäftsgeist nicht ganz so schlecht wie solche einzelne Beispiele fürchten ließen; der eigentliche Yankee kann Wort halten; besonders ein schriftlich gegebenes pflegt er zu halten, selbst wenn er reich ist und „sich deshalb vor einem Processe nicht fürchtet" (selbsteigene von mir oft vernommene Ausdrücke). Seine Art zu handeln ist durch das Wort „smart" ausgedrückt. Smartheit ist nicht genau zu verdeut= schen. Dieses Wort bezeichnet eben die „amerikanische" Klugheit, Schlauheit, Geschäftsroutine. Durch einige charakteristische Anekdoten aus dem amerikani= schen Leben dürfte der Sinn desselben noch am besten zu illustriren sein.

Ein junger Mann dient sieben Jahre bei einem reichen Geschäftsmanne als Commis (Clerk); muß aber, weil das von ihm mit der einzigen Tochter des Hauses eingegangene zarte Verhältniß wegen der Unbemitteltheit des Freiers keine Gnade vor den Augen der Eltern findet, das Haus verlassen. Am Tage seines Austritts begegnet er einem intimen Geschäftsfreunde seines bisherigen Principals, welcher ihm zu Handen des letzteren die hochwichtige — auf kürze= stem Wege gewonnene — Kunde von der Rückeroberung der Stadt New=Orleans durch die Unionstruppen mittheilt. Statt nun diese Nachricht an den rechten Mann zu überbringen, beutet der junge Yankee den dadurch in seine Hand ge= legten Handelsvortheil selbst aus, indem er sich rasch mit einem Geschäftsmanne verbindet, Schiffe befrachtet und als der Erste mit seinen willkommenen Artikeln in den Hafen von New=Orleans einfährt und so das eingesetzte Capital in wenig Wochen vervielfacht. Inzwischen waren natürlich Schiffe in großer Zahl, dar= unter auch vom früheren Principal unseres Helden gemiethete, nach New=Orleans gesegelt, und der den Unternehmern vom Waarenverkaufe ausfallende Nutzen stellte sich begreiflicher Weise in ein gerades Verhältniß zur Raschheit des Ein= treffens auf dem nach langer Absperrung wieder gewonnenen Platze. Dieser ersten gelungenen Speculation folgten Seitens der Hauptperson unseres Stückes ein paar andere ebenfalls glückliche Griffe, und in einer Zeitfrist, so kurz, daß sie bloß für Amerika glaublich erscheint, ward er ein wohlhabender Mann. Jetzt benutzt er den ersten Anlaß zu einem geschäftlichen Verkehre mit seinem einstigen Principal, der sich in trockener Weise abspinnt, und geht sofort zur Brautwerbung über. Der Principal fühlt sich von dem smarten Jungen über= wunden und legt dessen Hand in die der erfreuten Tochter: der Depeschendieb wird sein Schwiegersohn.

Aus eigener Geschäftserfahrung mit der Verwerthung meiner amerikanischen Maisbrau=Privilegien stehen mehrere amerikanische Gestalten, ich möchte sagen, plastisch ausgeprägt in meiner Erinnerung. Mit meinem Dolmetsch, der selbst

ein smarter Geschäftsmann ist, sitze ich dem Yankee gegenüber, welcher regungslos die Auseinandersetzung des Dolmetsch anhört und das Nichterloschensein
alles Lebens in seinem Inneren dadurch beurkundet, daß er zeitweise mit einiger
Vehemenz spuckt. Nachdem der Dolmetsch seine lange, wirkliches Ueberzeugt-
sein von der Wichtigkeit und Solidität des Gegenstandes ausdrückende Rede
geschlossen, folgt eine Pause, während welcher der Yankee langsam einen Kupfer-
cent aus der Tasche zieht. Endlich diesen emporhaltend spricht er: „Für all'
die Worte gebe ich nicht dieses, komm' und mache was Du versprichst, dann
will ich zahlen. Gute Nacht!"

Diese Art der Geschäftsauffassung könnte man sich wohl gefallen lassen,
aber der smarte Amerikaner wird — und das begegnete mir mehr als einmal
beim Verkehre mit Bruder Jonathan — seine Punkte so stellen, daß ihm die
Hinterthür für Nichtzahlung unter allen Umständen offen bleibt. Er nimmt
sich dann so viel ihm convenirt von der Neuerung ab und bietet im günstigsten
Falle dem Geprellten eine kärgliche Abfindungssumme.

Das amerikanische Volk kann in solchen Dingen auch von seinen selbst-
gewählten Regierungsmännern viel ertragen. Da sich ein Stellencandidat je
nach der Ergiebigkeit des Postens eine Auslage von so und so viel Tausend
Dollars gefallen lassen muß, um bei der Wahl durchzudringen — eine Ausgabe, welche in vielen Fällen das Vermögen des Aspiranten übersteigt —, so
kann der souveraine Stellenvergeber, d. h. das Volk, a priori versichert sein,
daß mittelst des Amtes so viel Geld „gemacht" werden wird, als eben angeht.
In diesem Stücke sind, wie gesagt, die Amerikaner dann nachsichtig bis zu einem
für uns unfaßlichen Grade, oder vielmehr sie finden es ganz natürlich, daß die
theuer erworbene Stelle auch viel eintragen muß. Wenn der Beamte nach vier
Jahren seine Stelle abgiebt, so hat er einen Revers zu unterschreiben, der ihn
für bei zukünftiger Revision sich ergebende Bemängelungen verbindlich hält.
Auch das wäre gut gethan, schade nur, daß solche Revisionen nicht vorgenommen
zu werden pflegen. Beamte, welche für ein Zehntel ihrer verübten Betrügereien
vielleicht in jedem europäischen Lande gesellschaftlich gebrandmarkt würden, vermögen drüben in der Concurrenz mit dem Makellosensten ihre Wiederwahl
durchzusetzen.

Der Dienst in der Armee wird in ähnlicher Weise mißbraucht wie der im
Civil. Man staunte über die Möglichkeit, daß für den durch Jahre fortgesetzten
Krieg noch Männer zu gewinnen waren; ein Hauptgrund, daß dies dennoch geschah, schien mir in der Verlockung zu liegen, welche dabei geboten war, Geld zu
erwerben. Der gemeine Soldat (Privat) erhielt zunächst ein großes Handgeld,
gewöhnlich mehrere Hundert Dollars, sodann bezog der Infanterist einen monat-
lichen Sold von 13 Dollars, der Corporal hatte 15, der Lieutenant 75 bis 80,
der Capitain 120, der Oberst 300 Dollars. Diese Gage in Ruhe zu genießen war nun freilich das Streben sehr Vieler; der Mißbrauch, welcher mit

den Beurlaubungen besonders von Officieren getrieben wurde, war und ist viel=
leicht noch unerhört. Mußte der Officier oder Privat endlich doch ins Feld, so
gab es auch dort wieder Erwerbsquellen, welche nach Allem, was man las und
hörte, recht fleißig und rückhaltslos ausgebeutet wurden.

Im Vorstehenden habe ich, von New-York Anlaß nehmend, mich zu man=
cherlei das Leben und den Charakter des gesammten amerikanischen Volkes
betreffenden Abschweifungen hinreißen lassen. New-York ist aber in Sitte und
Charakter der Bevölkerung zu sehr Weltstadt, als daß sich gerade dort das
Wesen des Amerikaners im wahren Bilde zeigte — Amerika ist besser als
New-York, und dieses Amerika kennen zu lernen drängte es mich unwider=
stehlich nach drei in den Grenzen des Stadtgebietes durchlebten, an Mühe und
Erfahrung reichen Monaten.

Reise in den Westen.

Die ersehnte Reise nach dem „Fernen Westen" anzutreten gelang mir end=
lich zu Anfang des Monats März. Es war noch förmliches Winterwetter,
und ich sah bei jener ersten Reise durch das Thal des Hudson nichts von
der hohen Naturschönheit dieses „amerikanischen Rheinthals". Später hatte
ich mehrmals bei besserer Jahreszeit Gelegenheit, diesen herrlichen Strom zu
bereisen und seine Prachtnatur anzustaunen, und gern stimme ich dem Ameri=
kaner bei, der mit Stolz den Hudson den schönsten Strom der Welt nennt.

Zwanzig Meilen oberhalb New-York beträgt die Breite des Hudson noch
4 bis 5 Meilen; die schwersten Seeschiffe vermögen weit über hundert englische
Meilen stromaufwärts zu segeln und Tausende von Dampfern und Segel=
schiffen bedecken seine weite Wasserfläche. Für die Hudsonfahrt ist gegenwärtig
das zweitgrößte Schiff der Welt, ein anderer Leviathan, im Bau begriffen;
auf dem Hudson erprobte Fulton im Jahre 1807 seine Erfindung, das erste
Dampfboot.

Die Reise auf der Hudson-Eisenbahn von New-York nach Albany ist, so
sagt ein amerikanischer Reiseschriftsteller, ein Gedicht in Prosa. Die Bahn liegt
am östlichen Ufer des Flusses, beständig von dessen Wellen bespült überbrückt sie
da und dort breite Buchten und die Mündungen von Nebenflüssen. Unglaub=
liche Schwierigkeiten mußten überwunden werden auf diesem Wege durch Berg,

Fels und Wasser, und das gelang so vollständig, daß diese Bahn jetzt für eine der sichersten in Amerika gilt. So reich auch an Naturschönheit bei Benutzung der Eisenbahn der Weg sich darstellt, so bietet doch die Fahrt auf dem Strome selbst ungleich mehr Reize dar.

Fortlaufend längs der Bahn bis auf eine Entfernung von 80 bis 100 Meilen oberhalb New-York prangen die Landhäuser und Schlösser der reichen Städter, jedes in einem anderen Baustile aufgeführt, meist in schönen Park-anlagen mitten inne stehend. Sehr viele dieser schönen Besitzthümer haben deutsche Herren.

Der Weg führt an den sogenannten Pallisaden vorbei, einer Reihe von hohen Felswänden, dann weiter an Fort Lee und Washington, an welche Punkte sich Erinnerungen aus dem amerikanischen Befreiungskriege knüpfen. Es folgt eine Reihe von aufstrebenden Ortschaften und von Fabriken; weiter oben bricht sich der Fluß Bahn durch die Highlands, eine ansehnliche Berggruppe mit schönen Erhebungen und malerisch abwechselnden Formen, und bevor Albany erreicht ist, berührt die Bahn noch verschiedene bedeutende Städte.

Albany selbst ist die Hauptstadt des Empire State, wie sich der Staat New-York mit Stolz nennt, und dürfte gegen 100,000 Einwohner haben. Die Stadt lehnt sich an den Berg an und ist vom Capitol überragt, wo der Gou-verneur die Geschicke dieses reichen und mächtigen Staates lenkt. Sie ist reich an großen Gebäuden, öffentlichen und privaten, besonders erregte eine neue gothische Kirche meine Bewunderung. Außer dieser besitzt die Stadt noch mehr als 40 Gotteshäuser, ferner ein Observatorium, eine Universität und gemein-nützige Anstalten aller Art, unter Anderem vier Bibliotheken, zusammen 62,000 Bände enthaltend.

Albany gegenüber liegt die Fabrikstadt Troy, gleichfalls etwa 50,000 Ein-wohner zählend.

Von Albany bis Rochester wird die anfangs einförmige Landschaft immer schöner. Vor nicht gar langer Zeit mag auf diesem Wege das Land meist mit Wäldern bedeckt gewesen sein, nun aber sind diese größtentheils verschwunden. Die Prosa der Gegenwart greift um Städtebenennungen zurück in eine classische Vergangenheit: nach einer Rast in Syrakus kam ich zu den Stationen Ca-millus, Marcellus, später Seneca-Falls, in weiterer Umgegend sind die Orte Utica, Ithaca, Homer, Rom, Carthago. Die schöne Stadt Geneva macht ihrem Namen durch ihre reizende Lage Ehre.

Rochester hat 45,000 Einwohner; mitten in der Stadt sind namhafte Wasserfälle des Genesee-Flusses; es sind deren drei, der letzte ist der bedeutendste, indem sich die Fluth 105 Fuß senkrecht hinabstürzt. Rochester bildet einen Mittelpunkt besonders auch für die landwirthschaftliche Intelligenz des Staates New-York und besitzt eine im Jahre 1850 gegründete Universität. Im Gewerbs-stande der Stadt sind die Deutschen in reicher Zahl vertreten. Ich wohnte

einem von einer Schulclasse gegebenen Concert bei und hatte Gelegenheit, nicht
allein mich über die Leistungen der Kinder im Gebiete des Gesangs zu freuen,
sondern auch das echt amerikanische Selbstbewußtsein zu bewundern, mit welchem
besonders die Mädchen vor das Publicum traten. Musik steht oben an unter
dem Guten, was durch deutsche Vermittelung sich die Bahn ins Land und im
Lande gebrochen hat. Clavierspiel und Gesang sind zur nationalen Liebhaberei
der Amerikaner geworden und üben gewiß auf dieses zum Excentrischen so
geneigte Volk einen guten Einfluß aus.

Ein von den Deutschen ins Land gebrachter Artikel ganz anderer Art, das
Lagerbier, wird schon in Rochester in großem Quantum fabricirt, und diese
Fabrikation nimmt an Bedeutung zu, je mehr man gegen Westen vordringt.

Rochester besitzt die größte Baumschule (Nursery) der Vereinigten
Staaten, mit einem Jahresumsatz, der sich auf eine halbe Million Dollars belaufen soll. Die Besitzer haben dem Import von jungen Bäumen aus Frankreich, welchen sie in Amerika zuerst unternahmen, vorzugsweise den großen
Aufschwung ihres Geschäftes zu danken. Was mir hierüber erzählt worden ist,
scheint mir so bezeichnend für den amerikanischen Geschäftsgeist, daß ich das
Gehörte kurz wiedergebe: Die zwei jetzigen Besitzer waren vor Jahren schon
Associirte und theilten einstens den Gewinn mehrjährigen Fleißes, der damals
nur eine bescheidene Summe betrug. Mit dieser begab sich nun der Eine derselben nach Frankreich und wagte einen Ankauf von so vielen Bäumchen, daß
das ganze beiderseitige Geschäftscapital auf Bezahlung der Frachtkosten gerade
aufging. Das kühne Unternehmen schlug zu Gunsten aus, und diese Männer
sind jetzt Millionäre. Die hohen Arbeitslöhne in diesen Kriegszeiten machen
die Pflege einer Schule von Obst- und Zierbäumen fast unerschwinglich theuer,
so daß die meisten kleineren Unternehmer ihren Bäumchen im Jahre 1863 gar
keine Pflege mehr geben ließen und deren ferneres Gedeihen der Natur allein
anheimstellten. In dem großartigen Baumgarten zu Rochester soll der wöchent-
liche Arbeitslohn 500 Dollars, d. i. 1000 Gulden, betragen haben! In der
Nähe von St. Louis sah ich etliche Wochen später eine Baumschule sammt Obst-
garten, die ihrem Besitzer, einem Amerikaner, jährlich 4000 Dollars abwirft,
viel mehr als etwa vor einem Jahrzehnt der erste Ankauf des Grundes gekostet
haben mag. Auch hier erhalten wenigstens die erwachsenen Obstbäume nicht
die mindeste Pflege mehr; der Käufer des Obstes muß es wie anderwärts selbst
vom Baume nehmen. Im Jahre 1863 ging, nach einem von mehreren Gärt-
nern und Farmern mir gleichlautend gemachten Ausspruche, die Hälfte der
Obsternte in den Vereinigten Staaten ungesammelt zu Grunde — Alles wegen
des Nichtvorhandenseins von Arbeitskräften. Das Geschäft des Gärtners ist in
Amerika, besonders wenn der Betreffende Geschick und Geschmack zur Land-
schaftsgärtnerei hat, ein sehr einträgliches: es ist stets Bedarf von Zierpflanzen
besonders Zierbäumen da, weil, wie bereits erörtert wurde, jedes Wohnhaus in

Stadt und Land, wenn nur irgend thunlich, sich den Schmuck einer grünenden Umgebung, einiger Sträucher, Bäume, Blumengruppen, verschafft. Diese Sitte gefiel mir wohl bei dem so ungemüthlich scheinenden Volke: der Amerikaner liebt, ehrt und schmückt sein „home“ (Heimstätte). — Baumschulanlagen werden meist von Deutschen gemacht, denn nicht gern giebt sich der Amerikaner mit einer Arbeit ab, die erst nach Jahren eine Rente abwirft.

Nach kurzem Aufenthalte in Rochester eilte ich den Niagarafällen zu.

Ein Vorfall auf dieser Strecke, obschon er an und für sich ohne Bedeutung blieb, steht lebhaft vor meiner Erinnerung. In dem pfeilschnell dahineilenden Bahnwagen gewahrte ich plötzlich, daß ein Trunkener hinaustaumelte, mit einem Sprunge holte ich ihn ein, die mitreisenden Amerikaner hätten den Menschen umkommen lassen. Dieser harte Ausspruch wird durch folgendes Erlebniß einer spätern Reise illustrirt. In finsterer Nacht wird der Zugführer gewahr, daß die Wagen über ein Hinderniß weggefahren sind; anstatt nun, wie dies in europäischen Ländern geschähe, anzuhalten und der Ursache nachzuspüren, fährt der ganze Zug langsam rückwärts. Endlich zieht man einen in drei Theile zerschnittenen Leichnam zwischen den Waggons hervor. — Wie nahe liegt der Gedanke, daß jener Verunglückte erst beim Rückfahren getödtet worden ist, nach der ersten Ueberfahrung aber vielleicht nur unbedeutend verletzt gewesen sein mag. Unglücksfälle sind in neuerer Zeit auf amerikanischen Eisenbahnen und Dampfschiffen nicht mehr gar so häufig, wie sie noch vor wenig Jahren gewesen; man schreibt diese günstige Aenderung nicht etwa höherer Humanitätsrücksicht Seitens der Administration der Bahnen ꝛc. zu, sondern nur dem Umstande, daß die Gesellschaften durch zu viele Entschädigungsprocesse, die ihnen anhängig gemacht wurden, stark ins Gedränge und in Auslagen gekommen sind.

Im Osten traf ich nur Eine Wagenclasse, in der Staatsmann und Farmer, Banquier und Handwerker demokratisch geeint sitzen. Die Ladies werden streng separirt und in den betreffenden Wagen durchaus keine anderen Männer als die die Damen begleitenden zugelassen. Auf einzelnen Bahnen des Westens giebt es eine zweite Classe, welche zugleich als zeitweiliger Aufenthalt für Raucher dient; in solchen Wagen herrscht nicht selten ein so wildes Treiben, wie ein ähnliches in Europa in einem Bahnwagen unerhört ist. Die Conducteurs sind häufig fein gekleidete Herren, aber Parteilichkeit, Rücksichtslosigkeit gegen Fremde und selbst Unredlichkeit in der Manipulation mit den Fahrkarten lassen sie sich doch zu Schulden kommen. Wartsäle mit europäischem Comfort fand ich nirgends; man pflegt lange bevor der Zug abgeht in die Waggons zu steigen, wobei man stets Gefahr läuft, in einen unrechten zu kommen. Das Aussteigen auf Zwischenstationen, das Auslösen und Wiederaufgeben des Reisesacks (welches übrigens nur in Hauptstationen angeht) ist bei der gewöhnlichen Hast sehr peinlich. Die Sitze sind eng und unbequem zum Schlafen; die Schlafwagen mit

Betten, den Schiffscabinen ähnlich und in neuerer Zeit sehr praktisch eingerichtet, habe ich nie benutzt, weil ich selten mit Absicht die ganze Nacht durchfuhr, um mir nicht so viel auf einmal von Land und Leuten verloren gehen zu lassen.

In Bezug auf die Gasthöfe ist für den Nichteinheimischen gleichfalls mancherlei durchzumachen. Die deutschen Gasthöfe sind trotz ihrer großartigen Aufschriften häufig ganz ordinär, in den amerikanischen aber ist es für den Fremden schwer oder unmöglich die nöthigen Auskünfte zu erhalten. Ernst und von Selbstbewußtsein geschwellt steht der Barkeeper (Schankhalter, d. i. in kleinen Localen der Wirth selber, in großen ein Kellner) hinter seiner Bar; auf eine oder die andere Frage giebt er kurze Antwort, bei fortgesetzter Inanspruchnahme zeigt er sich aber des Redestehens entschieden überdrüssig. In Albany war mein Reisegesellschafter ein Oberst der Vereinigten-Staaten-Armee. Er fragte den „deutschen" Kellner, ob bald gespeist werde: „Man ißt, wann gekocht ist", war die Antwort. . . . . Der Herr Oberst nahm diese Aeußerung des freien Staats=bürgers stillschweigend hin. Diese Classe von Leuten, kleine Wirthe oder Bar=keeper im Allgemeinen, zieht ihren Nachwuchs vielfach aus den gebildeten Ständen Europas. Der Nichthandwerker, der Kaufmann, der Jurist, der Literat, der Offizier, welchen der eigene Wunsch oder ein feindliches Geschick an die transatlantische Küste führt, ist entweder gar nicht oder doch nicht auf die Dauer im Stande sein tägliches Brot durch schwere Arbeit zu verdienen, die er nach der Ankunft dort vielleicht „so glücklich ist" bei Bauten, beim Landbau, beim Holzschlag zu finden, oder der er sich unterzieht, indem er als Lehrling bei einem Handwerker eintritt. Wohl ihm also, wenn es gelingt, als Hausknecht oder Laufbursche in einem Gasthof Aufnahme zu finden und da bis zum Barkeeper vorzurücken oder, was noch mehr ist, mit etwas Capital eine kleine Schank=localität in eigene Miethe zu nehmen. In New=York und anderwärts sind in solchen Verhältnissen europäische Grafen und Barone, Männer des Rechts, Lehrer, einstige Volksführer und Redner anzutreffen. Sie üben begreiflicher Weise auf die Wahlen namhaften Einfluß aus. Der Barkeeper ist eine poli=tische Macht; aber auch in Fragen anderer Art — zumal in solchen, welche in sein Geschäft eingreifen, so etwa in der Aburtheilung über ein Braugeschäft oder ein Brauereiproduct, führt er das große Wort. Und dem Worte, wenn die Umstände es erfordern, gehörigen Nachdruck geben zu können, ist ebenfalls nöthig bei diesem Berufe. An der Rückwand hinter dem Schanktische, neben dem Gestelle, auf wel=chem die verschiedenen Getränke in bunten Flaschen aufgestellt sind, hängt häufig als Waffenzier ein Säbel, eine Flinte, auch der Revolver dürfte nicht weit zu suchen sein, denn nur zu gewöhnlich giebt es beim Schanktisch eine kleine „Schießaffair" (wie die amerikanischen Zeitungen sich ausdrücken), wobei ein Barkeeper comme il faut auch ein Wörtchen mitspricht. Wenn bei überlebhafter Conversation der Moment eintritt, wo der Barkeeper nach englischer Mode sich die Aermel zurückstülpt, so sieht der erfahrene Gast darin ein Zeichen des nahen Sturmes, und Vorsicht gebietet dann dem Nichtbetheiligten, sich schleunigst aus dem Staube zu machen.

So wie der Amerikaner, mag er auch mehrere Dienstboten im Hause haben, sich seine Stiefel selber zu putzen pflegt, so bleibt auch dem Reisenden häufig in kleineren Orten, sei es in Gast- oder Boarding-Häusern, nichts anderes übrig, als dies auch so zu machen. Im besten Boarding-Hause der 16,000 Einwohner zählenden Stadt Madison in Indiana erhielt ich auf meine Frage, wie es mit den Stiefeln gehalten werde, die Antwort: „die können Sie selber putzen".... Sehr leicht konnte ich mich trösten mit dem Vorgange eines deutschen Herzogs, dem, wie mir einer seiner Hausgenossen erzählte, in New-Orleans dieselbe Beschäftigung als tägliches Vorfrühstück zu Theil geworden war.

Auf dieser Wegstrecke (Rochester-Niagara) sah ich — es war zu Anfang des Monats März — zum ersten Mal die Gewinnung des Ahornzuckers.

Die Quantität des in den Vereinigten Staaten gewonnenen Ahornzuckersyrups ist, in Folge der fortschreitenden Devastation der Wälder, welche selbst für die herrlichen, einen bedeutenden Ertrag gewährenden Ahornbäume das Wort Schonung nicht kennt, sehr stark im Abnehmen. Noch vor zehn Jahren soll nach einer sehr maßvollen Angabe das jährliche Productionsquantum von Ahornzuckersyrup 80,000 bis 90,000 Centner betragen haben, anderseitige Daten weichen aber von dieser Angabe so sehr ab, daß das Richtige schwer zu erkennen ist. Nun suchen sich allerdings die Amerikaner des Nordens durch die ausgedehnte Cultur des Sorghum von der Rohrzuckerindustrie der Südstaaten mehr unabhängig zu machen, ja es wurde in Chicago im Jahre 1863 ein erster aber nicht gelungener Versuch mit der Runkelrübenzuckerfabrikation gemacht. Wie sollte in einer Zeit, wo der Taglohn in jenen Gegenden bis auf drei Dollars stieg, der Runkelrübenbau und die Zuckergewinnung aus der Rübe prosperiren! So mußten die Unternehmer der ersten amerikanischen Runkelrübenzuckerfabrik, welche das Pfund Rohrzucker zu vier Cents herzustellen gehofft hatten, selber die Kosten ihrer irrigen Berechnung zahlen.

Der Zucker-Ahorn ist ein herrlicher Baum, der eine Höhe von 80 Fuß und einen Durchmesser von vier und mehr Fußen erreicht. Er begnügt sich mit zum Ackerbau ungeeignetem Boden; außer diesem Vortheile bietet die Ahornzuckerindustrie den weiteren, daß ihre Betreibung in die Monate Februar und März fällt, welche dem Farmer Zeit genug zu solcher Beschäftigung lassen. Diese Arbeit, sowie das Holzmachen im Walde, ist besonders für die jüngere Männerwelt eine kräftig anregende und durch Geselligkeit gewürzte, und es steht diese winterliche Periode das ganze Jahr hindurch da als eine, die frohe Rückerinnerung gewährt, und die Hoffnung auf ihre Wiederkehr dient zur Ermuthigung unter den Mühen des Anbaues, im Schweiße der Ernte- und der Dreschzeit.

Der Baum entläßt seinen Saft am reichlichsten, wenn nach einer kalten nebligen Frühlingsnacht ein heller Tag eintritt, bei Regen und Wind fließt kein Saft. Ein Baum kann im Tage ein Barrel, zwei bis drei Wiener Eimer oder Centner liefern, und diese Ergiebigkeit währt zuweilen mehrere Wochen, der Saft liefert aber nur 2½ bis 3 Proc. Syrup. In jeden Baum werden unten vier bis acht aufwärts gehende, bis zum Splinte eindringende, einen halben Zoll weite Bohrlöcher gemacht, in welche man hölzerne Rinnen oder Röhren steckt, die den ausfließenden Saft in untergestellte Gefäße, sehr häufig nur ausgehöhlte Holzstücke, ableiten. In diesen wird die Flüssigkeit zu dem Eindampfapparat getragen, der in nächster Nähe der Bäume ephemer aufgerichtet ist; bei Besprechung des Sorghum, dessen Saft ursprünglich in derselben Vorrichtung eingedickt wurde, sollen die betreffenden Vorrichtungen näher beschrieben werden. Zur Klärung des Saftes dient Milch oder Eiweiß, fleißiges Abschäumen und Durchseihen. Arbeitet man auf festen Zucker, so kommt der zum Krystallisationspunkte eingedampfte Saft in Gefäße, wie sie gleichfalls bei der Sorghumzuckerbereitung beschrieben werden, welche die Trennung der Krystalle von dem wohlschmeckenden Ahornsyrup leicht ermöglichen. Der Syrup, Molasse, wird im Verhältnisse zum Zuckerwerth sehr hoch bezahlt, und zwar eine Gallone, etwas über 10 Pfd., mit etwa einem Dollar.

Zum Gelingen der Operation ist die Reinhaltung der Gefäße eine Hauptbedingung; der Saft muß, einmal gesammelt, unverzögert wenigstens bis zur Consistenz eines dünnen Syrups verdampft werden.

Niagara-Fälle.

Bei meiner ersten Reise in den Westen war es mir schon vergönnt, dieses großartigste Naturwunder zu sehen, und zwar in der Winterscenerie. Dies zu erreichen gehört zu den Lieblingswünschen manches englischen Touristen und des auf die Herrlichkeit seines Vaterlandes stolzen Amerikaners. Bei meinem zweiten Besuch des Niagara dagegen hatte ich das Glück, die Waldlandschaft, welche demselben als Hintergrund dient, in dem herbstlichen Farbenschmucke zu sehen, der in Amerika so wunderbar schön ist. Die Ursache dieser Erscheinung mag theils in der vielartigen Zusammensetzung des Waldes liegen, theils darin, daß die die Farbenwechselung bedingenden Umbildungen dort allmäliger geschehen als in unserm Himmelsstriche. Das Unterholz der Waldungen ist

meistens gebildet vom Sumach, gegen dessen dunkles Roth sich das glänzende
Weiß der Silberpappel, das Goldgelb der Ulme und Platane herrlich abhebt;
die dunkeln Cedern, Fichten, Lärchen und Tannen, die Weiden mit frischem
Grün, die Rhododendronsträuche mit ihrem Scharlach, all' die mannigfaltigen
Arten von Bäumen und Sträuchern, Ahorn, Hickory, Taxus, Vogelbeeren,
Birke, Erle bringen Farbentöne hervor, an welchen sich das Auge nimmer
satt sieht.

Fern sei es, daß ich mich unterfange, in diesen flüchtigen Blättern weit-
schweifende Auseinandersetzungen über die Niagara-Fälle zu geben; aber der Eindruck, welchen dieses Naturschauspiel macht, ist ein zu überwältigender, als daß
ich in der Erinnerung nicht einen Augenblick dabei verbleiben müßte.

Die großen Seen von Nordamerika — der Ober-Michigan-, Huron- und
Erie-See — haben durch den Niagara ihren Abfluß in den Ontario-See. Der
ganze Strom ist nur 36 englische Meilen lang, bei einer Erhöhung des Erie-
über den Ontario-See von 334 Fuß. Vierzehn Meilen von der Einmündung
des Niagara in den Ontario sind die Niagarastürze. Sie sind durch zwei
größere Inseln in zwei Hauptmassen abgetheilt. Außerdem verzweigt sich der
Strom noch vielfach durch dazwischenliegende kleine Inseln, deshalb wechselt die
Breite desselben von einigen hundert Klaftern bis auf drei englische Meilen; bei
den Fällen ist er etwa drei Viertelmeilen breit. Die obigen zwei Hauptsturz-
massen sind die sogenannten amerikanischen und canadischen Fälle, jene haben
eine Breite von 900 Fuß und eine Sturzhöhe von 163 Fuß, letztere sind 2000
Fuß breit und 154 Fuß hoch.

Die in jeder Stunde sich herabstürzende Wassermasse wird auf 100 Millionen Tonnen, etwa 2000 Millionen Centner, berechnet. Das Getöse wird je
nach der Windesrichtung meilenweit vernommen: das Wort Niagara bedeutet in
der Indianersprache „Wasserdonner".

Der erste europäische Besucher, der „Entdecker" der Niagarafälle, war ein
französischer Missionär, seit jener Zeit, d. i. seit 180 Jahren, haben Hunderttausende von Reisenden die Wallfahrt dahin angetreten, und der Niagara ist
zum Mecca der Touristen und der Naturverehrer geworden, denn vielleicht
nirgends tritt die Größe des Schöpfers dem Menschen näher und steht herrlicher vor seinem Auge, als an dieser Stelle der Erde.

Von Niagara nach Chicago.

Von Niagara bis Chicago, also 560 englische Meilen Wegs, führt die Bahn meistens durch Waldungen, dazwischen liegen jene herrlich aufblühenden Städte — ein echtes Stück Amerika! Der Menschenschlag ist kernig, die Frauen sind häufig schön, auch kamen mir die Leute etwas jovialer, nicht ganz und gar so abstoßend vor, wie auf früher zurückgelegten Wegstrecken.

Wie sich dem bewaffneten Auge des Astronomen am bestirnten Himmel alle Gestaltungen der Himmelskörper neben einander darbieten, Nebelfleck, Komet, Planet, Sonne und Centralsonne, so erschließt sich, wenn ich Kleines mit Großem vergleichen darf, vor den Blicken des Reisenden, der auf der leicht aufgeworfenen Bahn den großen Seen entlang fährt, die Entwickelungs= geschichte der menschlichen Wohnstätten vom Blockhaus bis zur Großstadt.

Rechts und links von der Bahn ist meistentheils ein Streifen Waldes ausgehauen, oder wenigstens bereits dem Untergang gewidmet, indem die Bäume unten am Stamme eingeschnitten oder auch so versengt sind, daß sie nur mehr als halbverbrannte, kahle Pfähle gen Himmel ragen. Diese Vernichtung des Lebens durch Abbrennen des Unterholzes ist der erste Schritt zur landwirth= schaftlichen Cultur. Der traurige Eindruck, den das Bild solch' großartiger Verwüstung macht, wird durch das Interesse etwas gemildert, welches der Rei= sende an den Bewohnern der einsamen Blockhäuser nimmt, welche da und dort unter stehengebliebenen Gruppen von Waldbäumen errichtet sind. Wie rauh erscheint, zumal zur Winterszeit, das Leben in solch' enger Behausung!

In der Nähe des Blockhauses sieht man einige Kühe und Pferde, vom Froste bewegungslos, im Schnee stehen, es ist schon eine Art von Luxus, wofern eine elende, nur gegen die Wetterseite mit einer Wand aus Stroh und Aesten versehene Hütte diesen armen Thieren Unterstand bietet. Häufig müssen sie sich gleich den Thieren des Waldes in diesem selbst zwischen dichtstehenden Bäumen oder in einem andern von der Natur gebotenen Zufluchtsorte eine Stätte suchen. Zur Vervollständigung des Bildes denke man sich noch ein paar zum Blockhaus postirte Hunde, die den Bahnzug mit zornigem Geheul verfolgen, das weithin nachhallt, wenn bereits neue Bilder sich vor dem Auge des Reisenden auf= gerollt haben.

Das war die Wohnung des „Pionniers der Cultur". Anstatt allein und hülflos sich anzubauen, siedeln sich gern mehrere „Settlers" nebeneinander an und unregelmäßig zerstreut zwischen den Resten des Waldes stehen ihre niederen Hütten.

Darauf folgt in unserer Stufenleiter die neuangelegte Stadt (Town); breit und regelmäßig sich kreuzend sind zunächst Straßen vorgebildet durch Aushauen der Waldbäume, deren Stümpfe noch als Hindernisse auf dieser neuen Rennbahn für menschliche Thätigkeit aus der Erde hervorragen. Noch sind wenige, aber zum Theil schon stattliche Häuser zu sehen; kaum ein einziges ist bis jetzt aus Ziegelsteinen aufgebaut, doch sind es auch nicht mehr rohe Baumstämme, die als Baumaterial dienen, sondern Bretter, deren Bezug von den unermeßlichen Nadelwaldungen des Nordens die Eisenbahn leicht vermittelt hat. Das erste Haus, welches dort stand, war das Stationsgebäude der Bahn, mit nothdürftigem Magazinsraum, einem Geschäftszimmer und einem stuhllosen Wartraum für die Reisenden ausgestattet. Das zweitwichtigste bretterne Gebäude ist die „Grocery", ein Verkaufsladen von allem und jedem Dinge, welches zur menschlichen Nothdurft in Kleidung, Speise, Wohnung, Haus- und Farmwirthschaft gehört. Die Grocery macht zunächst das Wirthshaus überflüssig, denn Brandy und Whisky, ja selbst Ale oder Bier, das Alles bietet sie dem Farmer. Zu diesen zweien, dem Stationshause und dem Kramladen, gesellt sich bald ein Kirchlein oder ein Schulhaus, die Schmiede, die Brettsäge, auch die Dampfmühle bleibt nicht lange aus. Dort, wo im alten Europa der Höhepunkt des Verkehrs- und Gewerbswesens, der Landwirthschaft, schon erreicht scheint, fängt eben der Amerikaner an: mit der Eisenbahn, der Dampfmühle, der Mäh- und Dreschmaschine. In solcher Wildniß Maschinen zu finden, deren manche in der landwirthschaftlichen Praxis der civilisirtesten Länder Europas noch nicht Fuß gefaßt haben, erregt das Erstaunen des Reisenden.

Am Samstag Nachmittag bietet die neue „Stadt" das belebteste Bild dar, denn das ist die Zeit, wo von nah und fern Farmer, Farmersfrauen und Töchter, mit wenig Ausnahmen beritten, auf den rauhen Waldpfaden herangezogen kommen, um Briefe und Zeitungen der ablaufenden Wochen ebenfalls in der Grocery in Empfang zu nehmen, um Einkäufe für die nächstfolgende zu machen und nebenbei über Familien-, Wirthschafts- und Landesangelegenheiten gegenseitigen Austausch zu pflegen. Die Frauen und Jungfrauen lieben es, grellfarbige Reitkleider zu tragen, welche sie, in der „Stadt" angekommen, abstreifen und auf den Sattel legen. Nachdem sofort das Pferd an einen Pflock oder Zaun angebunden ist, macht die Dame im bequemen Anzuge ihre Einkäufe oder Besuche. Als eine bezeichnende Durchführung des amerikanischen Grundsatzes, jeder Lage im Leben die vortheilhafteste oder wenigstens bequemste Seite abzugewinnen, erschien mir die Sitte von Mann und Frau, sich bei länger dauerndem Zwiegespräch, sei es im Vorhause, sei es selbst auf der Straße, geradezu — niederzukauern. Als ich zum ersten Male eine solchartig postirte Farmergruppe von weitem erblickte, mußte ich mir von meinem Begleiter eine

Erklärung erbitten, die mich über den Zweck der „Sitzung" aufklärte. So mischt sich in dieses junge Städteleben noch die Sittenursprünglichkeit des freien Waldbewohners.

Während in Buffalo mit 80,000 und Cleveland mit 60,000 bis 70,000 Einwohnern schon das große Städteleben der neuen Welt repräsentirt ist, gewährte mir Toledo das Bild einer Stadt, die diesen Namen nach europäischen Begriffen eben anfängt zu verdienen. Sie liegt am Erie-See bei der Ausmündung des größten Schifffahrtscanals der Vereinigten Staaten, durch welchen indirect eine Verbindung der großen Seen des Nordens mit dem Mississippi und durch diesen mit dem Golf von Mexico hergestellt ist. Toledo existirt erst seit 1836, das rasche Erblühen der Stadt, welche schon jetzt ein Hauptplatz für den Handel auf dem Gebiete der Seen ist, wurde durch die Kriegsjahre etwas unterbrochen, wird jedoch unausbleiblich, sobald eine friedliche Zeit wiederkehrt, den alten Fortgang nehmen.

Chicago.

Chicago, am Michigan-See, ist nicht allein die bedeutendste Stadt des Ackerbaustaates Illinois, sondern auch diejenige, welche in den Vereinigten Staaten das rascheste Wachsthum aufweist. Im Jahre 1831 war Chicago noch ein indianischer Handelsposten, 1840 zählte die Stadt 5000 Einwohner, jetzt aber hat sie deren über 120,000. Auf die letzten 20 Jahre kommt sonach ein Durchschnittszuwachs von circa 5000 Menschen per Jahr.

Die Eisenbahn führt auf den letzten Stationen vor Chicago hart am Michigan-See dahin, der sich endlos ausbreitet, eine Fläche von 780 deutschen Quadratmeilen. Der See vermittelt den Handel Chicagos mit den zum Theil noch unausgebeuteten Districten der Staaten Wisconsin und Michigan, sowie Canadas; Bretter, Gerberrinde und Häute, dann Getreide, Schweine sind die Hauptartikel und gehen von hier per Bahn oder Schiffscanal südlich und östlich. Die Zu- und Abfuhr von Getreide repräsentirt etwa 20 Millionen Bushel, annähernd 10 Millionen Zollcentner; die von Schweinen mehrere Millionen Stück.

Der Chicago-Fluß, welcher die Stadt in mehreren Armen durchströmt, gewährt, gegen den See sich erweiternd, einen Hafen für die größten Schiffe. Die Straßen der Stadt sind breiter als die meisten von New-York und theilen die Stadt ebenso regelmäßig in Quadrate (Blocks). Die öffentlichen Gebäude und Kirchen wetteifern an Größe und Pracht der Ausstattung mit denen New-Yorks und sonach auch mit denen Londons. Dies gilt ebenso von den Gasthöfen und Waarenmagazinen der Hauptstraßen Chicagos. Pferdeeisenbahnen und Omnibusse vermitteln den Verkehr in der langgezogenen Stadt.

Längs der Landungsplätze Chicagos stehen die Getreidemagazine, Grain-Elevators genannt. Dies sind thurmartige Gebäude, am gewöhnlichsten nur aus Holz aufgeführt, von oben nach unten in mehrere Räume getheilt, in welche von den Schiffen aus das Getreide durch Dampfkraft — vermittelst Becher-werken — gehoben wird. Bei solcher Aufbewahrungsweise wird der Raum des Magazins aufs Vollkommenste benutzt und das Umschaufeln der Früchte erspart, indem durch Oeffnen des im untersten Theil jedes Fachs befindlichen Schiebers und durch Herauslassen einer kleinen Menge des Getreides eine vollständige Ortsveränderung und Lüftung des Korns erzielt wird. Das Ablassen des Getreides geschieht durch Holzschläuche und zwar häufig unmittelbar auf die Bahnwagen, welche auf Zweigbahnen an den Fuß des Thurmes gelangen.

Solche zweckmäßig placirte und eingerichtete Fruchtspeicher sind jetzt in allen Städten des Westens zu treffen: in Chicago existirten im Jahre 1863 deren 20, in Cleveland 9, in Pittsburg ist man mit der Errichtung von Ge-treidethürmen beschäftigt, und man berechnet in dieser Stadt, daß die Kosten für die Aufbewahrung des Getreides und dessen Ueberfrachtung von dem West- zu dem Ostbahnhofe sich für je Tausend Bushels von dem seitherigen Betrage von 50 Dollars durch diese Neuerung auf 20 reduciren werden.

Chicago besitzt gleich anderen Städten des Westens großartige Gerbereien. Dieses Gewerbe wird, wie mir von einem deutsch-amerikanischen Freunde, welcher diesem Berufe angehört, gesagt wurde, in einer vom europäischen Betriebe sehr abweichenden Weise behandelt. Der Amerikaner nimmt sich nicht Zeit, Jahr und Tag auf die Gahre des Leders zu warten, sondern er ist unbedingter An-hänger der Schnellgerberei, für deren Vervollkommnung in diesem Lande an-erkennenswerthe Anstrengungen gemacht werden.

Nächst Cincinnati besitzt Chicago die großartigsten Schlächtereien in Amerika. Es giebt Geschäfte, die eine Anzahl von 20,000 bis zu 120,000 Schweinen im Laufe des Winters in die Form von Pöckelfleisch, Schinken, Speck, Schmalz, Oel und Stearin bringen, welche Artikel auf dem Wege nach dem Osten zur Verschiffung nach den fernsten Welttheilen gelangen. Die Ar-beiten folgen sich in solchen Schlächtereien begreiflicher Weise in fabrikmäßiger Anordnung: eine Reihe von Arbeitern tödtet die Schweine, und zwar geschieht dies durch Einschlagen des Schädels mit einem spitzen Hammer, hierauf wird die Kehle durchschnitten, das Blut kommt für den Gebrauch von Zuckerraffine-rien, chemischen Fabriken, zur Bereitung von blausaurem Kali, Pariser- und Berlinerblau und ähnlichen Präparaten in den Handel. Nun übernehmen andere Arbeiter die Schweine der Reihe nach zum Abschrubben der Borsten, zum Ausweiden, Zertheilen, Reinigen der Därme und so fort. In jeder Minute passiren mehrere Schweine diese Verarbeitungsstadien. Ebenso schleunig wird das Fleisch eingesalzen, und es befindet sich schon 24 Stunden nach der Tödtung des Schweines auf dem Schienenwege nach Osten. Alle Abfälle, welche Fett liefern können, werden in großen Bottichen mittelst Dampf aus= gekocht; dieselben, z. B. die Schweinsknöcheln, sind für den Lufttragenden ganz oder beinahe umsonst zu haben, und die letzteren sind auch in Gasthäusern nicht selten zum unentgeldlichen Vormittagsimbiß aufgestellt. Uebrigens hängt es nur von der jeweiligen Handelsconjunctur ab, ob statt obiger Proceduren mit dem Schweine dieses nicht ganz einfach auf Fett verarbeitet wird; es existiren näm= lich Fabriken, wo in großen Gefäßen die Thiere, wie sie sind, so lange einem hohen Dampfdrucke ausgesetzt werden, bis eine breiige Masse entstanden ist, von welcher man das Fett abschöpft, während der Rest noch als Düngungsmittel dienen kann.

Auf Herstellung guter Schinken wird namhafte Sorgfalt verwendet; in manchen Fabriken bleiben sie zwei Monate lang in der Beize, werden dann ge= trocknet, geräuchert, in Baumwollstoff eingenäht, dieser mit Farbe überstrichen, so in Papier gewickelt und seiner Zeit verpackt. In langen für Luftzug eingerichteten Holzschuppen harren Tausende und Tausende solcher eingenähter und über= tünchter Schinken der Versendung. Ein Pfund dieser superior cured hams, vorzüglicher mit Zucker conservirter Schinken, kostet im Kleinverkaufe nur circa 10 Cent. = 20 Neukreuzer. Wegen der Vertheuerung des Baumwollzeugs hat man jetzt angefangen, die Verpackung ausschließlich mittelst Papier zu machen *).

Im Jahr 1860, also vor Beginn des Bürgerkriegs, betrug das Quantum solcher aus dem Gebiet der Vereinigten Staaten in den Verkehr kommenden Pro= ducte der Schweinezucht über 3,233,000 Zollcentner, wovon 800,000 bis 1 Million Centner außer Lands geführt, 1,800,000 Ctnr. in den Südstaaten der Union und der Rest in den östlichen Staaten verbraucht wurden. Die Producte der Ochsenschlachtung und der Handel mit Mastvieh überhaupt

---

*) Eine genauere Vorschrift für die Einbeizung, welche sich der Beachtung des Haus= und Landwirths besonders empfiehlt, kann ich nicht umhin hier beizufügen: Man schneidet das Fleisch in zur Verpackung geeignete Stücke, übergießt es in einem Fasse von 2½ Wiener Eimern mit einer möglichst concentrirten Salzlake. Nach 24 Stunden wird die letztere in einem Kessel abgegossen und unter Zusatz von ¼ Pfd. Salpeter und etwa 30 Pfd. Syrup bei gutem Umrühren aufgekocht. Das der Lake aus dem Fleische beigemengte Blut veranlaßt vollkommene Klärung der Pöckelbrühe, der Schaum wird entfernt, die reine schön=braune Brühe abkühlen ge= lassen und auf das Fleisch zurückgegeben, welches nach 20 Tagen zum Kochen oder Räuchern geeignet ist. Es ist Sorge zu tragen, daß der für diesen Zweck verwendete Syrup nicht säurehaltig sei, weil dies dem Fleische verderblich sein müßte.

(Beef) liefern ähnlich hohe Zahlenergebnisse für die Statistik der National-production.

Unter dem Staunenswerthen, was diese jüngste Großstadt des amerikanischen Westens, Chicago, dem Fremden darbietet, behauptet die dortige Eisindustrie und der Eisgroßhandel eine erste Stelle, und ich nehme daran Anlaß, diesen in neuerer Zeit besonders für Amerika außerordentlich wichtig gewordenen Industriezweig etwas eingehender zu besprechen. Die Eisindustrie legt Zeugenschaft dafür ab, daß unsere Erde Schätze besitzt, welche offen vor den Augen der Menschen liegend in ihrem Werthe erst da erkannt zu werden anfangen, wo Unternehmungsgeist, reichliches Capital und leichter Verkehr ein höheres Industrie- und Handelsleben geweckt haben. Schon vor einem Jahrzehnt betrug der Eisverbrauch von New-York und seinen Nachbarstädten einschließlich des versandten Quantums 6 Millionen Zollcentner, der Eishandel und Eisverbrauch der Stadt Boston etwas über 4 Millionen. In letzterer Stadt blüht schon seit dem Jahre 1834 der Exporthandel mit Eis, und zwar geht dieser hauptsächlich nach Südamerika, nach West- und Ostindien; die Schifffahrt consumirt übrigens, abgesehen vom wirklich beabsichtigten Export, große Massen für den Zweck der Conservirung der Lebensmittel, besonders des Fleisches, und Passagierschiffe ersparen sich durch dieses Mittel die Unbequemlichkeit, lebendes Vieh mitzuführen.

Unentbehrlich ist in Amerika dem Städter das Eis: in keinem Kaffee-, Wein- oder Speisehaus wird ein Tropfen Wasser getrunken, es sei denn durch Eis gekühltes; hierdurch allein wird das schlechte Wasser, wie es die meisten Großstädte Amerikas haben, einigermaßen genießbar; jede Haushaltung der wohlhabenderen Classe der Bevölkerung erhält täglich am frühen Morgen ein Stück Eis vors Haus geführt, welches der Eiswagenführer mit einer Zange aus dem mit gefirnißtem Blech beschlagenen, nur durch eine rückwärts aufgehende Thür zu öffnenden Wagenkasten herausnimmt und ohne Weiteres dem Abnehmer vor die Hausthür wirft (auch die Zeitungen sieht man auf eine so formlose Weise vertheilen). Wechselnde Eisquantitäten, wie sie manche Gewerbe zu unbestimmbaren Zeiten nöthig haben, müssen den Abend vor dem Bedarfe in der Geschäftsstube der Eishandlung angesagt werden; zu meinem Erstaunen sah ich, daß die kleineren, ja selbst manche große Brauereien ihren Eisbedarf nicht selbst eingelagert haben, sondern denselben zu currentem Preise von der Eiscompagnie beziehen. 100 Pfd. Eis kosteten in St. Louis im Spätsommer 1863 3 Dollars, also 6 Gulden österr. W.

Zur Gewinnung und Einbringung des Eises bietet der Amerikaner alle Hülfsmittel der neueren Mechanik, Dampf nicht ausgeschlossen, auf.

Wie beschämt steht der Europäer vor dieser Manifestation eines wahrhaft praktischen Sinnes, der sich neue Mittel und Wege schafft und das Festkleben an dem Althergebrachten nicht kennt!

Das Princip, welches bei der Eisgewinnung und Aufbewahrung in unserer Gegend meistens noch befolgt wird, ist vornweg incorrect. Man benutzt tiefe Flüsse oder Teiche zur Ausbeutung, solche Wasser, die schon anhaltende niedere Temperatur beanspruchen, um eine gefrorene Decke von nur 6 Zoll zu erhalten und die, wenn dieser günstige Fall eingetreten ist, dem Arbeiter noch immer die Gefahr eines gelegentlichen kalten Bades, ich will nicht mehr sagen, in Aussicht lassen. Statt so Alles der lieben Natur zu überlassen, emancipire man sich, so weit dies möglich, von den Zufälligkeiten, welche der Wohnort in dieser Hinsicht darbietet, durch Anlage eines zweckmäßigen Eisteiches oder von bewässerten Wiesen — ich erinnere an das fürs Schlittschuhlaufen hergestellte Feld des Bois de Boulogne — oder überhaupt durch Herstellung eines Ueberschwemmungsbodens, der 2 bis 3 Fuß tief unter Wasser gesetzt werden kann und der den Vortheil der Bildung einer in kurzer Zeit sehr dicken Eisschicht und bequemer und gefahrloser Einheimsung gewährt. Eine solche Fläche wird in vielen Fällen eine vielfach höhere Rente tragen, als wenn sie mit der üppigsten Weizensaat bedeckt wäre.

Der zweite Mißgriff liegt bei der gewöhnlichen Eismanipulation in der unordentlichen Form der Stücke, die, von der Eisdecke losgeschlagen und im Wasser schwimmend durch weitere Stöße mit einem gespitzten Eisen so weit zerkleinert werden, daß jedes Stück von einem Mann herausgefischt werden kann. Dies ist eine anscheinend auf die Vernichtung des zu gewinnenden Guts abgesehene Manipulation. Der dritte, ebenfalls im bloßen Herkommen liegende und leider nur zu allgemein angetroffene Irrthum bezieht sich auf die Form, in welche das Eis zum Behufe der Aufbewahrung gebracht wird. Eis in Stücke von der einfachen bis doppelten Größe einer Faust zerschlagen, nimmt nach von mir angestellten Proben nahezu $1\frac{1}{3}$ so viel Raum ein, als es im massiven Zustande, in Quadern oder Blöcken, beansprucht, und die künstlich gebildeten Zwischenräume sind natürlich mit Luft gefüllt, die bei irgend ermöglichter Gelegenheit zum Austausche mit der wärmeren Luft außerhalb des Eisaufbewahrungsraums corrodirend wirkt, das Abschmelzen oder Verdunsten befördert. Dem aufzubewahrenden Eise eine solche unzweckmäßige Form zu geben, ist also eine Verschwendung von Arbeit, Aufbewahrungsraum und von dem Material selber.

In den amerikanischen Eishäusern behält das Eis allgemein die Form von möglichst regelmäßigen und möglichst großen Quadern, mit denen man den disponibeln Raum sorgfältig auslegt, während die Fugen mit zerkleinertem Eise ausgefüllt werden. Die Einrichtung der Eishäuser ist, wenn auch aus Einem Grundsatze fließend, so doch eine namhaft verschiedenartige, je nach dem nächstvorliegenden Zwecke, ob nämlich vorzugsweise der Verkauf des Eises oder ob die Kühlhaltung von Bier oder anderen Nahrungsmitteln durch dessen Vermittelung beabsichtigt wird.

Das Eishaus leistet vollkommen den Dienst des Eislagerkellers, bei in jedem Falle viel geringeren Errichtungskosten. Speciell in Chicago ist von zum Bierlagern geeigneten Kellern wegen des Grundwassers nicht die Rede. Ich sah Eishäuser für 4000 und mehr Barrels Bier, d. i. für 10,000 Wiener Eimer aufwärts. Das Gebäude besteht aus einer Doppelwand von Mauerwerk oder Brettern, der etwa 9zöllige Zwischenraum zwischen der äußeren und inneren Wand ist mit verkleinerter Gerberlohe im getrockneten Zustande, die hier vollauf zu haben ist, angefüllt, in Ermangelung dieses Materials eignet sich Kohlenklein oder Sägemehl.

Im Eishause befindet sich der ebenfalls doppelwändige Eisbehälter; dieser steht, den größten Theil des inneren Gebäuderaumes einnehmend, entweder in dessen Mitte, was offenbar am besten ist, oder seltener bilden zwei Eiskästen die Längsseite des Locals. Unten im Eiskasten sind etwa von 9 Fuß zu 9 Fuß Entfernung 3 Fuß hohe Schieberöffnungen. Das Eis liegt unmittelbar auf Sandboden, oder, im Falle der Grund kein sandiger ist, auf einer 1 bis 2 Fuß hohen Schicht von feinem Kies oder grobem Sand; Gerberlohe ist irriger Weise auch schon hierzu verwendet worden, es ist jedoch klar, daß für den Fall des Abschmelzens des Eises nasse Gerberlohe — als ziemlich gut Wärme leitend — eine weniger geeignete Unterlage ist als Kies.

Der Eisbehälter ist bis unter das Dach gefüllt mit einer Masse, gebildet von mit dem Eispfluge geschnittenen und dann regelmäßig gefügten und aufgeschichteten Eisblöcken, deren Zwischenräume sorgfältig mit kleingebrochenem Eise ausgefüllt sind; unten sind Canäle gelassen, welche die gegenüberliegenden Schieberöffnungen verbinden. Auch am oberen Theile des Eiskastens sah ich in einzelnen Fällen Züge angebracht.

Zur Bedeckung des Eises dient (lose aufgeschüttetes) Stroh. Auf dem Principe der Verdunstung des Eises beruht sowohl die Kühlung, beziehungsweise die Conservirung des aufzubewahrenden Bieres oder des sonstigen im Eishause niedergelegten Materials, als auch andererseits die Verdunstungskälte eben dazu dient, das Eis selber zu erhalten. Die Masse des Eises in einem solchen Eishause beträgt 60,000, 80,000 und noch mehr Centner.

Die gegebene Skizzirung gilt für alle Eismagazine, die nicht ausschließlich dem Verkaufe des Eises, sondern der Aufbewahrung von Bier oder der Kühlhaltung von Nahrungsmitteln gewidmet sind. Für die erstgenannte Bestimmung, den Verkauf ohne Mitverbindung von einem anderen Zwecke, fällt der Zwischenraum zwischen der doppelten Außenwand und dem Eisbehälter weg, oder noch besser, er wird beibehalten und auf ein kleines Maß beschränkt. Im letzteren Falle entstehen also Räume, welche durch drei Wandungen begrenzt sind; derartige Magazine trifft man in Amerika bis zu einem Inhalte von anderthalb Millionen Cubikfuß an.

In dem als Bierlagerraum dienenden Eishause liegen zwischen der Gebäudedoppelwand und dem eigentlichen Eisbehälter die Lagerfässer einschichtig oder ein- und selbst zweimal gesattelt. Den Raum sah ich nirgends so ängstlich gespart, wie in unseren Lagerkellern dies gewöhnlich ist. Die Dimensionen der Fässer sind im Allgemeinen die unseren; Gebinde von 40 amerikanischen Barrels, also 100 Wiener Eimern gehören zu den größten. Die Fässer liegen nur in einer Reihe, den vier Seiten des Gebäudes folgend, rückwärts gegen die äußere Gebäudedoppelwand, mit dem Zapfen einwärts dem Eisbehälter zugekehrt.

Das Hauptthor zum Einbringen der Fässer wird nach Füllung des Hauses ebenfalls mit Lohkuchenmehl ausgepolstert, und es bleibt nur ein niedriges Thürchen, wie bei unseren Lagerkellern.

Bei in der Nähe von Städten postirten Eishäusern wird der Zweck des Verkaufes von Eis mit der Absicht verbunden, durch an Victualienhändler, Wirthe u. s. f. geschehende Vermiethung des in Fächer abgetheilten Raumes zwischen Außenwand und Eisbehälter eine Rente zu haben. Diese Unter-theilung geschieht, abgesehen von den verticalen Scheidewänden, auch durch hori-zontale, es entstehen also je nach der Höhe des Gebäudes ein oder zwei Stock-werke, deren Einzelzellen mit dem Eisraume durch Schieber communiciren und bei einer Temperatur von höchstens 3° R. die Conservirung von Lebensmitteln auf kürzere Zeit gewährleisten.

Es bleibt noch übrig, wenige Worte über die zur Eisgewinnung im großen Maßstabe üblichen Werkzeuge beizusetzen. Das wichtigste derselben ist der Eis-pflug: ein zweisterziges Instrument, an dessen Pflugbaum eine Anzahl von Schaaren, bis acht Stück, so angebracht sind, daß jede nachfolgende etwas tiefer eingreift. Zur geraden und sicheren Führung dient ein durch drei Stangen gehaltenes, mit dem Pflug parallellaufendes Markirbrett. Statt dieses compli-cirten Instrumentes wurde von dem erzherzoglichen Werkmeister H. Humbel in Ungarisch-Altenburg auf meine Anregung ein durch ein Pferd, ja selbst durch drei Männer in Action zu bringender Pflughobel angefertigt, der bei der Eis-arbeit im Jahre 1864 vortreffliche Dienste leistete.

Nach dem Pfluge folgen in Wichtigkeit die Eissäge, eine von zwei Männern geführte Zimmermannssäge, die eiserne Nuthbarre, der eiserne Meißel, der Eis-haken, und zu den die Arbeit erleichternden Vorrichtungen gehören Fußeisen für die Arbeiter.

Nicht wenig staunte ich in Chicago einem wandernden Hause zu begegnen, was mir wohl später in amerikanischen Städten öfter vorkam. Die Bretter-häuser werden fix und fertig vom Zimmerplatze an ihren Bestimmungsort, oder andere längst im Gebrauch stehende Häuser an den Ort einer neuen Bestimmung transferirt. Die zu diesem Zwecke dienende Rollenvorrichtung ist eine sehr ein-fache, und die Reise dauert, je nach der Entfernung des Ziels, mehrere Tage oder selbst Wochen.

Unter die Wunder, welche menschlicher Unternehmungsgeist in Amerika zu

Tage bringt, rechnet man die Hebung einer ganzen Straße Chicagos sammt allen ihren Häusern.

In neuester Zeit wird zum Behuf der Versorgung der Stadt mit gutem Trinkwasser die Anlage eines Tunnels unter der Sohle des Michiganfees beabsichtigt. Dieser soll bis zu einer solchen Entfernung hineingehen, in welcher die Trübung des Wassers, welche das Peitschen der Wellen am Ufer hin verursacht, vermieden wird.

An Schanklocalen fiel mir die öfter wiederkehrende Aufschrift auf: „Hier wird das Interesse der Arbeiter gewahrt!" Mit Beruhigung kann ich versichern, daß wenigstens in damaliger Zeit das Interesse des Arbeiters in Amerika gut „gewahrt" war, nicht allein wegen eines Tagelohns von 1 bis 3 Dollars, welchen er bezog, sondern auch durch des Arbeiters eigenes weitausgreifendes Selbstgefühl.

Eine Reifeanekdote aus meinem Aufenthalt in Chicago möge zur Illustrirung der allgemeinen Anschauung des Dienstverhältnisses dienen. Ein junger Mann, gut gekleidet, meldet sich beim Brauer als Bierführer (driver); der Brauereibesitzer unterhandelt, indem er mit mir und dem Petenten ein Glas Bier trinkt und heißt schließlich den letzteren in nächster Woche zum Dienstantritte kommen. „Well", sagt der zukünftige Bierführer, „ich bleibe einmal eine Woche bei Ihnen („Dir" ist gewöhnlicher), dann werden Sie sehen, wie Sie mit mir zufrieden sind und ich mit Ihnen." Eine solche Redeweise hörte ich auch von einer Köchin der Dienstgeberin gegenüber, aber in noch piquanterem Style gebraucht, und zwar sagte jene: „Nachdem ich jetzt ihre Bedingnisse weiß, will ich mich weiter umschauen und komme dann, falls ich nichts Besseres finde, zu Ihnen zurück."

Kaum traute ich meinen Augen, als ich zum ersten Male in Amerika, in Chicago, eine Procession sah. Wie reimt sich ein Schauspiel der Art mit amerikanischer Formlosigkeit und Kaltherzigkeit? Ein Zug von Männern zu Fuß, zu Roß oder zu Maulthier, schwarz gekleidet, die Häupter theilweise mit dem niederen schwarzen, theilweise mit dem Pariser Hut (stove-pipe genannt) bedeckt und die Röcke mit breitem, farbigen Bande geschmückt. Später traf ich in anderen Städten häufig solche Aufzüge an. Sie sind veranstaltet durch Genossenschaften von humanistischer, religiöser, politischer Tendenz, welche in Amerika sehr allgemein angetroffen werden, Freimaurer, Odd Fellows und andere. Die Anzahl der Theilnehmer am Zuge, ihre reiche Ausstattung mit Fahnen und anderen Abzeichen, die Schönheit der Pferde der berittenen Mitglieder soll der Bemitteltheit, dem Einfluß, der Macht der Genossenschaft einen Ausdruck verleihen.

Der in Chicago von mir gesehene Aufzug war von den Irländern (der Stadt) zu Ehren des heiligen Patrik-Tages veranstaltet.

Jede Stadt hat mehrere Hülfsvereine für Krankheit oder Todesfall der

Zugehörigen, die mit den Gesangvereinen zuweilen zusammenfallen; in Amerika, wo Reichthum und Armuth, Glück und Elend der Familien im Allgemeinen viel rascheren Wechsel zeigen als in Europa, ist der Nutzen solcher Einrichtungen doppelt in die Augen springend.

Es ist in meinen Augen ein Jeder beneidenswerth, der in Chicago, sei es in einem gewerblichen oder mercantilen Geschäfte, festen Fuß gefaßt hat, weil bei dem unerhörten Aufschwunge, welchen die Stadt nimmt, das schnelle Reichwerden so zu sagen an der Tagesordnung ist. Brauer, sowohl englische als deutsche, sind mehrere hier, deren prächtige Etablissements sich dem Schönsten, wenn auch nicht dem Großartigsten, was Wien in diesem Fache bietet, an die Seite stellen. Und ein solches Ziel ist erreicht worden, wo vor eines Jahrzehntes Frist nur Anfänge bescheidenster Art zu sehen gewesen sind. Ganz Aehnliches kann von Gerbereien und anderen Gewerben gesagt werden.

Oberes Mississippi-Thal, Prairie, Illinois.

Es war Mitternacht, als ich Chicago verließ, und mit gespannter Erwartung sah ich dem Morgen entgegen, denn ich fuhr durch eine mir neue Welt — das Prairieland. Ich sollte jetzt den größten Ackerbaudistrict der Welt, das Obere Mississippi-Thal, näher kennen lernen. Hierunter versteht man das Mississippi-Flußgebiet oberhalb des Einflusses des Ohio, welches östlich die Staaten Illinois und Wisconsin und westlich die Staaten Missouri, Jova, Minnesota umfaßt — ein Gebiet von 14,700 Quadratmeilen, also um nicht viel kleiner als die österreichische und preußische Monarchie zusammengenommen. Das obere Mississippigebiet ist durchkreuzt von vielen Eisenbahnlinien, deren Endpunkte im Osten Philadelphia und New-York, im Norden Montreal in Canada sind; ferner steht es durch den Mississippi selber in Schifffahrtsverbindung mit dem Golf von Mexico und nordwärts durch den St. Lorenz-Strom, als Ausfluß der großen Seen, mit dem Atlantischen Ocean. Die Fruchtbarkeit dieser fast durchaus ebenen Länderstrecken macht sie jetzt schon zum Brennpunkte des Verkehrs auf dem amerikanischen Continent, und stellt ein ungemessenes Fortschreiten auf dem Wege der Cultur in Aussicht. Das gesammte Gebiet des Mississippi umfaßt 70,000 Quadratmeilen und ist so nächst dem des Amazonenstroms das größte Flußgebiet der Welt.

Zunächst dem Michiganſee iſt das Land eine feuchte Niederung, dann aber ſteigt der Boden und wird wellenförmig, es iſt ſchwarze Dammerde, in den Thaleinſchnitten oft 30 Fuß tief, mit Lehm als Untergrund, theilweiſe mit Schotter= lagen abwechſelnd. Der ſchwarze Lehm iſt Nord=Illinois eigenthümlich, wäh= rend im Süden dieſes Staates ein grauer Lehmboden das eigentliche Weizen= land iſt. Die Landſchaft iſt ſehr einförmig, einzelne Farmen liegen zerſtreut auf der weiten Fläche, ungebrochene Prairie ſieht man längs der Bahn nur ſelten. Wo dieſe ſich weiter ausdehnt, da erinnert das Land an unſere ungariſche Ebene, von der es im landſchaftlichen Sinne freilich merkbar abſticht durch eine mehr wellenförmige Oberfläche, durch Baumzüge, die dem Bette der Flüſſe oder auch waſſerloſer Einſenkungen des Bodens nachziehen, durch die mehrtheils höl= zernen Farmhäuſer, durch die Fenzen, welches jedes bebaute Feld einſchließen. Andererſeits erinnern die endloſen Maisfelder recht lebhaft an das große Donau= gebiet.

Der Landſchaftscharakter der Prairie iſt nur noch in einzelnen Theilen dieſer endloſen Flächen augenfällig repräſentirt. Sanft gewellte Ebenen im reichen Blumenſchmucke prangend ziehen ſich umſäumt von niederem Walde in wechſelnder Breite viele Meilen hin. Der Boden iſt ganz frei von Steinen und außerordentlich fruchtbar. Aber allwärts verſchwindet mehr und mehr der Prairietypus, die Baumgruppen vervielfältigen ſich und Anſiedelungen entſtehen, die da und dort allmälig zu Städten zuſammenwachſen.

Für den Europäer, der ſich in Amerika anſiedeln will, iſt Illinois wegen dieſes Prairielandes und anderer wichtiger Gründe einer von den empfeh= lenswertheſten Staaten; auch Indiana bietet manche gute Seite, Minneſota wird wegen der theilweiſe noch herrſchenden Urzuſtändlichkeit nicht Jeden reizen, Jova liegt noch zu ſehr ab von den Verkehrswegen. Die Staaten Wisconſin und Michigan üben wegen ihrer nördlichen Lage weniger Anziehung aus; die öſt= lichen Staaten New=York, Jerſey, Pennſylvanien, auch Ohio, ſind ſchon volkreicher und mehr ausgebeutet. Von einer Auswanderung in die Südſtaaten konnte zur Zeit meines Aufenthaltes in Amerika unter den Schrecken des Bürgerkriegs keine Rede ſein, für ſpätere Zeit ſteht zu hoffen, daß zur Wiedererſtehung der ſüd= ſtaatlichen Blüthe die freie Arbeit eintreten und herrlichen Lohn finden wird.

Aus dieſen Gründen und weil Illinois vorzugsweiſe den Charakter des Miſſiſſippigebiets repräſentirt und der erſte Ackerbauſtaat der Union iſt, ſcheint es mir wichtig, dieſes Land und die Verhältniſſe, welche der Einwanderer dort trifft, einer eingehenderen Beſprechung zu unterziehen, wobei ich nach den Reiſe= briefen von James Caird meine eigenen Anſchauungen ergänze.

Illinois erſtreckt ſich vom Michiganſee bis zum Einfluß des Ohio in den Miſſiſſippi, vom 43ſten bis zum 37ſten Breitegrade. Bei verhältnißmäßig geringer Breite beträgt der Flächeninhalt des Landes immerhin 2656 ☐ Meilen, annähernd ſo viel wie der von England ſammt Wales. Die reichſten Diſtricte liegen längs des Mississippi zwischen den Mündungen des Missouri, Kaskaskia, in der Nähe des Rock-River und des Sangamon. Eine Fechsung von 40 Bushel Weizen oder 100 Bushel Kolbenmais auf einem Acre gilt hier als gewöhnlich. Dies beträgt für ein Wiener Joch 33½ Wiener Metzen Weizen und 84 Metzen Mais*). In Beziehung auf das Gesammtquantum des geernteten Maises steht Illinois als dritter Staat der Union da, wenn man jedoch die damit bebaute Fläche in Anschlag nimmt, so ist Illinois der erste im Range.

Die Bodenoberfläche ist sowie in den Nachbarstaaten Indiana und Ohio größtentheils eben, nach Süden abfallend, und zwar ist Illinois weniger flach als die genannten Staaten. Ueber den nördlichen Theil sind im Vorstehenden Andeutungen gegeben worden; gegen Süden zieht sich die offene Prairie mehr zusammen, und die Wälder, welche allwärts längs der Flußbette gefunden werden, schließen sich mehr an einander. Der Boden ist im Süden weniger thonreich als der schwarze Boden der oberen Prairie und besser geeignet für Winterweizen, von dem er mit seltener Ausnahme reiche Ernten liefert, wozu die südlichere Lage viel beiträgt. Er gilt auch als guter Weideboden, gewährt aber keinen so reichen Ertrag an Mais, Hafer, Kartoffeln, Zuckerrüben, wie der schwarze Prairieboden. Das Ansehen des Landes ist mehr pittoresk, die Wälder sind noch reicher an Abwechslung der Baumarten als im Norden des Staates. Die Winter sind theilweise so mild, daß das Vieh das ganze Jahr auf der Prairie lebt, mit geringem oder kleinem Futterzuschuß. Weizen reift hier früher als in irgend einem Theile der Union, und die neue Ernte gelangt auf die östlichen und nördlichen Märkte, ehe das in den betreffenden Gegenden selber gebaute Getreide auf dem Platze ist. An Kohle und Bausteinen ist Ueberfluß in Süd-Illinois. Die Gegend nächst der Bahnstation Duquoin ist durchaus kohlenschüssig, die Steinkohle bricht in 5 bis 9 Fuß mächtigen Schichten in einer Tiefe von 70 bis 80 Fuß. Diese Gegend ist seit etwa einem Jahrzehnt von Ansiedlern in Angriff genommen, macht aber unter dem Einflusse der sie durchschneidenden Eisenbahn reißende Fortschritte in der Cultur.

Die Hauptstadt von Illinois ist nicht die Großstadt Chicago, sondern Springfield am Sangamon, einem Nebenflusse des Illinois. In mehreren Staaten sehen wir in ähnlicher Weise den Regierungssitz von der wichtigsten und bevölkertsten der Städte wegverlegt. So ist nicht New-York die Hauptstadt des gleichnamigen Staates, sondern Albany am Hudson, das allerdings jetzt auch 100,000 Einwohner zählt; die Regierungsstadt vom Staat Missouri ist nicht etwa St. Louis, diese westliche Metropole, sondern das sehr unbedeutende an der Straße nach Kansas und Californien gelegene Jefferson-City. Offenbar liegt hierbei der Gedanke zu Grunde, die Geschicke des Staates in

---

*) Für 1 Acre 1 Bushel giebt für 1 Joch 0,839 Metzen.

aufgeregter Zeit nicht der Demagogie oder dem Pöbel der Großstädte preis=
zugeben.

Springfield ist der frühere Wohnort des Präsidenten Lincoln, und es
werden im Staate Illinois noch die Fenzen gezeigt, wozu Lincoln zur Zeit
seines Farmerlebens die Riegel gespalten hat. Von der absoluten Ceremonien=
losigkeit, mit welcher der in Illinois populäre Präsident bei seinen Besuchen in
der alten Heimath von den Farmern aufgenommen ward, kann man sich in
Europa wohl keine Vorstellung machen. Diese Ungezwungenheit ist überall
vorhanden im Umgange der Männer aus dem Volke mit den höchsten Beamten
des Staates. Die Hände in der Tasche und den Hut auf dem Kopfe stellt der
Farmer im Regierungsgebäude selber sich vor die von ihm Erwählten hin und
läßt sich die angesuchte Auskunft geben. Freilich geht auch der Senator des
Staates gleich einem andern Manne mit dem Körbchen frühmorgens auf
den Gemüse= und Fleischmarkt, der, beiläufig gesagt, in Amerika allwärts in
gedeckten Hallen abgehalten wird, was mehr europäische Nachahmung verdient.

Ansiedelung im Prairieland.

Der Ansiedler auf der Prairie hat zunächst für den ersten Winter zu sor=
gen. Wenn er im Mai seine Arbeit beginnt, pflügt er einige Acres auf und
pflanzt gewöhnlich Mais, indem er mit seiner Axt eine Vertiefung in die um=
gewandte rauhe Scholle macht, um die Samenkörner hineinzulegen. So roh
auch diese Arbeit erscheinen mag, so ist sie doch im Allgemeinen von einer guten
Ernte gefolgt. Nachdem er so seinen ersten Samen gelegt, baut der Ansiedler
sein Haus und verbringt den Rest des Sommers, indem er sein Prairieland
als Vorbereitung für den Anbau des Weizens umpflügt und Heu für Ueberwin=
terung seines Viehstandes macht. Nächstdem pflanzt er etwas Kartoffeln
und Gemüse. Zu Ende August säet er den Weizen und darauf erntet er
seinen Mais. So gelingt es oft, den Bedarf an Nahrung für die Familie
und das Futter für die Thiere ohne Zuschuß durch Ankauf auf die Dauer des
ersten Winters zu sichern, doch ist Schweinefleisch und Weizengries nicht selten
die einzige Kost, welche der Prairie=Ansiedler seinen Gästen während dieser Zeit
vorsetzen kann.

Sobald die Maisernte in Sicherheit ist, beginnt die Arbeit des Fenzens,

d. h. des Umzäunens der Felder, wobei die Nachbarn aus Gründen des gemein=
schaftlichen Interesses einander an die Hand gehen. In der Prairie dienen
hierzu Cedernpfähle und Nadelholzbretter, die aus dem Norden bezogen werden
und an jeder Eisenbahnstation zu haben sind. Die durch einfaches Uebereinander=
legen der Riegel in einer Zickzacklinie hergestellte „Schlangenfenze", welche in
allen bewaldeten Theilen Amerikas gewöhnlich ist, kommt auf der Prairie nur
dort vor, wo benachbarte Gehölze das Material billig liefern; es ist dies eine
solide, vortreffliche Fenze, die bei veränderter Eintheilung des Gutes leicht trans=
ferirbar, nach Bedürfniß an jeder Stelle leicht zu öffnen ist, die aber eine in
höher cultivirten Gegenden unstatthafte Raumverschwendung mit sich bringt.
Zur Anlage von natürlicher Umzäunung dient häufig und empfiehlt sich vor=
zugsweise die Osage Orange, Maclura aurantiaca, wegen ihres raschen und
dichten Wuchses, guten Ansehens und wegen der Abneigung, welche das Vieh
gegen das schöne und üppige Laub hat. Osagehecken bedürfen, um sichern
Schutz zu gewähren, eines mehrjährigen Wachsthums; nach vier Jahren lassen
sie selbst Hühner nicht mehr durch. Der englische Hagedorn hat sich in diesem
heißen und trockenen Klima nicht bewährt.

Welche Bedeutung das Umzäunen der Felder in Amerika hat, geht aus
der Annahme hervor, daß die Fenzen in den Vereinigten Staaten mehr als den
20fachen Betrag des baaren Geldes gekostet haben, welches vorhanden ist, und
daß in manchen Gegenden der nördlichen Staaten die Umzäunungen mehr
kosteten, als Farmen und Zäune jetzt zusammen werth sind. Die Einfenzung
jedes Gutes und im Umkreise des Gutes die einzelner Felder ist eine unabweis=
bare Nothwendigkeit, weil alles Vieh des Farmers ohne einen Hirten frei in
Prairie oder Wald umhergeht und aller nicht eingefenzte Grund als freie Weide
behandelt wird.

Die Nachbarschaft von noch bestehender Prairie fordert zur Mastung
von Vieh oder zur Schafehaltung auf. Schafe bekommen, Salz aus=
genommen, sechs Monate lang kein anderes Futter als das hohe Weidegras, im
Winter erhalten sie Heu und etwas Mais. Merino=Schafe werden für diese
Verhältnisse den anderen Racen, ebenso Shorthorn dem im Lande einheimischen
Vieh vorgezogen. Um im Herbste, wenn das wilde Gras zu rauh und grob
geworden ist und nur noch für Jungvieh taugt, ein geeignetes Futter für Schafe,
Milchkühe, Mastochsen sich zu sichern, thut der Ansiedler wohl, auf dem in
Cultur genommenen Grunde auch künstliche Weide anzulegen.

Im August oder September wird auf der Prairie Heu zum Wintervorrath
gemacht, eine Arbeit, die große Viehhalter durchaus mit Maschinen, Grasmäh=
maschinen und Heuwendern, ausführen.

Die für eine Prairie=Farm beliebtesten Culturgewächse sind die auch
bei uns gewöhnlichen: Mais, Weizen, Gerste, Hafer, Kartoffeln. Außer diesen
ist sehr beliebt der Bau der Bataten (Chinesische Yam) und der des Sorghum,

welches jetzt die Modepflanze des Farmers ist, und dem ich deshalb sowie dem
Mais im ausschließlich landwirthschaftlich technischen Theile meiner Reiseskizzen
einen eigenen Abschnitt widmen werde. Mais und Weizen, welch' letzterer übrigens mannigfacher Gefährdung unterliegt, sind weitaus die Hauptfrüchte, die
Geld einbringen, und sie liefern auf dem stickstoffreichen Prairieboden häufig
auch ohne Düngung anhaltend reiche Ernten. Von den anderen Culturgewächsen
pflanzt der Farmer gewöhnlich nur so viel an, als erforderlich scheint, um auch
bei einer ungünstigen Ernte den Bedarf fürs Haus gedeckt zu haben. Der
nationale Amerikaner ganz besonders liebt es möglichst wenige Culturarten zu
treiben; er kümmert sich nicht um die Gefahr einer raschen Bodenerschöpfung,
wenn nur der Augenblick Geld einbringt. Die ausgesaugte Farm verkauft er
dann an einen „dummen Deutschen“. Glücklicherweise bringt der Deutsche
nicht selten das anscheinend ausgesaugte Gut durch intelligentere Bewirthschaf-
tung und durch Beharrlichkeit auf einen schönen Stand zurück, der den Neid der
eingeborenen Nachbarn erregt. Indessen ist der frühere Besitzer weiter in den
Westen gezogen und hat dort aufs Neue sein rapides Aussaugungssystem in
Gang gebracht. „Nach mir die Sündfluth“ gilt als Devise hier wie so häufig
allwärts im amerikanischen Leben. Der Amerikaner verlangt vom Ackerbau
wenigstens dieselben Erfolge wie vom Handel oder von einer Gewerbsunternehmung, eine 15procentige Capitalverzinsung. Ein Reinertrag von zwei
Dritteln des Rohertrags einer Farm gehörte vor Beginn des Bürgerkriegs nicht
eben zu den seltenen Fällen.

Die Illinois Central Railway Company hat noch Hunderttausende
von Acres Land zu verkaufen, im Preise des Acre von 6 bis 15 Dollars.
Zwei Jahre lang werden nur 6 Proc. Zinsen verlangt, nach Verlauf des dritten
Jahres ein Fünftel des Capitals und in den vier folgenden Jahren je ein weiteres Fünftel. Bei Baarzahlung findet Preisermäßigung statt; zur Besichti-
gung wird freie Bahnreise gewährt*). Das verkäufliche Land liegt längs der
Bahnlinie als etwa eine deutsche Meile breiter Streifen auf jeder Seite, und
bietet jede Abwechslung an Boden, Lage und Klima, die überhaupt im Staate
Illinois vorkommt. Auf je 9 bis 10 engl. Meilen Entfernung sind die Bahn-
stationen eingetheilt, auf jeder ist der Vortheil eines Telegraphen gewährt, auch sind
häufig Magazine vorhanden, in die die Landesproducte zusammengekauft werden.
Ansiedler sind frei von Abgaben an den Staat bis die Raten abgezahlt sind, und dies
währt gewöhnlich die ersten sieben Jahre. Für diese letztere Zeit war die Bilanzi-
rung einer Farmunternehmung nicht möglich, da ein vierjähriger Krieg alle
Verhältnisse verrückt und besonders die Handarbeit gegen früher um ein Mehr-

*) Anfragen geschehen bei Hon. Francis D. Hoffmann, German Land
Department, J. C. R. R. Box 5973. Chicago, Illinois. Ueber Landkaufangelegen-
heit im Allgemeinen ertheilt Auskunft: Benno Speyer in Cincinnati.

faches vertheuert hat. Doch kann ich nicht umhin, einige Berechnungen beizu=
setzen, wie sie in den Jahren 1850 bis 1860 galten, in denen folgende Mittel=
preise für die Weststaaten anzunehmen sind, und zwar für

Weizen, per Bushel à 60 Pfd.	. . . .	90	Cents.
Mais, „ „ 55 „	. . . .	40	„
Ochsenfleisch, per Pfund	. . . . . .	4½	„
Schweinefleisch, „	. . . . . .	4	„
Käse „	. . . . . .	8	„
•Butter „	. . . . . .	16	„

Erstes Beispiel.

Ankauf von 320 Acres Prairieland, pr. Acre 12½ Dollars:

Auslagen: Vorausbezahlung der zweijährigen 6procentigen
Zinsen der Ankaufssumme von Doll. 4000 . . — Doll. 480

Ausgaben fürs Einfenzen von hundert Acres, fürs
Aufbrechen, Ansäen mit Weizen, Mähen, Dreschen;
für den Bau von Haus, Stall und Schoppen
(Alles im „amerikanischen" Styl!) . . . . „ 1500

Für 4 Pferde, Wagen, Geräthe . . . . . . „ 1000

Doll. 2980

Hiervon die Einnahme für die erste Ernte abgezogen, und zwar:
2000 Bushel Weizen, d. i. per Acre 20 Bushel,
sonach eine Halbernte, per Bushel 90 Cents . Doll. 1800

Bleibt als Vorschreibung fürs zweite Jahr eine
Schuld von . . . . Doll. 1180

Hierzu Auslagen fürs Einfenzen von weiteren hundert Acres
Landes, Weizenansaat, Ernte, Drusch . . . „ 1000

Tagelohn und Pferdehaltung für den Anbau von
100 Acres Mais und Verschiedenes . . . . „ 1000

Summe der Schulden und Auslagen am Schlusse
des zweiten Jahres . . . . Doll. 3180

Hiervon die Einnahme abgezogen:
Weizenernte wie oben . . . . Doll. 1800
Maisernte von 100 Acres, 5000
Bushel à 40 Cents . . . . „ 2000 „ 3800

Bleiben als Betriebscapital fürs dritte Jahr, be=
ziehungsweise zur Abzahlung der ersten am
Schlusse des dritten Jahres fälligen Rate (von
Doll. 800) für Grundankauf . . . . . . Doll. 620

Zweites Beispiel.

Erwerbung einer Farm von nur 100 Acres, ohne Benutzung des von der Illinois Central Railway Company den Landkäufern angebotenen Credits.

Auslagen des ersten Jahres:

Grundankauf, zu 10 Doll. den Acre,	Doll. 1000	
Auslage fürs Fenzen, Aufbrechen, Ansäen mit Weizen, Mähen und Dreschen; für die Errichtung von Farmerhaus, Stall und Schoppen	„ 1500	
Ankauf von 4 Pferden, Wagen, Geräthen	„ 1000	Doll. 3500

Auslagen des zweiten Jahres:

Arbeitslohn, Pferdehaltung, Verschiedenes		„ 1150
Auslagen des dritten Jahres . . .		„ 1150

Ankäufe und dreijährige Regie zusammen Doll. 5800

Einnahmen:

Weizenernte des ersten Jahres wie in früherem Beispiele . . .	Doll. 1800	
Maisernte des zweiten Jahres . .	„ 2000	
Ernte des dritten Jahres . . .	„ 2000	Doll. 5800

Sonach können im günstigen Falle schon drei Jahresernten das für Grund und Boden, für die erste Instruction und dreijährige Regie eingesetzte Capital zurückerstatten.

Der Preis des Landes ist übrigens keineswegs die wichtigste Erwägung, welche die Wahl des Ansiedlungsplatzes beeinflussen darf. Abgesehen davon, daß der Einwanderer, wenn er sich das von der Illinois Railway Company aufgestellte Creditsystem zu Nutze machen will, wie bereits näher ausgeführt worden ist, mit 6procentiger Anzahlung Land so viel er will acquiren kann, und eine eigentliche Ratenzahlung erst nach drei Jahren eintritt, in welcher Zeit der Ertrag des Landes selber viel mehr als hinreichend sein sollte, um die Raten zu decken, ist wohl zu beachten, daß die Kosten der Reise, die des erstjährigen Unterhalts, des Viehankaufs, der Gebäulichkeit nahebei so groß sind, um eine Farm von 40 Acker anzutreten, als sie für eine solche von 160 Acker sind. Die Reise einer Auswandererfamilie, bestehend in Mann, Weib und drei Kindern, von Hamburg oder Bremen nach New-York sammt Ausrüstung kostet 300 bis 400 fl., und die Eisenbahnfahrt von New-York nach Springfield, der Hauptstadt von Illinois, nimmt, selbst wenn die Bahngesellschaft ermäßigte Fahrpreise gewährt, wenigstens dieselbe Summe in Anspruch.

Ein wenn auch nicht gerader, so doch theils wegen der Billigkeit, theils wegen Vermeidung einer Eisenbahnfahrstrecke von mehr als 1000 engl. Meilen mit Recht beliebter Weg der Auswanderer ist der per Segelschiff nach New-Orleans — eine Fahrt, die freilich wegen der in der Nähe der Antillen vorkommenden Windstillen zuweilen mehrere Monate dauert — und von New-Orleans den Mississippi herauf auf einem Dampfer bis Cairo, St. Louis, oder zu einer Eisenbahnstation weiter oben am Strome im Nordwesten. Nur muß zur Sommerszeit New-Orleans wegen des dort vorkommenden gelben Fiebers vermieden werden, es darf die Ankunft dort also erst im Herbste stattfinden. Je weiter der Auswanderer in den Westen vorzudringen beabsichtigt, um so bedeutender stellen sich die Kosten der Reise im Verhältnisse zum Werthe des Landes, welches im Allgemeinen genommen je westlicher gelegen desto billiger wird. Hierzu kommt als weiterer Grund, sich durch die Billigkeit des Landes nicht blenden zu lassen, der Umstand, daß mit fortschreitender Entfernung von den Centralpunkten viele Lebens- und Wirthschaftsbedürfnisse sich höher, die landwirthschaftlichen Erzeugnisse dagegen sich immer niederer im Preise stellen.

Jeder der Lust dazu hat kann auch beim Land-office in der County-Hauptstadt für 10 Dollars das Anrecht auf 160 Acres sogenanntes Congreßland, d. h. noch unverkaufte Staatsgründe, sich erwerben, wobei nur die Bedingung gestellt wird, daß binnen Jahresfrist wenigstens Ein Acre eingefenzt und angebaut werden muß. Die erste Auslage für ein solches Gut beträgt einschließlich der Errichtung des Blockhauses, der Anlegung des Brunnens und des allernöthigsten Viehstandes, etwa einer Kuh, zweier Pferde und einiger Schweine, nicht wohl über 800 Doll.; doch mag der, welchen die Billigkeit eines solchen Besitzes blendet, darauf gefaßt sein, weitab von allem Verkehre mit der Welt im einsamen Waldlande, auf Selbsthülfe in des Wortes weitester Bedeutung angewiesen, ein Leben der Arbeit und der Entbehrung zu führen.

In den letzten Jahren ist der Grundsatz zur vollen Würdigung gekommen, daß der Ansiedler sich jedenfalls ernstlich vorzusehen hat, ja nicht mehr Grund zu kaufen als er mit seiner und der Seinen Arbeitsleistung bewältigen kann. Zur Zeit meines Dortseins waren, nachdem der Krieg Hunderttausende von Menschen weggerafft, ländliche Hülfsarbeiter im besten Falle nur um sehr hohen Tagelohn, in vielen Fällen aber gar nicht mehr zu erhalten. Eine monatliche Löhnung von 16 Dollars bei freier Kost nebst dem gewöhnlich mehrere hundert Dollars betragenden Handgeld lud den von Natur die Arbeit nicht im deutschen Sinn liebenden Amerikaner zum Kriegsdienste ein. Es ist ein sprechender Beweis für die Vorliebe, welche der männliche Theil der Bevölkerung für den Soldatenstand hegt, daß die Armeen fortfuhren, sich — und zwar größtentheils freiwillig — zu recrutiren, nachdem für Landwirthschaft und Gewerbe es längst schon an den nothwendigsten Arbeitern mangelte. Freilich trug zur Ergänzung der Armee der tägliche

Zuschuß, den das Land durch die deutsche und irische Einwanderung erhielt, einen wesentlichen Theil bei.

Außer dem Mangel an Hülfsarbeitern, die es bebauen sollten, hat der Krieg auch dem Besitzer von Land sehr hohe Taxen aufgebürdet, welche das darin angelegte Capital, wenn der Boden unbebaut liegen bleibt, überdies zu einem zehrenden machen.

In Illinois ist für Anfänger Gelegenheit genug zur Pachtung von eingefenzten, mit den nöthigsten Gebäulichkeiten und Geräthen ausgestatteten Farmen. Gewöhnlich geschieht dies gegen einen Ertragsantheil, wobei sich beide Theile wohl befinden und der Pächter, wofern er die nöthige Qualification und einiges Glück hat, in einigen Jahren genug erwirbt, um sich eine eigene Farm zu kaufen. Einen sichern Anfang kann ein unternehmender Einwanderer auch in der Weise machen, daß er ein Stück unberührten Prairielandes kauft, dasselbe einfenzt und zunächst nur Schafe hält, welche im Sommer auf der Prairie weiden, im Winter aber mit Prairieheu gefüttert werden können.

Ein großer Vortheil für den Auswanderer nach dem Westen liegt in der Leichtigkeit, mit welcher Land erworben werden kann, in der Geschwindigkeit und Einfachheit, mit welcher die gesetzliche Uebertragung auf den Käufer geschieht; jede kleine Ersparniß kann sofort aufs Neue in Grund und Boden angelegt werden.

Noch komme ich zur Erörterung einer häufig aufgeworfenen Frage, der nämlich, in wie weit dem aus Europa eingewanderten Unternehmer eines Farmbetriebs solche landwirthschaftliche Kenntnisse und Erfahrungen, die er sich in der Heimath gesammelt hat, zu Gute kommen. Es ist wohl klar, daß ein solches Wissen und Können selbst in den ganz veränderten Verhältnissen von Vortheil sein muß, wofern es nicht mit der Hartnäckigkeit gepaart ist, die Farm in der altgewohnten Weise europäischer Gutsbewirthschaftung zu betreiben. Der Farmer ist, wie jeder Mensch in Amerika, vor Allem Speculant; die äußerste Vereinfachung auch des landwirthschaftlichen Betriebs ist durch die Erfahrung gerechtfertigt: in unzähligen Fällen also haben Männer, die — ohne irgend landwirthschaftliche Vorkenntnisse zu haben — die Sache nur bei dieser Seite, der speculativen, richtig und tüchtig anfaßten, in kurzer Zeit bedeutendes Vermögen erworben.

In manchen Gegenden besteht die Mehrzahl der Farmer aus Stadtleuten, die kaum früher sich darum gekümmert hatten, wie ein Pflug aussieht, und unter großer Mühseligkeit erst ihre Lehrzeit bestehen mußten, die aber in verhältnißmäßig kurzer Zeit mit solch' theuer erkauftem Wissen recht gut gewirthschaftet haben.

Die Krankheiten, welche beim Ansiedler in den hier der Besprechung unterzogenen Gegenden am häufigsten vorkommen, sind Diarrhöe, Gicht und Wechselfieber. Letzteres ist besonders häufig in Jahren, wo auf einen feuchten

Vorsommer eine große Hitze folgt, ein Fall, der nach längeren Intervallen wieder eintritt. Frisch gebrochenes Land begünstigt das Vorkommen des Wechselfiebers. Gutes Trinkwasser, Trockenlegung des Wohnsitzes und Ackergrundes, gut hergestellte Wohnung, angemessene Kost und Kleidung sind Vorbeugungsmittel gegen diese Krankheit. Es ist räthlich, daß der Ansiedler in kühlerer Jahreszeit, im Herbste, ankomme und zunächst sich vor zu großer Anstrengung, besonders im heißen Sonnenscheine, hüte. Alte Leute sind dem Wechselfieber insbesondere unterworfen, gewöhnlich geht ihm Diarrhöe voran. Nichts ist schädlicher als die Gewohnheit deutscher oder englischer Einwanderer, bei beginnendem Unwohlsein Salze oder andere purgirende Substanzen einzunehmen. Mit der vollkommenen Cultivirung des Landes hat sich in sonst sehr fiebrigen Gegenden diese Krankheit, wie in manchen Fällen festgestellt ist, ganz verloren.

Wie weit es der „Farmer" bringen kann, oder besser gesagt, wie einfach und formenlos selbst nach Erwerbung großen Reichthums der Amerikaner bleibt, das ist ersichtlich an dem Beispiele des größten Farmers im Staate Illinois, des Hrn. Isaak Funk, dessen Name aus Anlaß einer donnernden, gegen die rebellenfreundliche Demokratie in der gesetzgebenden Versammlung von Illinois gehaltenen Rede im Jahre 1863 in den Zeitungen vielfach genannt worden ist. Hr. Funk besitzt 36,000 Acres Landes (zu 1127 Wiener Quadr.-Klftr.) und davon liegen in einem Stücke 20,000, die im Durchschnitt 30 Dollars pr. Acre werth sein sollen.

Die Hauptfechsung auf Hrn. Funk's Farm ist Mais, der durchweg als Fütterungsmittel auf dem Gute selber verbraucht wird, wodurch Hr. Funk in den Stand gesetzt ist, jährlich für 70,000 Dollars Vieh nach New-York zu schicken. Sein Viehstand wird auf eine Million Dollars Werth geschätzt.

Ein so großer Grundbesitz ist immerhin ungewöhnlich im Norden der Vereinigten Staaten und ist eigentlich dem Wesen der demokratischen Staatseinrichtung entgegen, weil ein Großgrundbesitzer über viele Wahlstimmen gebietet und damit leicht übermäßigen Einfluß auf die Staatsangelegenheiten ausübt.

Farmen, wie sie gewöhnlich sind, umfassen höchstens einige hundert Acres, und auf solchen zeigt sich das amerikanische Leben in seiner eigenthümlichen Weise. Ein Farmer dieser Art ringt wohl durch harte Arbeit und unter vielen Entbehrungen seinem Boden die Erträge ab, welche die Existenz seines Hauses sichern, in guten Jahren findet seine Mühe auch reichlichen Lohn; doch das kostbarste Gut ist ihm die Unabhängigkeit, in welcher er lebt und schon bei oberflächlicher Begegnung mit ihm tritt dieses Bewußtsein hervor.

Die Arbeiten auf der Farm theilen sich in die eigentlich landwirthschaftlichen und in Haus- und Gartenbesorgung. Den ersteren, und zwar jedweder dabei vorkommenden Vorrichtung, unterzieht sich der Farmer selbst und mit ihm die männlichen Angehörigen des Hauses; die Haus- und Gartengeschäfte fallen den Frauen zu und diese sind, der amerikanischen Sitte entgegen, bei dem durch den

Krieg entstandenen Mangel an Menschenhänden nicht selten genöthigt, bei manchen sogenannten groben Arbeiten selbst Hand anzulegen. Von landwirthschaftlichen Arbeiten sind es nur einzelne von besonderer Bedeutung, zum Beispiel der Anbau des Maises, zu deren rascher Beendigung alle Kräfte der Familie, also auch Frauenhände, zusammenwirken.

Große, außergewöhnliche Geschäfte, z. B. das Aufstellen einer Fenze oder eines Blockhauses, werden unter freiwilliger Mithülfe der Nachbarn ausgeführt, wodurch nicht allein die Auslage für Tagelohn, welche für den einfachen Farmer kaum zu erschwingen wäre, wegfällt, sondern auch das freundnachbarliche Verhältniß genährt und häufig Anlaß zu geselliger Erheiterung der Jugend gegeben wird. Auch beim Drusche mit Hülfe der Dampfdreschmaschine und bei anderen derartigen Anlässen bieten Nachbarfarmer sich gegenseitig die Hand. An solchen Vereinigungstagen der Männer pflegen sich im selben Hause auch die Frauen und Töchter zu versammeln, um unter Zusammenwirkung vieler Hände einen Quilt, das ist ein nicht selten seidener, aus vielen bunten Stücken zusammengesetzter Bettüberwurf, fertig zu bringen.

Für die jüngeren Männer bildet, freilich nicht im Prairie-, sondern im Waldlande, die winterliche Zeit des Holzfällens im Walde einen willkommenen Abschnitt im Kreislaufe der landwirthschaftlichen Jahresarbeiten. Ein besonderer Reiz liegt dabei in dem vielfachen Anlasse zur Jagd, welche sich in jenen zum Theil noch sehr wildreichen Gegenden von selbst aufdrängt. Beim hohen Schnee flüchtet das graue Kaninchen, ein wegen seines häufigen Vorkommens allerdings wenig geschätztes Wild, sich in die hohlen Bäume. Verschiedene Arten von Eichhörnchen werden eben da aufgesucht, auch der Waschbär wohnt in und auf Bäumen und wird aus seinem Verstecke getrieben, indem man den Baum, der ihm als Zufluchtsort dient, fällt, oder noch einfacher die Höhlung desselben durch eine am Fuße angebrachte Oeffnung mit Rauch füllt. In vielen Häusern trifft man den Waschbär als originelles Hausthier. Höheres Wild, z. B. der amerikanische Hirsch, findet sich je entfernter von den Hauptverkehrspunkten desto häufiger noch vor. Gefürchtet ist vor allen Thieren des Waldes die Stinkkatze, weil sie jeden Raum, in dessen Bereich sie kommt, auf lange Zeit verpestet. Der Prairiewolf kommt in den Prairien von Illinois noch häufig vor, der Panther nur mehr in den Ländern jenseits des Mississippi. Im Norden der Vereinigten Staaten, noch mehr in Canada, ist der Bär ein häufig angetroffenes Raubwild. Gefährlicher und selbst in Illinois noch häufiger als all' die genannten Vierfüßler ist die Klapperschlange.

Der Lieblingssport des Farmers ist die Jagd auf den Truthahn, der leider jetzt seltener wird, doch manchmal selbst ostwärts noch in größerer Zahl die Wälder in Winterszeit durchzieht. In den Staaten, in welchen es überhaupt jetzt ein Jagdgesetz giebt, wird auf den wilden Truthahn in der Schonzeit die gewissenhafteste Rücksicht genommen, doch auch das Prairiehuhn (Tetrao

Cupido), ein schöner großer Vogel, welcher im Jahre 1862 in einem Theile der Weststaaten durch sein massenhaftes Vorkommen lästig geworden ist, ja selbst die amerikanische Wachtel, recte das virginische Colinhuhn, (quail, Ortyx virginiana), wird in Illinois vor dem 15ten August nicht abgeschossen. Wildenten in der herrlichsten Farbenwechslung und Schneegänse sah ich in der Mississippi-Gegend zu Tausenden, Wildschwäne, aus Canada stammend, in einzelnen Exemplaren auf dem Hudson.

Der Amerikaner verleugnet natürlich auch auf der Jagd die Grundzüge seines Charakters nicht; in mehrfacher Richtung drängte sich mir diese Bemerkung auf, einmal weil es dort keine wirklich dressirten Jagdhunde zu geben scheint: wahrscheinlich wendet der Amerikaner bei der Hundedressur dieselben keinen Zwang einschließenden Grundsätze an, welche ihn bei der Kindererziehung leiten. Vom Lieblingshunde des Amerikaners, dem in so vieler Hinsicht unübertrefflichen Neufoundländer, kann nicht gefordert werden, daß er auch zum Jagdgebrauche ausgezeichnet sei — er ist es nur in dem Sinne des Apportirens.

Ein anderer Punkt ist der speculative. Der Amerikaner mag auch nicht Einen Schuß umsonst thun, denn dieser kommt ihm ja auf wenigstens einen Cent zu stehen. Mit seiner langen einläufigen Flinte, dem Rifle, trifft der echte Jäger auf fast jeden Schuß, das Kaninchen nimmt er im Lager auf 200 Schritt mit der Kugel. Ueberhaupt wird das Wild vielfach im Lager oder im Sitzen erlegt; es ist nicht so menschenscheu wie in Europa, die Schnepfe, das Prairiehuhn, setzt sich einzeln oder in langen Reihen auf die Fenze, dem Jagdlustigen als willkommener Zielpunkt.

Uebrigens läßt nicht allein die Zunahme der Bevölkerung, sondern auch die frevelhafte Devastation der Wälder befürchten, daß für viele Gegenden das Jagdvergnügen bald zu den ungekannten Freuden gehören wird. Diese Verwüstung ist die unausbleibliche Folge davon, daß alles Vieh frei im Walde umhergeht. Erst in wenigen Gegenden ist durch die Gesetzgebung dieser verderblichen Gewohnheit Einhalt gethan; wo dies nicht der Fall ist, kann vom Nachwuchs der Bäume nur in Lagen die Rede sein, die weitab von den Ansiedelungen sind. Hier regenerirt der Wald sich rasch durch Besamung und Stockausschlag, in der Nähe der Farmen dagegen sieht man auf weiten Strecken nur einzelne verkrüppelte Bäumchen oder dürftige Sträucher als hoffnungslosen Versuch zu einem Nachwuchs. Gegen eine so wohlthätige Maßregel wie die wäre, dem Vieh das freie Weiden in den Wäldern zu verwehren, sträubt sich der oftgenannte amerikanische Geschäftsgrundsatz: nach mir die Sündfluth. Gerade die reichen, auf die Fragen der Oeffentlichkeit am meisten Einfluß ausübenden Farmer haben eine große Zahl von Pferden, Schweinen u. s. f., deren Fütterung in den Wäldern Anderer eine gar profitable Sache ist.

Ehe wir vom Leben in der freien Natur der Prairie und des Waldes Abschied nehmen, um wieder eine Großstadt zu besuchen, soll noch ein Blick in das Innere einer Farm gethan werden. In ihrer einfachsten Form besteht die Wohnstätte aus nur Einem Raum, welcher Küche, Schlaf= und Wohnzimmer, Alles in Allem darstellt. Daß in diesem Fall die innere Einrichtung eine höchst einfache ist, braucht nicht erst erwähnt zu werden, sie ändert sich aber auch dort nicht wesentlich, wo das einfache Blockhaus zum Bretterhaus oder selbst zum gemauerten Farmhaus vorgeschritten ist. Letzteres besitzt dann zum mindesten zwei größere Räume, wovon der eine den Kochherd und den Speisetisch, der andere die breiten mindestens zweischläfrigen Bettstellen und einiges weitere Geräthe enthält. Die Bedeckung des Fußbodens mit Teppichen wird jedoch in letzterem Raum selbst bei sonstiger äußerster Einfachheit der Einrichtung nur selten fehlen, was der Behausung immerhin mehr Wohnlichkeit verleiht. Schlüssel und Schlösser sind Dinge, die hier oft entbehrt werden. Wenn alle Bewohner des Hauses sich in Garten und Feld zerstreut haben, so bleibt jenes unter dem sichern Schutz der Hunde. In den bewohnten Gebieten der Weststaaten ließ, wenigstens in der Zeit vor dem Ausbruch des Krieges, die Sicherheit der Person und des Eigenthums nichts zu wünschen übrig. Kam je ein Fall der Ver= letzung des Eigenthums vor, so wurde er gewöhnlich durch gemeinsames Ein= schreiten der Farmer rasch gesühnt. In solchem Falle setzen sich diese zu Pferde und streifen nach dem Verbrecher, wird derselbe ergriffen, so liefern sie ihn dem nächsten Gerichte aus, wo sogleich ein Termin festgesetzt wird, bis zu welchem die Farmer wiederkommen, um sich von der Bestrafung zu überzeugen. Die Richter wissen, daß wofern bis dorthin kein Urtheil gesprochen ist, der Missethäter aus dem Gefängnisse genommen wird und der Lynchjustiz verfällt.

Die Einfachheit der Wohnung des Farmers wird noch weit überboten durch die Einfachheit oder besser gesagt Dürftigkeit der Wirthschaftsgebäude, eine Schattenseite des Farmlebens, der schon mehrfach in diesen Blättern Erwähnung geschah.

Schmucklos und unwohnlich müßte das ganze Anwesen erscheinen, zeugte nicht die mit Blumen und dichten Schlinggewächsen umzogene Veranda des Wohnhauses oder der anstoßende sorgsam gepflegte Garten mit malerischen Baumgruppen davon, daß die Bewohner diese Heimath lieb gewonnen und daß neben harter Arbeit auch gemüthliches Familienleben und zarterer Sinn hier eine Stätte gefunden haben. Der Reiz, welcher in solchem rauhen Leben ver= borgen liegt, bewegt selbstständige Großstädter nicht selten, in entfernten Gebieten eine Farm anzukaufen, um sich derselben als eines zeitweisen Aufenthaltsortes zu bedienen und dort ein freies Natur= und Jagdleben zu genießen.

———

St. Louis.

Es sind nun hundert Jahre, seit die Stelle, auf welcher jetzt St. Louis steht, von Trappern französischer Abstammung als eine Station für den Pelz= handel und als Ausgangspunkt zu weiteren Unternehmungen in dem Gebiete des fernen Westens ausgesucht worden ist. Heute noch dient diese Stadt, jetzt 150,000 Einwohner zählend, zum Sammelpunkte für die Abenteurer, Jäger und Reisenden, welche sich zum Vordringen nach Kansas, Nebraska, Utah, zum Uebergang über das Felsengebirge nach den Ländern des Stillen Oceans vor= bereiten. Zur Erinnerung an das hundertjährige Bestehen einer europäischen Ansiedelung auf diesem Platze beabsichtigt die Stadt St. Louis die Ueberbrückung des Mississippi auszuführen — wofern die politischen und finanziellen Zustände des Landes die Verwirklichung dieser großartigen Idee zulassen, wird sonach Amerika um ein Wunderwerk der Baukunst bereichert werden, deren dort schon so viele geschaffen sind.

Die Stelle des Mississippithals, auf welcher jetzt die Stadt St. Louis steht, scheint seit undenklicher Zeit von den Eingebornen als ein Lagerplatz benutzt worden zu sein, wohl wegen eines dort seit alter Zeit bestehenden Dammes, der Schutz gegen die Ueberfluthungen des Stromes gewährt. Die Errichtung dieser Schutzwehr schreibt man den Azteken zu, welche, wie angenommen wird, auch in diesem Theile Amerikas vor den jetzt noch existirenden Indianerstämmen Wohnsitze hatten.

Noch im Jahre 1830 zählte St. Louis 7000 Einwohner, im Jahre 1850 hatte es bereits 80,000 Einwohner und heute mögen deren mehr als 150,000, und zwar über ein Drittel Deutsche, gerechnet werden — so erstaunlich ist das Wachsthum dieser Großstädte im westlichen Amerika. Die Ursache einer so rapiden Zunahme liegt für St. Louis speciell in seiner für Verkehrsver= mittelung außerordentlich vortheilhaften Lage. Mehrere Eisenbahnen vereinigen sich hier aus allen Gegenden des Ostens und bald werden sie sich weithin nach der Richtung des Felsengebirges fortsetzen. Schon reicht die große Bahn zum Stillen Ocean, die Pacific=Bahn, etwa 300 Meilen weit westlich nach Kansas, die Hannibal= und St. Joseph=Bahn 200 Meilen in der Richtung des Felsen= gebirges und eine dritte Linie wird den Staat Missouri in südwestlicher Rich= tung durchziehen. Durch den Mississippi steht St. Louis in directem Verkehre mit dem Golf von Mexiko einerseits, dessen Handelsproducte, Baumwolle, Reis, Zucker, auf dem Strome die Länder des oberen Missouri erreichen, während andererseits der Strom Pelzwerk und Bauholz vom Norden, aus dem Westen

aber Getreide und Mehl, Spiritus und die Producte der Viehzucht nach dem
Süden führt. Durch den Ohio ist die Schifffahrtsverbindung bis Pittsburg
und bis zu dem Alleghany-Gebirge, durch den Illinois-Canal bis zu den großen
Seen hergestellt.

Die Industrie der Stadt St. Louis ist in raschem Aufblühen begriffen:
St. Louis besitzt Mühlen aller Art, Maschinenfabriken und Hammerwerke,
Seifensiedereien und Gerbereien, und unter den zahlreichen Bierbrauereien befin-
det sich die größte Lagerbierbrauerei der Vereinigten Staaten.

Wenden wir uns vom materiellen Gebiet auf das der geistigen Thätigkeit,
so finden wir in St. Louis zwei Universitäten, eine Akademie der Wissenschaften, eine medicinische Schule, einen kaufmännischen Leseverein und ausgezeichnete höhere und niedere Schulen in großer Zahl.

Ueber die Schulanstalten dürften einige ausführliche Angaben von Interesse
sein. Das letzte normale Schuljahr war das Jahr 1860 bis 1861, denn im
darauffolgenden hatte die Rebellion die Schulen aller Staatsunterstützung beraubt
und die Schuleinkünfte fast auf die Hälfte reducirt. Fast alle öffentlichen
Schulen und Privatinstitute des Staates Missouri mit Ausnahme derer in
St. Louis waren entweder zerstört oder doch außer Thätigkeit gesetzt. Das
Land war von den Truppen bald der einen, bald der andern Partei besetzt und
von Guerillas in Aufregung gehalten, Person und Eigenthum schwebten in
beständiger Gefahr — in solcher Zeit trat freilich die Sorge für das Erziehungs-
wesen in den Hintergrund.

Die Gesammtzahl der Schulen in St. Louis betrug im Jahre 1860 bis 1861
32, mit durchschnittlich 253 Schülern, sonach war die Zahl der Schüler 8090.
Die Anzahl der einzelnen Schulclassen war früher eine viel größere, man strebt
aber dahin, dieselbe soweit zu verringern, daß die Durchschnittszahl der Schüler
400 bis 500 beträgt. Die Lehrer sind größtentheils in diesen Schulen herangezogen und erhalten ihre letzte Bildung in einer eigenen Lehrerbildungsanstalt,
welche treffend Normalschule (Normal School) genannt wird. Die Anzahl der
Lehrer war 30, die der Lehrerinnen aber 137. Diesem Verhältnisse einigermaßen entsprechend genossen auch im genannten Jahre den Unterricht in der
Lehrerbildungsanstalt nur 7 männliche, dagegen 73 weibliche Zöglinge, den in
den Hochschulen (Gymnasien) aber 178 Knaben und 140 Mädchen. In der
dritten Ordnung von Schulen, den sogenannten Districtschulen, überwiegt gewöhnlich die Zahl der Knaben um ein Weniges.

Eine originelle Einrichtung ist die der Abendschulen für junge Leute beiderlei Geschlechts von 12 bis über 20 Jahren. Es bestanden deren in dem
betreffenden Schuljahre 1860 bis 1861 in St. Louis fünf, und zwar eine für
Jünglinge und Mädchen gemeinschaftlich und vier nur für Jünglinge. Vierzehn Lehrer und Lehrerinnen besorgten den Unterricht an diesen Schulen. Die
Unterrichtsgegenstände sind Arithmetik, Lesen und Buchstabiren, Schreiben,

englische Grammatik, Geographie, Buchführung, Algebra. Zum Besuche drängen sich in besonders namhafter Zahl die Abkömmlinge eingewanderter Deutscher, der Besuch ist ganz unentgeltlich, die Auslagen für diese gemeinnützige Einrichtung werden vom Board of Public Schools, der für Schulangelegenheiten auf dreijährige Functionsdauer gewählten Behörde, getragen und beliefen sich im Jahre 1860 bis 1861 auf 2600 Dollars. Die jungen Besucher solcher Abendschulen sind sämmtlich während des Tages bei einem Handwerke, beim Handel oder einem sonstigen Erwerbe thätig und benutzen, wie zu erwarten steht, die von ihnen selbst aufgesuchte Unterrichtsgelegenheit mit Eifer. Stand und Beschäftigung der weiblichen Zöglinge sind ebenfalls sehr verschiedenartig. Die Köchin, Kleidermacherin, Haushälterin, Nätherin, Wäscherin u. s. f. benutzt ihre freie Abendstunde zur geistigen Fortbildung. Zum Jahresschlusse wird eine „Exhibition" veranstaltet, nicht etwa eine Ausstellung von Erzeugnissen der industriellen Thätigkeit der Schüler, sondern eine festliche Zusammenkunft zur Ablegung von Proben der Studienergebnisse. Nachdem die „Exhibition" gleich jedem derartigen öffentlichen Acte in amerikanischer Weise mit einem Gebete eröffnet ist, folgen Declamationen und Vorlesungen seitens der Schüler, sodann einige schwunghafte Reden von den Gönnern der Schule gehalten, den Schluß bildet die Vertheilung der Diplome an die Schüler.

Im Spätjahre 1861 wurden in Folge der Verringerungen der Schuleinkünfte von 178,000 auf 98,000 Dollars die Gehalte der Lehrer um etwa 27 Procent reducirt und wie folgt festgesetzt:

Der Principal oder Oberlehrer an der Normalschule (Lehrererziehungsanstalt) erhielt 1200 Dollars statt früherer 1600.

Der Principal oder Oberlehrer an der Hochschule 1200 Dollars statt früherer 1600.

Erster Assistent 900 Dollars, früher 800 bis 1000.

Zwei weitere Assistenten, jeder 800 Dollars.

Ein erster weiblicher Assistent 500 Dollars, früher bis 700.

Ein zweiter weiblicher Assistent 450 Dollars.

Die Lehrer an der Districtsschule:

Erster Lehrer 650, 700 und 800 Dollars, statt früherer 800 bis 1000.

Männlicher Assistent 500 Dollars.

Lehrerin an der ersten Classe 450 Dollars, früher bis 550.

Lehrerin an der zweiten Classe 400 Dollars.

Assistenten von 350 Dollars bis 275.

Es wurde in dieser Nothzeit die bisher ungekannte Maßregel der Forderung eines Schulgeldes zu Hülfe genommen und dieses für Normal- und Hochschule auf 7 Dollars, für den Besuch der niederen Schulen auf 1 Dollar 50 Cents vierteljährlich festgesetzt, arme Waisenkinder aber sowie Kinder von unbemittelten Wittwen und ähnliche wurden von dessen Bezahlung befreit. Die Beschränkung der

Lehrergehalte hat sich am Schlusse desselben Jahres als verderblich herausgestellt, weil die ersten Capacitäten unter den Lehrern nach anderen Städten übersiedelten, wo, wie z. B. in New-York, einem Lehrer (Principal) an der Hochschule bis zu 3000 Dollars, einem Hauptlehrer der District- oder Grammatikschule 2000 Dollars Gehalt ausgesetzt sind.

Auch im Jahre 1862 bis 1863 mußte wiederum wegen der Verschuldung des „Board of Schools" und wegen des Ausbleibens früherer Einkünfte zu dem Modus Zuflucht genommen werden, eine kleine Schulgebühr von zahlfähigen Schülern zu verlangen, die anderen aber frei zuzulassen.

Der Lehrplan an den Primärschulen und an den District- oder Grammatikschulen ist folgender:

Untere Schule.

Die erste Abtheilung hat Lesen, Schreiben und Zeichnen auf der Tafel, Singen, Morallehre, Handarbeit, Conversation über naheliegende Gegenstände. In der zweiten Abtheilung kommen hinzu die Anfangsgründe der Geographie, Kartenzeichnen, Kopfrechnen, Zahlenlehre, Gegenstandslehre.

Mittlere Schule.

In der ersten Abtheilung wird fortgeschritten zum Schreiben mit Bleistift und Feder, in der zweiten zum Abschreiben.

Obere Schule.

In der ersten Abtheilung als weitere Lehrgegenstände: Englische Grammatik, Dictirtschreiben, Declamation. In der zweiten schließlich: Grammatikalische Analyse, Geschichte und Verfassung der Vereinigten Staaten.

Es sind fünf Lehrstunden täglich von 9 bis 3 Uhr, der Samstag ist frei. Eine besondere, vielgepflegte Schuleinrichtung ist die Sonntagsschule von ein- bis zweistündiger Dauer.

Das Studium an der Hochschule zerfällt in einen allgemeinen und einen classischen Cursus. Der letztere umfaßt vier Jahre und begreift alle Studien in sich, welche für den Zutritt zu den besten amerikanischen Collegien gefordert werden. Der allgemeine Cursus umfaßt vier Jahre und schließt in sich die mathematischen Fächer und das Zeichnen für die Ingenieur-Bildung, die lateinische Sprache insoweit als sie zur allgemeinen Bildung und zum gründlichen Grammatikstudium der englischen und anderer moderner Sprachen nöthig ist; deutsche und französische Sprache; Literatur und andere für die allgemeine Bildung und die spätere geschäftliche Laufbahn des Schülers zuträgliche Wissenschaften, als Buchhaltung, physikalische Geographie, Physik, Chemie, Physiologie, Naturgeschichte, Astronomie, Philosophie und Moralwissenschaft, Constitution der Vereinigten Staaten. Als Bedingungen der Aufnahme in die Hochschule gelten: das zurückgelegte zwölfte Lebensjahr und die gute Absolvirung der Districtsschule.

Bei der Aufnahme in die Normalschule oder Lehrerbildungsanstalt werden zur Bedingung gemacht: das Lebensalter von wenigstens sechszehn Jahren, die Absolvirung der Hochschule oder einer ähnlichen höheren Lehranstalt und das Versprechen, sich nach beendigtem Studium an der Normalschule wenigstens zwei Jahre lang dem Lehrfache an den öffentlichen Schulen in St. Louis zu widmen.

Unter den Fächern, welche in dieser Anstalt zu studiren sind, mögen hier angeführt werden: Lesen, einschließlich der Eloquenz; Erziehungswissenschaft, einschließlich der Schulgesetzgebung; Theorie der Kunst des Lehrens, Anatomie und Physiologie des Menschen, Uebungen zum Verständniß Shakespeare's, Geschichte der englischen Sprache und Literatur, allgemeine Geschichte. Auf Körperübung (Orthosomic Exercises) wird besonderer Werth gelegt, und es bestehen — in dem praktischen Amerika — viele Bücher über diesen „Lehrgegenstand".

Zur Bezeichnung des Geistes, welcher unter den amerikanischen Schülern herrscht, führe ich den Ausspruch eines englischen Reisenden an: „Nichts ist überraschender als ein Vergleich der Freischulen (free schools) in London und in amerikanischen Städten, denn er zeigt, daß in ersterer Stadt die Schülerin entweder eine zerlumpte Bettlerin oder ein durch Wohlthätigkeit erhaltenes Mädchen ist, wenn nicht erniedrigt, so doch wenigstens durch Ansehen und Kleidung als ein solches gekennzeichnet. Der Engländer kennt diesen Menschenschlag und weiß, wie wenig Erziehung ihm zu Theil wird. Er sieht das Ergebniß derselben in dem weiblichen Dienstpersonale der Stadt und in den Weibern der niederen Volksclassen. Die Schülerin der amerikanischen Freischule dagegen ist weder ein armes, noch ein von Wohlthätigkeitsanstalten erhaltenes Mädchen. Sie ist durchaus anständig und reinlich gekleidet; wenn man mit ihr spricht, kann man keineswegs errathen, ob ihr Vater täglich einen Dollar verdient, oder ob er 3000 Dollars im Jahre zu verzehren hat, ebensowenig wird man aus der Behandlung, die sie von ihren Mitschülerinnen erfährt, darauf schließen können."

Es mag Vieles, sehr Vieles an dem amerikanischen Schulwesen auszustellen sein, vor Allem die im amerikanischen Wesen so tief wurzelnde Sucht, auf den Schein, den äußern Glanz („show") zu arbeiten; immerhin aber muß zugestanden werden, daß dort auch in diesem Zweige menschlicher Bestrebung, wie in so vielen anderen, Verhältnisse auftreten, welche uns überraschen und unser Staunen erregen. Diese Schulen helfen mit jene Menschen zu bilden, welche in vielen Stücken so Großes leisten und, wie nicht zu leugnen ist, uns in Manchem überragen. Nach ihren Früchten haben wir unser schließliches Urtheil über die amerikanischen Schulen zu bilden, nicht aber darf es sich auf unsere herkömmlichen Ansichten stützen. Die Vorbereitung für ihr aufs Praktische gerichtetes Leben finden die Amerikaner in jenen Schulen, aber höhere Wissenschaftlichkeit wird und muß noch lange ein Importartikel aus Europa und insbesondere aus Deutschland bleiben, so stolz auch der unverbesserliche Native auf den Einwanderer herunterblickt.

Unseren Universitäten theilweise entsprechend sind die amerikanischen „Collegien und Universitäten" (Colleges and Universities), die sehr häufig als Privatanstalten einer besondern Richtung, Sectenrichtung, zu dienen bestimmt sind. Für Medicin, sowie für Jurisprudenz existiren Fachschulen; ein Arzt oder ein Jurist absolvirt in zwei Jahren gewöhnlich sein Fachstudium, für letztere gilt auch dreijähriges Practiciren bei einem Advocaten anstatt des Studiums.

Es liegt in der Zeitrichtung, daß auch landwirthschaftliche Schulen entstehen werden, nachdem jetzt der Bürgerkrieg beendigt ist. Mehrere landwirthschaftliche oder den landwirthschaftlichen Interessen vorzugsweise Rechnung tragende Zeitungen, die der Agricultur in den täglichen Ausgaben politischer (Partei=) Blätter zugewandte Aufmerksamkeit, die Zusammenstellung der wichtigsten im In= und Auslande über dieses Fach im Verlaufe jeden Jahres geschehenen Veröffentlichungen im Jahresbericht des Patent Office, einem 600 bis 700 Seiten zählenden Buche, wovon im Jahre 1862 25,000 Exemplare über die gewöhnliche Zahl zur Vertheilung kamen, alles dieses sind Beweise eines regen und gründlichen Strebens, die Landwirthschaftswissenschaft auf die Stelle zu heben, welche ihr im größten Agriculturstaate der Welt gebührt.

In der Nähe von St. Louis sind die sogenannten Eisenberge, Iron Ridge, Iron Mountain, Pilot Knob, eine Naturmerkwürdigkeit, an welcher ich Anlaß nehme, der Eisenindustrie und dem mit dieser im engen Zusammenhang stehenden Steinkohlenreichthum der Vereinigten Staaten eine kurze Betrachtung zu widmen.

Eine 86 englische Meilen lange Eisenbahn ist gebaut, um die Erze des Eisenbergs „Iron Mountain" und der aus Magneteisenstein bestehenden Bergpyramide „Pilot Knob" nach St. Louis zu bringen. Sie führt 24 Meilen längs der malerischen Ufer des Mississippi hin am Fuße einer Höhenkette, die schöne Eichenwaldungen mit einem Unterwuchs von rothblättrigem Sumach bedecken. Vom Strome abgehend zieht sich der Weg zwischen sanften Höhen in einer flußreichen Waldgegend hin, deren Lichtungen in Weizen= und Maisfelder umgewandelt sind. Weinbau wird hier von deutschen Ansiedlern mit Erfolg betrieben und dadurch, sowie durch die Cultur des Tabacks und durch den in neuester Zeit mit Glück nach Missouri verpflanzten Baumwollbau, muß, geordnete Staatsverhältnisse vorausgesetzt, der Wohlstand dieses reichen Landes rasch zunehmen. Der Staat Missouri konnte als Sklavenstaat bis jetzt kein willkommenes Ziel für die Einwanderung sein, so groß auch seine natürlichen Schätze sind, die dem am oberen Missouri sich ausbreitenden Landestheil das Prädicat „der Garten des Westens" erworben haben.

Der Iron Mountain bedeckt eine Fläche von 500 Acres, er erhebt sich 200 bis 300 Fuß über die nächste Umgebung und etwa 1000 Fuß über das Bett des Mississippi, von welchem er 38 engl. Meilen entfernt ist. Der dunkle Fels ist mit schwachem Eichenwuchs und mit Hickorybäumen bedeckt, die zwischen losem

Gesteine und Felsspalten hervorwachsen. Der ganze Berg und jeder Stein, der auf ihm liegt, ist Eisenerz mit einem Metallgehalt von 65 Procent. Die im Iron Mountain zu Tage liegende Erzmasse wird zu zwei Millionen Tonnen angeschlagen; eine Bohrung auf 150 Fuß Tiefe hat keinerlei Aenderung in der Beschaffenheit der Masse erwiesen, die nach der Ansicht der Geologen aus einer Spalte der Erdkruste emporgestiegen ist.

Der Pilot Knob hat eine Höhe von 300 Fuß und an seinem Fuße einen Umfang von 1½ englischen Meilen.

Dieses Land besitzt auch einen großen Reichthum von anderen Metallen, leider aber erfreut es sich nicht gleich manchen anderen Ländern des Vorkommens von Steinkohlen in der Nähe der Erzlager. Der nächst gelegene Bezugsort für die zur Ausbeutung von Eisenerzen erforderliche Steinkohle liegt im Gebiete des Staates Illinois; Holzkohle hat sich als ein zu theures Schmelzmaterial erwiesen, Kalk als Flußmittel findet sich in der Nachbarschaft. Dermalen wird das Eisenerz des Iron Mountain zum Ausschmelzen nach St. Louis transportirt, und es ist um diesen Transport zu erleichtern der Erzbruch durch eine Holzbahn in Verbindung mit dem Schienenwege nach St. Louis gebracht worden.

Ein dem Iron Mountain analoger Eisenberg findet sich im Norden Amerikas am Obersee (Lake Superior). Sein Erz ist von gleich guter Beschaffenheit und das daraus gewonnene Roheisen kostete noch im Jahre 1860 an die Seewerfte gestellt per Centner 90 Cents, während das Roheisen an der Werfte von St. Louis um 80 Cents per Centner in Verkauf kommt. Auch in Pittsburg und Wheeling, welche Städte die größten Eisenwerke Amerikas besitzen, finden sich die natürlichen Bedingungen für eine billige Eisenproduction eben so gut vor als irgendwo in England, und es sind die dortigen Eisenvorräthe unerschöpflich. Nichtsdestoweniger zahlten die Vereinigten Staaten bis zum Jahre 1859 jährlich 25 Millionen Dollars für fremdes Eisen. Der amerikanische Eisenindustrielle war schon vor dem Ausbruche des Krieges durch eine Einfuhrtaxe von 24 Procent geschützt, Fracht und Spesen für englische Waare beliefen sich auf weitere 10 Procent, ungeachtet all' dieser dem Amerikaner zu gut kommenden Vergünstigungen war er in seinem eigenen Hause vom englischen Werkbesitzer unterboten. Der Grund hiervon liegt in mancherlei Verhältnissen. Die Amerikaner sind weniger sorgsam in der Manipulation als die Engländer, häufig haben sie nicht genügendes Capital in ihren Werken angelegt und beanspruchen einen größeren Nutzen als die englischen Industriellen. Die Kosten der Arbeit anlangend, so waren sie schon vor dem Kriege in Amerika um etwas höher als in England, aber der amerikanische Unternehmer kann sich jene geschickten Arbeiter, über die der englische verfügt, nicht mit gleicher Sicherheit verschaffen. Amerika ist so groß und die Versuchung, anderen und leichteren Verdienst aufzusuchen, so stark, daß die Arbeiter einer Beschäftigung nicht treu zu bleiben pflegen. Die arbeitende Bevölkerung Amerikas ist nicht stabil, sie ist eine unruhige, nach Aenderung und Verbesserung strebende, wandernde Masse.

An der Gewinnung des Eisens nehme ich Anlaß, wenige Worte über den Steinkohlenreichthum Nordamerikas hinzuzufügen. Die Steinkohlenformation ist in den Vereinigten Staaten in einer Ausdehnung vorhanden, welche auf der Erde ihres Gleichen nicht hat, und es genügen die dortigen Vorräthe an mineralischem Brennmaterial — nach dem Ausspruch des Geologen Ansted — um auf Jahrtausende den Bedarf der ganzen Welt zu decken, sollte auch die Nachfrage in rapider Zunahme sein und die industrielle Thätigkeit sich vervielfältigen.

Man unterscheidet mehrere Hauptregionen des Steinkohlenvorkommens. Das Alleghanen-Kohlenfeld umschließt eine Fläche von 2800 geogr. Geviertmeilen, die sich über acht Staaten verbreitet. Auch das Illinois-Kohlenfeld dehnt sich über eine Fläche von nahebei 2400 geogr. □Meilen aus, wovon 14,000 in dem Staate Illinois liegen. Die Erstreckung der großen Kohlenfläche Missouris ist noch nicht ermittelt. Die Kohlenarten dieser Länder sind die Pechkohle, Kännelkohle und der Anthracit. Der letztere findet sich in Pennsylvanien auf einer Fläche von 200,000 Acres in drei Hauptdistricten, in deren einem sich Kohlenflötze von drei und mehr Fuß Mächtigkeit in größerer Zahl vorfinden, ja sogar eines von 30 Fuß. In einiger Entfernung vom Urgebirge hören die Flötze auf, Anthracit zu führen. Die Michigan-Kohlenmulde liegt in dem mittleren Theile des gleichnamigen Staates, ist 170 engl. Meilen lang und 100 Meilen breit, ihre geognostische Unterlage bildet kohlenführender Kalk, weiche, leichte Sandsteine und Thonschiefer.

Mississippi, Missouri, Ohio.

Der Erinnerung an diese drei größten Ströme des so stromreichen Westens sei in diesen Blättern ein kurzer Abschnitt gewidmet.

Der Mississippi, der Vater der Ströme, ward von den Europäern im Jahre 1672 entdeckt, seine Quellen wurden aber von Schoolcraft erst im Jahre 1832 aufgefunden. Er nimmt seinen Anfang in einem kleinen See, Itaska oder lac de biche genannt, der unter dem 47sten Breitegrade 1600 Fuß über der Meeresfläche liegt und, in gerader Richtung gemessen, mehr als 3000

englische Meilen von der Einmündung des Stromes in den Golf von Mexiko
entfernt ist.

Der Mississippi ist mit nur theilweiser Unterbrechung bis zu den Fällen
von St. Anthony hinauf schiffbar, d. h. auf eine Erstreckung von 2037 engl.
Meilen, seine Windungen eingerechnet. Diese sind so groß, daß nicht selten
eine Stromstrecke von 20 bis 30 Meilen einen Bogen bildet, dessen Ausgänge
sich auf eine bis zwei Meilen nahe kommen. In einzelnen Fällen nimmt man
Anlaß, Durchschnitte zu machen; wird auch nur ein schmaler Verbindungscanal
gegraben, so erweitert die reißende Strömung des Wassers diesen in kurzer Zeit
so, daß die größten Dampfboote passiren können.

Die Mississippischifffahrt bietet mannigfache Fährlichkeiten dar, indem z. B.
die mächtige Wassermasse Land von einem vorspringenden Punkte wegreißt und
es sammt riesigen Bäumen und dergleichen Hindernissen an anderen Stellen
wieder ablagert. Manches schöne Schiff ist durch das Auffahren auf solche
snags (Höcker), so nennt man jene im Flußschlamme festsitzenden Bäume,
leck geworden. Die im Strombette liegenden Hindernisse erzeugen zahlreiche
Wirbel, als eine neue Quelle von Gefahren für die Schifffahrt. Zu den Lieb=
habereien der Dampfboot=Capitaine gehört gerade das Experiment, ihr Schiff
über solche Hindernisse weggleiten zu lassen, anstatt daß sie dieselben umgehen.
Eine andere in Beschreibungen des amerikanischen Lebens vielfach angeführte
derartige Liebhaberei ist das Wettfahren zweier Capitaine, deren Schiffe auf dem
Strome zusammentreffen; ein schreckliches, echt amerikanisches Spiel mit Menschen=
leben und kostbarem Eigenthum. Um die Dampfkraft der Maschine aufs
Aeußerste zu steigern, werden in solchen Fällen die verbrennlichsten Substanzen
die sich auf dem Schiffe finden, Werg, Pech, Oel, ins Feuer gebracht. Eine
andere als amerikanische Schiffsgesellschaft würde solch' wahnwitzigem Treiben
mit Gewalt ein Ziel setzen, der Amerikaner aber, so bereit er ist nach der Waffe
zu greifen, wo Selbsthülfe ihm nöthig dünkt, ist in diesem Falle so weit entfernt
auf die Gefahr für seine Person zu achten, daß er noch antreibt oder selbst mit=
hilft, wo er kann, um durch Ueberheizen des Dampfkessels die Schnelligkeit des
Schiffs aufs Aeußerste zu steigern. In dieses Verhältniß zu seinen Passagieren
stellt sich auch der Capitain: Einer meiner Mitreisenden erhielt auf die Frage,
ob das Schiff besondere Gefahr laufe, vom Capitain die Antwort: „Nicht
gerade, entweder können wir sinken oder in die Luft geblasen werden."

Die vielen zum Theil sehr großen Inseln und die flachen Ufer des Flusses
erinnerten mich lebhaft an die heimische Donau, doch ist die Vegetation der
Mississippiinseln zum Theil großartiger und trägt viel zur Herrlichkeit des
Stromes bei. Zahlreiche Sandbänke dienen Schaaren von Schneegänsen und
Schwänen zum Aufenthalt, prächtige, gefiederte Wildenten flüchten scheu vor
dem schnaubenden Schiffscoloß, während die Gänse nicht selten ungestört auf
einer nahen Sandbank ihre schnatternde Unterhaltung fortsetzen. Bussarde um=

kreisen die Eilande, die ihnen an ausgeworfenen Fischen und an Wild mancher Art lockende Beute bieten. In einzelnen Staaten wird bei sonst fast unbeschränkter Jagdfreiheit das Erlegen aasvertilgender Raubvögel streng geahndet.

Von der Vereinigung mit dem Missouri abwärts verliert der Mississippi seinen eigenthümlichen Charakter. Er ist nicht mehr der ruhig dahin fließende Strom mit sanften Ufern und glatten Sandbänken, sondern wild und brausend bahnt sich seine trübe und gefahrdrohende Wassermasse zwischen ausgebuchteten zerrissenen Ufern den Weg.

Im Frühjahr überströmt der Mississippi gewöhnlich seine Sandbänke, in einem Abschnitte seines Laufes findet jährlich ein Steigen des Wassers um 50 Fuß statt. An wenigen Stellen ist diese riesige Wassermasse auf einen Blick zu übersehen; auf seinem unteren Laufe ist die Gesammtbreite des Stromes zuweilen 30 engl. Meilen, aber es brechen sich die Arme Bahn durch dicke Wälder und breite Moore, die dem Auge den ganzen Strom entziehen, so daß nur die Bogenlinie des Waldes, die in weiter Entfernung sich hinzieht, die Grenze des Flußbettes bezeichnet.

Nur wenn man den Strom von seinem oberen Laufe an verfolgt und sieht, wie er schon von den Fällen von St. Anthony ab Fluß um Fluß verschlingt, wie dann der gewaltige Missouri, der breite Ohio, St. Franzis, White, Arkansas und Red River, lauter große Ströme mit weitem Laufe — in Allem 200 Nebenflüsse! — in ihm aufgehen, ohne daß anscheinend seine Wassermasse sich sehr vergrößert, nur dann erkennt man, wie tief das Strombett sein muß, welches für den schließlichen Weg bis zum Meere eine solche Vereinigung von Fluthen zusammenfaßt. Noch mehr aber drängen die erstaunlichen Verhältnisse dieses Stromes sich dem auf, welcher durch die Mississippimündung hinaus ins Meer fährt und stundenlang, nachdem längst die fernen Ufer dem Auge entschwunden sind, nichts erblickt als die trüben Wasser des Mississippi.

Bei seiner Vereinigung mit dem Mississippi hat der Missouri 3096 englische oder 672 geographische Meilen zurückgelegt, einen längeren Weg als der Mississippi selber. Nicht allein aus diesem Grunde, sondern auch weil der Charakter des Missouri dem Strome nach Vereinigung beider Ströme erhalten bleibt, wäre es billig, dem Strome bis zum Golf von Mexiko den Namen Missouri zu belassen. Die Stromlänge von den Missouriquellen bis zum Golf von Mexiko beträgt einschließlich der Krümmungen 4349 englische oder 945 geographische Meilen.

Die Quellen des Missouri liegen im Felsengebirge 5000 Fuß über dem Meere auf der Wasserscheide zwischen dem Stillen und dem Atlantischen Ocean in jener entlegenen Weltgegend, die in Größe und Schönheit der Natur, in ihrer einzigartigen Thierwelt und im urwüchsigen Indianerthum einen noch unentweihten Reiz besitzt.

Nach einem Laufe von 400 engl. Meilen durchbricht der Missouri die „Thore des Felsengebirges", eine 6 Meilen lange Felsenschlucht, deren senkrechte Steinwände bis 1200 Fuß in die Höhe steigen. In finsterer Schlucht wälzt sich der Strom fort, keinen Fuß breit festen Grundes zwischen den aufsteigenden Felsen lassend — unheimliches Dunkel herrscht dort beim sonnenlichten Tage; hüllt sich aber der Himmel in Sturmeswolken und zucken Blitze durch die Tages-Nacht, so steigert sich das Gefühl der Vereinsamung, welches den Reisenden ergriffen hat, bis zur angstvollen Spannung und ihm ist, als ob die Welt mit ihrer Herrlichkeit weit hinter ihm läge.

Eine nicht minder großartige Naturscenerie anderer Art bietet der obere Stromlauf dar in den „großen Fällen des Missouri". In 16½ engl. Meilen Wegs beträgt das Stromgefälle 357 Fuß; außer einer Anzahl von Stromschnellen sind vier eigentliche Wasserstürze vorhanden, deren bedeutendster 87 Fuß hoch ist. Von den Touristen, die in jene entlegene Gegenden vordringen, werden die Fälle des Missouri denen des Niagara an Schönheit und Großartigkeit nahezu gleichgestellt, und sie werden sicher, wie die Niagarastürze es jetzt sind, einstens ein Zielpunkt der Reisenden sein, in der vielleicht nicht sehr fernen Zeit, wo die Wildnisse der oberen Missouriländer für die Cultur erobert und das Gebiet, in welchem heute der Indianer und der kühne Trapper den Büffel jagt, von stattlichen Gehöften und aufstrebenden Städten überdeckt sein wird.

Aehnlich dem Mississippi hat der Missouri einen stürmischen Jugendlauf, auf welchen eine friedlichere Strömung durch weit ausgebreitete Prairien folgt. Aus solchen endlosen Grasebenen her kommen dem Missouri seine Hauptnebenflüsse, der Yellow-Strom, der Platte-Fluß und andere. Büffel, Elennthiere, Antilopen, Bergschafe in Heerden ohne Zahl bevölkern heute noch, ungeachtet der zweck- und rücksichtslosen Massenvernichtung, in welcher sich die Jäger des Landes gefallen, jene weiten Strecken.

Bis zu den „Großen Fällen" hinauf ist der Missouri schiffbar, jedoch nicht das ganze Jahr hindurch. In den trockensten Monaten nämlich verliert er sein Wasser großentheils, noch weit mehr aber ist dies mit seinem großen Nebenflusse, dem Platte, der Fall, dessen Bett entlang die Karawanenstraße der Auswanderer und Landreisenden nach Oregon und Californien zieht. Die große Zukunftsbahn zum Stillen Ocean ist im Staat Missouri an mehreren Stellen in Angriff genommen und kürzere Strecken derselben sind auch dem Verkehre offen. Im Jahre 1863 war eine Häuptlingsdeputation der Indianerstämme jener Gebiete beim Präsident Lincoln, um ihn ihrer friedlichen Absichten dieser Unternehmung gegenüber zu versichern. Inzwischen geht eine „Mail" von St. Joseph aus über Kansas, Leavenworth, Omaha-City, Lawrence, Topeka, Lexcompton und der Stadt am großen Salzsee, der Mormonenstadt, bis nach Californien. Die Reise wird auf mit Pferden bespannten Wagen ausgeführt und dauert nur sehr kurze Zeit im Vergleiche mit der, welche Auswandererzüge nach Oregon oder Californien in durch Ochsen gezogenen Fuhrwerken bedürfen, die etwa ein halbes Jahr lang unterwegs find. Es wird wohl Niemandem einfallen, sich unter dieser Mail oder Post europäische Einrichtungen zu denken, diese Institute müssen, um den Anforderungen einer solchen Reise zu entsprechen, ganz anderer Art sein. Auch der Wohlfeilheit wegen kommt man nicht in Versuchung, den Landweg und insbesondere die Mail zu wählen; der Fahrpreis beträgt eine hohe Summe, die Ausstattung zur Reise ist kostspielig und der Aufenthalt auf den Stationen ein sehr theurer. Besonders in der Mormonenstadt wird den Reisenden eine große Zeche gemacht, wohl nur weil die frommen Männer dort selber in ihrem Haushalt so vielseitigen Ansprüchen genügen müssen. Der Seeweg nach Californien mit Zuhülfenahme der seit einem Jahrzehnt mit immensen Opfern an Geld und Menschenleben hergestellten centroamerikanischen Bahn von Aspinwall nach Panama kommt viel billiger zu stehen als eine solche Landreise, aber es liegt für den Amerikaner — und ich darf wohl sagen, auch für viele Deutsche — ein unwiderstehlicher Reiz darin, auf dem Wege zu dem Goldlande jene Wildnisse und Einöden zu durchziehen.

Zu fürchten sind auf dieser Reise — von Naturhemmnissen abgesehen — wohl weniger die zerstreuten Indianerstämme als Abenteurerbanden, welche ganz- und halbcivilisirten Nationen angehörig sind. Aus den Südstaaten der Union, aus Texas, Mexiko sammelt sich solches Volk dort an den Grenzen der Civilisation, Auswurf der Gesellschaft, zu dem die Sippschaft der Spieler, „Gambler", ein großes Contingent stellt. Mancher dieser Menschen hat es im letzten Bürgerkriege als Brandstifter, Spion, Guerillaführer oder „Officier" zu einem unbeneidenswerthen Rufe gebracht. Ein solcher Mensch, oder vielmehr ein Ungeheuer, des menschlichen Namens unwürdig, war es, welcher im Jahre 1863 mit einer südstaatlichen Reiterschaar die Stadt Leavenworth plünderte und die uniontreuen Bürger mordete, nachdem der Unmensch kurz vorher noch im Kerker gelegen, weil er in Folge einer Wette um ein Paar Stiefel einen menschlichen Skalp zur Stelle gebracht hatte.

Zwei Bahngesellschaften im Staate Missouri, welche sich zum Vordringen in dieser Missouri-Richtung gebildet haben, bieten Land zum Verkaufe an, nämlich die Nord-Missouri-Compagnie den an der Bahnstrecke von St. Louis bis Makon sich hinziehenden Streifen Landes, und die Hannibal- und St. Joseph-Bahn die Ländereien, welche, nicht weiter als 15 engl. Meilen entfernt, längs der 206 engl. Meilen langen Bahnstrecke zwischen den gleichnamigen Städten liegen. Der Boden ist meist lehmig, das Land wellig, das Klima mild und gesund. Die geographische Breite, unter welcher diese Gegend liegt, macht die mannigfaltigsten Culturen möglich, sowohl solche die dem Norden als viele die dem Süden eigenthümlich sind.

Wenden wir uns ab von dem großen Strome der Wildnisse des Westens mit der stillen Vergangenheit und ahnungsreichen Zukunft, vom gewaltigen

Missouri, um das Bild des nächstkommenden Mississippi = Nebenstromes, des „schönen" Ohio, im Geiste zu entrollen.

Auf einem gewaltigen Mississippidampfer verlassen wir die Rhede von St. Louis und erreichen den in unübersehbarer Breite verästeten Strom hinab= schwimmend nach einer 175 engl. Meilen langen Fahrt Cairo, die Stadt an der Einmündung des Ohio.

Der Ohio ist auf seinem ganzen Laufe Grenzfluß, stromaufwärts genom= men, zuerst zwischen Illinois und Kentucky, dann zwischen dem Staate Indiana, Ohio einerseits und Kentucky, Virginien, Pennsylvanien andererseits. Er wird bei der großen Fabrikstadt Pittsburg, 1150 engl. Fuß über der Meeresfläche, durch die Verbindung des Alleghany mit dem Monongahela gebildet und fließt unter dem Namen Ohio noch nahezu 1000 engl. Meilen bis zu seiner Mün= dung in den Mississippi. Seine Strömung ist eine sehr sanfte, denn auf dieser weiten Strecke beträgt sein Fall nur 400 Fuß. Bei Louisville macht auch der Ohio einen 22 Fuß hohen Sturz, den die Schiffe bei niederem Wasserstande in einem Canal umgehen, der aber bei hohem Wasser überschifft wird, da der Unterschied im Wasserstande des Ohio bis auf 50' gehen kann.

Ein amerikanischer Reiseschriftsteller, Dr. Büchele, sagte vor etwas mehr als einem Jahrzehnt von der Scenerie des Ohiothals: „Wenn erst der Urwald ge= lichtet sein wird, der ihn (den Ohio) jetzt umstarrt und beschattet, wenn seine Höhen mit Landhäusern gekrönt, seine buschigen Eilande mit einzelnen weißen Hüttchen geschmückt, seine Seitenthäler zu Fernsichten ausgehauen sein werden, mag sich in der Seele des Beschauers aus der Reihe schöner und eigenthümlicher Land= schaften, welche seine zahlreichen oft sehr plötzlichen Windungen dem Auge vor= führen, ein Gesammteindruck bilden, der dem unseres Rheins nur darin nach= stehen wird, daß sich ihm keine historischen Erinnerungen von Bedeutung bei= mischen." Kaum glaubt man, daß dieses Citat wirklich auf jene Zeit noch gepaßt hat, so gewaltige Aenderungen brachte ein Decennium in dem Landschafts= bilde des Ohiothales hervor, denn jetzt sind auf der Strecke aufwärts bis Louis= ville die Bergkegel meistentheils kahl geschoren, nur wenige Ueberbleibsel des ehrwürdigen altamerikanischen Waldes krönen noch diese einst stolzen Häupter; beim Ersteigen der Hügelketten in der Gegend von Louisville, Madison, Cin= cinnati, fühlte ich mich traurig gestimmt durch den Anblick der Ergebnisse ameri= kanischer Waldverwüstung, die von gleich wenig Pietät zeugt, sei es für das landschaftliche Ansehen, sei es für die Ertragsfähigkeit des Bodens oder die Er= haltung eines gesunden Klimas.

Kentucky.

Der Ohio als Grenzfluß führt uns in das Land der stolzen Kentuckyaner, der Amerikaner vom alten Korn, deren heldenmüthige Ahnen den Grund und Boden, welchen sie heute ihr eigen nennen, Tritt um Tritt in langen und furchtbaren Kämpfen den Eingeborenen abgerungen haben.

Es sind noch nicht 100 Jahre, daß unter Boone's Führung die ersten Ansiedler in dieses Land drangen, und damals war in den Wäldern Kentuckys jedes Abenteuer zu finden, nach welchem das Herz verlangen konnte. Die alte Bezeichnung Kentuckys als „das dunkle und blutige Land" läßt heute noch ahnen, welcher Art die Arbeit, die Leiden und Gefahren gewesen sind, denen jene heroischen Männer im Kampfe gegen Natur und Eingeborene sich unterzogen haben. Unglaubliche Thaten, denen gleich, welche die Sagen der Vorzeit uns berichten, sind dort vor wenigen Menschenaltern noch geschehen und auf diese wenn auch nur nach Jahrzehnten zählende Geschichte der Gewinnung seines Landes für Cultur und Civilisation hat der Kentuckyaner noch heute ein Recht stolz zu sein. Auf ihn vererbte sich die Liebe zur freien Natur, zur Jagd und zum Landbau, die Abneigung gegen den Zwang geselliger Formen, die Freiheit des Charakters, der ritterliche Geist seiner Ahnen!

Kentucky bietet ein Landschaftsbild, reich an Abwechslung und an Naturschönheiten aller Art. Den östlichen Theil des Landes durchzieht das Cumberland-Gebirge und den Ohio begleitet eine Hügelkette, deren Breite an einigen Stellen 20 engl. Meilen beträgt. Kohle und Eisen sowie andere werthvolle mineralische Schätze birgt der Boden dieses Landes. Es ist reich an heilsamen Quellen, der Forscher und Freund der Natur findet in großer Zahl Versteinerungen in geringer Tiefe im Boden oder in Kalksteinhöhlen niedergelegt, deren größte von bis jetzt unergründeter Erstreckung die Mammuthhöhle ist. In Beziehung zu diesen Höhlen stehen Versenkungen, unterirdischer Wasserlauf, natürliche Brücken und Wasserfälle.

Die bedeutendste Stadt Kentuckys ist Louisville am Ohio, welches jedoch nicht die Landeshauptstadt ist. Es zählt gegenwärtig 60,000 bis 70,000 Einwohner, hat eine namhafte Industrie und großen Handel mit den Producten des Westens, dem der Ohio und mehrere hier sich vereinigende Bahnstrecken dienstbar sind. Die Stadt erstreckt sich in einer Länge von mehreren Meilen am Flusse hin, hat breite und schöne, zum Theil durch stattliche Baumreihen beschattete Straßen, eine Anzahl großartiger öffentlicher Gebäude und gemeinnütziger Anstalten.

Die Umgebung von Louisville ist reizend. In nächster Nähe sind die in Früherem namhaft gemachten Fälle des Ohio, welche in einem fast ganz durch den Felsen gebrochenen Canal umschifft werden. Auf den benachbarten Anhöhen, auf welchen wegen mehrfacher Bedrohung der Stadt durch die Südstaatlichen Schanzenanlagen gemacht sind, ist ein schöner Ueberblick der Umgebungen geboten, welche mit ihrer kräftigen Waldvegetation, den parkartigen Baumgruppen, den üppigen Fluren und grünen Weiden den Städter zu Landfahrten und Ritten einladen.

Kentucky war sowie Missouri ein Sklavenstaat. So mild auch die Form gewesen sein mag, in welcher in diesen zwischen Sklavenstaaten und „freien" Staaten gelegenen sogenannten Grenzstaaten die Sklaverei in letzterer Zeit auftrat, so waren doch schon die oberflächlichen Merkmale des Menschenhandels, die Ankündigungen öffentlicher Versteigerung von Menschen und die vielen Aufforderungen zur Einbringung entlaufener Sklaven in den Zeitungen Louisvilles für den Mann, der mit seinem Jahrhundert lebt, ein Greuel. Man kann sich leicht das Schicksal solcher verkauften oder wieder eingefangenen Menschen vorstellen. Allerdings gab es viele humane Sklavenbesitzer — ich selbst war Zeuge der freundlichsten Behandlung, welche in Louisville Schwarze von ihren Herren erfuhren — aber nichtsdestoweniger war eine Institution, welche den Verkauf der eigenen Kinder zur häufigen Praxis machte, eine Schmach für die Menschheit, von welcher Amerika durch den furchtbaren Krankheitsproceß, den Bürgerkrieg, endlich befreit worden ist. Im Staate Kentucky wurde im Jahre 1850 der Durchschnittswerth eines Sklaven zu 300 Dollars angenommen, durch die Unsicherheit des Besitzes war 1863 dieser Werth bedeutend gefallen, immerhin sind während meiner Anwesenheit in Louisville bei den fast wöchentlichen Versteigerungen kräftige Männer oder junge, schöne Weiber zu einem Preise von 500 bis 700 Dollars erstanden worden. Ein über ein Jahr altes gesundes Kind galt früher gewöhnlich 100 Dollars*).

Landwirthschaftliche und industrielle Ausstellung, Fair. Seit dem Beginne meines amerikanischen Aufenthaltes war ich aufmerksam gemacht worden auf die wichtige Stelle, welche im öffentlichen Leben die herbstlichen Ausstellungen, Fairs, einnehmen, ich betrachtete es deshalb als einen besonderen Glücksfall, daß sich mir gerade in Kentucky, dem Lande, welches die schönsten Pferde und vielleicht auch das schönste Rindvieh Nordamerikas hervorbringt, Gelegenheit bot, eine solche zu sehen. An der Beschreibung dieser Ausstellung nehme ich zugleich Anlaß zum Eingehen auf manche Einzelheiten im Gebiete der Landwirthschaft und Technik.

Die „Fairs" werden entweder von dem Centralausschusse der Landwirth-

---

*) Kentucky und Missouri sind ihren Schwesterstaaten in freiwilliger Erklärung der Emancipation vorangegangen.

schaftsgesellschaft eines Staates oder nur von den Mitgliedern des landwirthschaftlichen Vereins einzelner Countys, Grafschaften veranstaltet, und banach
State- oder County-Fairs genannt.

Zu Anfang des Monats September, wenn außer Mais, Kartoffeln und
Taback die hauptsächlichen landwirthschaftlichen Erzeugnisse eingebracht sind,
wenn die versengende Hitze und die Trockenheit, welche die Monate Juli und
August, dem Fremden wenigstens, fast unerträglich gemacht hatten, durch nächtliche Abkühlung und durch öftere Regenschauer Milderung finden — da beginnen allwärts diese volksthümlichen Ausstellungen, bei denen Stadt= und Land-
bevölkerung sich im Interesse des allgemeinen Fortschrittes vereint und wo Alle
an Größe der Leistungen und an Eifer für die Verschönerung und Erhöhung
der Feier sich gegenseitig zu überbieten trachten.

Zu solchen Anlässen besitzt fast jede Stadt einen vorzüglich geeigneten Platz, wie dies die Entstehung dieser Städte einerseits und das rege öffentliche Leben andererseits mit sich bringt. Sind ja die meisten dieser Städte „aus
dem Walde herausgewachsen"; Tausende von Menschen leben heute auf der
Stelle, welche noch lebende Männer — die Pioniere der Cultur — in stiller
und unentweihter Waldesherrlichkeit geschaut haben. Nun haben die Amerikaner,
so wenig Pietät sie auch in vielen sonstigen Stücken an den Tag legen, in der
Nähe vieler Städte Erinnerungsplätze aus jener Zeit der Anfänge erhalten; an
solchen naturgeheiligten Orten, noch besetzt mit vielhundertjährigen Bäumen,
hat man die Friedhöfe angelegt, zu deren ernstem Schmucke Natur und Kunst
überall sich vereinigen, an solchen Orten endlich versammelt sich das Volk am
liebsten um begeisterte Redner und Führer oder zur Feier froher Feste. Der
Festplatz nächst Louisville war noch jüngst einer der Lagerplätze der in Kentucky
und Tennessee operirenden Armee; Einquartierung ist, beiläufig gesagt, ein hier
unbekanntes Wort, und die wenigen Bauten, darunter selbst Schulhäuser, welche
in Louisville für Militairzwecke temporär acquirirt waren, faßten kaum die
Kranken und Blessirten, also liegt, es sei Sommer oder Winter, der Soldat im
Zelte oder unter freiem Himmel auf und unter seinen Kautschuckdecken.

Von dem inmitten der Stadt Louisville gelegenen Bahnhofe gingen von
Halbstunde zu Halbstunde Eisenbahnzüge zum Ausstellungsplatze ab; Viehtrans-
portwagen waren durch Einlegen von Brettersitzen für diesen Zweck in Personen-
wagen umgewandelt, durch die eisenvergitterten Oeffnungen sandte die Locomotive
ihre Funken herein, welche die Kleider der Fahrenden siebartig durchlöcherten —
ein Stückchen amerikanischer Rücksichtslosigkeit! Der ganz umzäunte Festplatz
war, abgesehen von den Hallen und Buden, welche zum Verkaufe der Speisen
und Getränke dienten, mit drei großen Brettergebäuden versehen: einem Amphi-
theater mit überdecktem Zuschauerraume, dem Ausstellungsgebäude, das ebenerdig
die Producte der Gärtnerei, der Obst= und Weincultur, im ersten Stocke auf
einer Gallerie die der gewerblichen Thätigkeit umschloß, und drittens der Maschinen-

halle. Zur Unterbringung der auszustellenden Thiere wurden die an der Um=
zäunung des Festplatzes vom Cavallerie=Lager noch vorhandenen Pferdebaracken
benutzt, die leider keinerlei Uebersichtlichkeit ja selbst schwere Zugänglichkeit ge=
währten.

Die Thierausstellung war auf fünf Tage vertheilt:

Erster Tag.   Vorführung von Rindvieh, Schafen, Schweinen, Ponies.
Zweiter Tag.   Vollblutpferde und Maulthiere.
Dritter Tag.   Wagenpferde.
Vierter Tag.   Reitpferde.
Fünfter Tag.   Mutterstuten, Esel, Wettfahren (Sweepstakes).

Es dürfte dem europäischen Leser, welcher die Wichtigkeit der landwirth=
schaftlichen und industriellen Ausstellungen würdigt, nicht unerwünscht sein, über
die bei den „Fairs“ geltenden Bestimmungen aus dem vorliegenden Bei=
spiele etwas Näheres zu entnehmen, und ich führe deshalb in Folgendem einige
die Ausstellungsordnung betreffende Punkte sowohl als die Grundzüge der Prä=
miirung im Einzelnen an.

1) Jedes Mitglied der Staatsackerbaugesellschaft erwirbt sich für sich und
seine Familie durch Zahlung von drei Dollars freien Eintritt in die Ausstel=
lungsräume und das Recht, die Ausstellung selber zu beschicken und zwar mit
der Anwartschaft auf Prämien.   Ferner hat jede Person, welche zwei Jahre
lang Mitglied der Gesellschaft gewesen ist, die bei Gelegenheit der Ausstellung
ausgegebenen Druckschriften ohne Entgelt zu erhalten.

2) Die Zahlung von fünf Dollars berechtigt Nichtmitglieder zur Mit=
bewerbung bei allen Preisen, die Zahlung von einem Dollar zur Bewerbung
um die unter fünf Dollars betragenden Preise.

3) Alle Preisrichter haben freien Zutritt in die Ausstellungsräume (welche
dem Publicum gegen ein Eintrittsgeld von 50 Cents pro Person zugänglich
sind).

4) Sobald die Preisrichter über die bei einer Abtheilung (ring) zu gewäh=
renden Preise einig geworden sind, haben sie dem Marschall Bericht zu erstatten,
welcher die Namen der zur Erhebung der Preise berufenen Personen ausruft
und sie dem Secretair persönlich angiebt.

5) Der Präsident, die Vicepräsidenten oder einer der Directoren soll sich
jedem Beurtheilungsausschusse bei der Prüfung der verschiedenen Classen von
Ausstellungsthieren oder Gegenständen anschließen.

6) Nur die Preisrichter dürfen in den Kreis eintreten, in welchem Vieh
ausgestellt wird.   Der Eintritt der Beamten und Diener der Gesellschaft ist
selbstverständlich damit nicht untersagt.

7) Außer den Maulthieren müssen alle größeren Ausstellungsthiere am
Halfter eingeführt werden und unter Aufsicht eines Wärters stehen.

8) Diesem Wärter hat der Aussteller eine Karte einzuhändigen, auf welcher das Alter der Thiere angegeben ist.

9) Aussteller von Vollblutpferden haben noch am ersten Ausstellungstage das authentische Stammregister beim Secretair niederzulegen.

10) Die geschehene Anwendung irgend welchen stimulirenden Mittels schließt das betreffende Thier von der Mitbewerbung aus.

11) Kein vier Jahre alter Hengst, Stier, Eselhengst, keine gleichalte Stute, Kuh, Eselstute, darf um einen Preis concurriren, bevor sich das betreffende Thier schon als Zuchtthier erwiesen hat.

12) Niemand darf in den Kreis eintreten, um seine eigenen Thiere zu zeigen; eine Verletzung dieser Bedingung hat den Verlust eines etwaigen Preises für den Betreffenden zur Folge; — damit ist aber dem Eigenthümer nicht untersagt, Wagen- oder Reitpferde sei es fahrend oder reitend selber einzuführen.

13) Wer den Richtern sein Eigenthumsrecht auf Ausstellungsthiere darlegt oder deren Stammregister mittheilt, büßt ebenfalls das Recht zur Erhebung eines Preises ein; und so fort.

Die Grundsätze der Prämiirung von Ausstellungsthieren dürften aus folgenden Beispielen zu ersehen sein:

Als höchste Preise waren ausgesetzt:

50 Dollars ausgezeichneten Stieren und Pferdehengsten im Alter über 4 Jahre und Eselhengsten über 3 Jahre;

25 Dollars den preiswürdigsten Kühen, Stuten und Eselstuten;

20 Dollars Mauleseln und den Zuchtschweinen;

15 Dollars Widdern und Schafen im Alter über 2 Jahre.

Der Preis für den besten über 18 Jahre alten Reiter war mit 18 Dollars festgesetzt. Reiter producirten sich in drei Abtheilungen: Knaben unter 12 Jahren, Jünglinge von 12 bis 18 Jahren und Reiter über 18 Jahre. Für die zwei erstgenannten Altersclassen waren keine Preise ausgesetzt: im stürmischen Applaus des Publicums und im Nachruhm liegt für die nobeln Söhne Kentuckys Aneiferung genug, ihrem Nationalhange folgend die edle Reitkunst vom zartesten Alter an zu pflegen.

Die ausgestellten Thiere anlangend, so war zunächst das Pferd in den in Amerika hauptsächlich vertretenen Racen auf der Ausstellung zu sehen. Diese Fairs haben einen höchst vortheilhaften Einfluß auf die Pferdeveredelung ausgeübt. Zu Anfang der funfziger Jahre wurde noch der Reitkunst und dem Rennsport sehr wenig Pflege gewidmet, und es war zumal in den Städten nur das Fahren fashionable, da bemächtigten sich zuerst im Westen die Ladies dieser edeln Art von Sport, der Pferdeerziehung zur Rennbahn, und bald breitete sich diese Frauenmode über den größten Theil des Vereinigten-Staaten-Gebietes aus, und allwärts waren schöne und kühne Reiterinnen die Zierde der Fairs und leuchteten der männlichen Bevölkerung als Vorbild sowohl in der Kunst des

Reitens als in der Erziehung edler Rennpferde. Das wilde Pferd Amerikas stammt ab von den Pferden der Spanier, welche zuerst in das Land, nach Centralamerika, drangen, hat also arabisches (Berber=) Blut; das in südlichen Ländern einheimische ist edler als das der Prairien des Nordens, beide sind charakterisirt durch Kühnheit und Ausdauer. Der Pony des Indianers ist wegen seiner vortrefflichen Eigenschaften in Sagen und Dichtungen verherrlicht. Das heutige zahme Pferd Amerikas leitet seinen Ursprung von den Pferderacen all' derjenigen Länder her, welche das Hauptcontingent zur Bevölkerung gestellt haben, es hat aber eine so gute Qualification erlangt, daß Abkömmlinge von in jüngster Zeit importirten Vollblutpferden bei den Ausstellungsrennen Mühe haben, Landpferde bester Art zu besiegen. Das eingeborene Pferd des Westens zeichnet sich aus durch schöne Kopfform, schlanke Glieder, seidenglänzendes Haar, Eigenschaften, auf deren Erzielung die Fütterung mit Prairiegras einen wesentlichen Einfluß hat. Die in den Mittel=, West= und Nordstaaten am meisten vertretenen Pferdeschläge sind das Norman=, Canada=, Morgan=, Pennsylvania= oder Conestoga=, Virginia= und Kentucky=Pferd.

Die Pennsylvanier stehen als Wagenpferde und zum schweren Zuge oben an, nächst diesen als Fuhrmannspferde die Normannen und Canadier; als Reit= pferde und zum leichten Zug benutzt man, besonders in New=York, den Morgan= schlag, als edelstes gilt das virginische und kentuckysche Roß.

Vollblutrenner galten in New=York zu Anfang dieses Jahrzehnts, d. h. vor dem Kriege, bis zu 5000 Dollars das Stück, und es war folgende Scala aufgestellt: Pferde, welche eine englische Meile in vier Minuten zurücklegten und zehn Meilen in einer Stunde, 200 bis 500 Dollars; solche die eine Meile in drei Minuten und vierzehn Meilen in einer Stunde, 300 bis 700 Dollars; die noch besseren aufwärts bis zu oben angedeutetem Preise. Das Paar guter und schöner sechsjähriger (Wagen=) Pferde kostete von 500 bis 600 Dollars aufwärts.

Bezüglich der in Amerika vorkommenden Rindviehracen mich auf die nachfolgende Abhandlung über Milchwirthschaft beziehend, kann ich nicht umhin, bei diesem Anlasse den Büffel zu erwähnen. Während im Osten Europas insbesondere in der Wallachei der Büffel als ein gewöhnliches landwirthschaft= liches Nutzthier gilt, ist die Zähmung des amerikanischen Büffels oder Bisons bis jetzt nur in vereinzelten Fällen durchgeführt worden — ein Factum, welches eigentlich im Widerspruche mit dem Unternehmungsgeiste und der Beharrlichkeit des Amerikaners zu stehen scheint. In Kentucky erwarb sich in dieser Be= ziehung — durch Züchtung des Büffels und seine Kreuzung mit dem einhei= mischen Rinde — Hr. Wickliffe ein besonderes Verdienst; auch im Staate New=York hat sich im Jahre 1863 eine Gesellschaft von Farmern dieselbe Aufgabe gestellt — immerhin war mir, wie gesagt, das Vereinzelte solcher Versuche auffallend, ja unerklärlich.

Die in den Vereinigten Staaten geschätztesten Schafe sind: das echte Merino, das sächsische Schaf (Electoral), das Cotswold, Leicestershire, Oxfordshire, sämmtlich wegen der Wolle, und das Southdown wegen der Vortrefflichkeit der Wolle sowohl als des Fleisches. Von Southdownschafen gelieferte Schinken können, wofern sie gut behandelt wurden, vom besten Wildpret kaum unterschieden werden. Ihre Wolle schätzt man, weil sie leicht zu verarbeiten ist, besonders für den Gebrauch der Plantagen, ebenso ist für das südliche Klima das Schöpfenfleisch weit mehr angemessen als Schweinefleisch.

Ein Southdown als Zuchtthier kostet in New-York 25 bis 50 Dollars, ebensoviel ein in Amerika gezogenes Merinoschaf; ein Rambouilletbock 50 bis 200 Dollars, ein sächsisches Schaf oder ein Bock 25 bis 50 Dollars.

In Illinois fand ich in den gewöhnlichen Farmwirthschaften das Hauptgewicht ebenfalls auf die Production von „halb Fleisch halb Wolle" gelegt. Kentucky gehört zu den Ländern mit am meisten blühender Schafzucht. Ein bedeutendes Hinderniß für die Haltung von Schafen in geringerer Anzahl, welche also dem Farmer die Anstellung eines Schäfers nicht erlaubt, bildet die Gefahr, welcher diese Thiere durch die auf den Farmen wenig eingeschränkten Hunde ausgesetzt sind: selbst der so wunderbar gelehrige und kluge Neufoundländer wird zum „Wolfe", sobald er einmal Schafblut gekostet hat.

Die in den Mittel-, Nord- und Weststaaten vorherrschend gezogenen Schweine gehören der Berkshire-, Leicestershire-, Suffolk-, Essex-, der neapolitanischen und chinesischen Race an. Als Kreuzungen von diesen und anderen kommen in Nordamerika vor das Byfield-, Woburn-, Bedford-, Gras-, Mackay-Schwein. Das neapolitanische Schwein eignet sich vorzugsweise für den Süden. Die reine chinesische Zucht steht den Kreuzungen nach, als zu kleine, zu zarte und für heißeres Klima ungeeignete Thiere liefernd. Wegen des halbwilden Lebens im Walde, wo die Natur durch die Mannigfaltigkeit der Baumfrüchte, die vielen Nußarten zumal, reichliche Nahrung bietet, bekommt das Schwein der Landrace längere Beine und lange spitze Rüssel; im Allgemeinen mästen sich selbst diese Thiere fetter als die Schweine in Ungarn, 300 bis 400 Pfund sind ein gewöhnliches Mastgewicht; Berkshireschweine werden bis 1100 Pfund schwer, nichtsdestoweniger zieht man Kreuzungen mit den Landracethieren vor.

Die Wohlfeilheit des Schweinefleisches trägt sehr viel zur Billigkeit der menschlichen Ernährung im Allgemeinen bei; so kostete im April 1863 1 Pfd. Schweinefleisch in Highland, Illinois, beim Fleischer höchstens 4 Cents, also 8 österreichische Neukreuzer, und entsprechend wohlfeil war das Schweinefett; — zu gleicher Zeit stand, wie früheren Orts angeführt wurde, der Tagelohn in jener Gegend auf 2 bis 3 Dollars, d. i. auf 200 bis 300 Cents. Jeder Arbeitsfähige also ist in der Lage sich und seiner Familie eine reichliche Fleischkost zu gönnen, welche auf die Erhöhung der Arbeitsleistung rückwirkt.

Was den mechanischen Theil der Kentuckyausstellung anbelangt, so beschränke ich mich auf Anführung einiger hauptsächlicher für Land und Sitte bezeichnender Objecte, im Hinblick darauf, daß die amerikanischen Maschinen und Geräthe allseitig den Weg auf europäische Ausstellungen und in unsere landwirthschaftlichen Sammlungen und Maschinenniederlagen finden.

Von Pflügen existiren zahllose Modificationen: Wurzelbrecher, Prairiepflug, Rasenpflug, Wiesenpflug, Stoppelpflug, Selbstschärfer, Mais-, Baumwolle-, Reis-, Zuckerrohr-Pflug, Pflug mit doppeltem Streichbrette, Rajolpflug, Schabpflug, Grabpflug, Untergrundpflug u. s. w. Weitaus in der Mehrzahl sind diese Pflüge klein und leicht, das Streichblech ist concav, der Grindel sehr kurz; nur ausnahmsweise, muß ich wohl sagen, sind die arbeitenden Theile aus Stahl, und zwar giebt es Pflüge, an denen Sech, Streichblech, Schar und Sohle stählern sind, das vorherrschend benutzte Material ist Gußeisen. Durch zweckentsprechende Mischung verschiedener Sorten von Roheisen erhält der Guß bis zu einem gewissen Grade die beim Stahl geschätzten Eigenschaften und hat dabei den Vortheil großer Billigkeit und den, daß abgängige Theile durch nach gleichem Modelle geformte im Vorrathe gehaltene augenblicklich ersetzt werden können. Auch die Holzbestandtheile sind fabrikmäßig mittelst eigener Maschinen genau nach einer Schablone gearbeitet und werden von den Farmern für den Fall eines Bruchs oder der Abnutzung des Gerätetheils zum beliebigen Umtausche vorräthig gehalten. Das gleiche Verfahren traf ich bei anderen landwirthschaftlichen Maschinen und Geräthen befolgt.

Der Preis der Pflüge variirt von 2 bis 20 Dollars.

Den Behackpflügen, Cultivators, wird im Bereiche der kleineren Farmer noch nicht die Aufmerksamkeit geschenkt, welche man bei den praktischen Amerikanern voraussetzen möchte; gewöhnlich beschränkt sich das Inventar des kleinen Farmers auf zwei oder vielleicht drei Arten von „Pflügen“, welchen alle Leistungen zugemuthet werden. Es giebt Cultivatoren neuerer Art, welche den vortrefflichen eisernen Behackpflügen englischer Construction in der Leistung nahe kommen mögen, die Mehrzahl der Behackinstrumente aber bot mir nichts Bemerkenswerthes im Vergleiche mit den in Europa für den gleichen Zweck gebräuchlichen Geräthen.

Ebensowenig könnte ich von den Säemaschinen, welche mir nicht nur auf der Kentuckyausstellung, sondern überhaupt in Amerika zu Gesicht kamen, behaupten, daß sie in Vollkommenheit der Construction über der Garrett'schen ständen — sowie diese auch in Ungarn jetzt mit mannigfachen Verbesserungen angefertigt wird und in verbreiteter Anwendung steht. Sehr verbreitet ist in Amerika Gundlach's Säemaschine mit unverstellbaren Scharen auf 7½ Zoll Entfernung. Je nach der anzubauenden Fruchtgattung können die Schuber im Samenkasten dieser Maschine durch eine Excentrik, ein Rad mit versetzten Speichen, mehr oder weniger geöffnet werden. Die Rinne, welche den Samen wegführt, ist oben offen, damit man sehen kann, ob Samen gestreut wird; ein

Holzzapfen hält den streuenden Trichter in der Gabel und bricht ab, wenn ein Hinderniß kommt. Die Säemaschine, d. h. ihre Scharen, werden auch benutzt, um nach der Saat den Boden zwischen den Reihen zu bearbeiten. Erwähnenswerth scheint mir noch eine andere Säemaschine, die sowohl Drill- als breitwürfige Saat leisten kann, für jede Samengattung geeignet ist und Knochenmehl, Gyps, Guano streut.

Mähemaschinen finden in Nordamerika, wie schon andern Orts bemerkt worden ist, die ausgedehnteste Anwendung; die Anzahl der in den Vereinigten Staaten jährlich angefertigten Getreideerntemaschinen wird zu 40,000 angegeben, eine Ziffer, die mir, da ich an so vielen Orten Fabriken davon antraf, nicht zu hoch gegriffen scheint; auf den Staat Ohio allein entfallen von obiger Zahl mehr als 7000. Eines der berühmtesten derartigen Etablissements ist Mc Cormik's Fabrik in Chicago in Illinois, welche ich im März 1863 besuchte: nicht eine einzige fertige Maschine war aber dort zu sehen, nur große Magazine mit fertigen Bestandtheilen angefüllt. Im gleichen Staate (Illinois) ist aus einer andern Fabrik eine Construction hervorgegangen, nach welcher nicht allein das Schneiden und Zusammenrechen, sondern auch das Binden des Getreides und das Setzen der Garben in Haufen von der nur durch Einen Mann bedienten Maschine besorgt wird, dieselbe erscheint aber bis jetzt den Farmern zu complicirt.

Der Heurechen mit Stahlzähnen findet sich in der gleichen vortrefflichen Construction vor, welche in der ungarischen Praxis sich bewährt hat, seine Leistung wird höher als die von 20 Arbeitern angenommen.

Tretgöpel sind in Nordamerika sehr verbreitet sowohl für landwirthschaftliche als für anderweitige Zwecke: längs der Bahnlinien sieht man allerwärts das Brennholz für den Bedarf der Locomotiven mittelst Cirkularsägen schneiden, welche durch Tretgöpel bewegt werden. Auch trifft man häufig sonstige unter freiem Himmel aufgestellte Göpel an, welche jedoch meistentheils das Gepräge des momentanen Bedarfes an sich tragen.

Ueber Maisentkörnungsmaschinen und Mühlen, über die Geräthe zur Milchwirthschaft, Eisgewinnung, Sorghumzuckerbereitung werden an anderen Orten der „Skizzen“ Notizen gegeben, ich übergehe dieselben deshalb hier. Nicht umhin kann ich aber, von den beim Farmer und Industriellen gleich beliebten und sehr verbreiteten Kettenpumpen Erwähnung zu machen. Die Kettenpumpe scheint in Deutschland in neuerer Zeit ganz in Vergessenheit gerathen zu sein, was sie keineswegs verdient, da sie sich durch Billigkeit und Einfachheit empfiehlt und dem isolirten Landwirthe die Möglichkeit gewährt, Reparaturen selbst vorzunehmen; auch einfrieren, in dem Sinne wie Saug- und Druckpumpen, kann die Kettenpumpe nicht. Sie hebt Wasser bis auf eine Höhe von 25 Fuß. Im Westen giebt es Hausirer, welche von Farm zu Farm mit Kettenpumpen oder den Bestandtheilen derselben Handel treiben. Das Princip der Kettenpumpe ist aus Folgendem erkennbar: durch das Brunnenrohr steigt eine Kette auf, an welcher in kurzen Distanzen Scheiben sich befinden mit einem Durchmesser, der dem des Brunnenrohrs nahebei gleich groß ist. Die Kette ist endlos, sie geht oben über einen Haspel, sodann in einer Führung wieder abwärts bis zu der Stelle, wo das Wasser oder die zu schöpfende Flüssigkeit überhaupt aufgenommen wird. Vermittelst der rasch im Brunnenrohre aufsteigenden Scheiben wird das Wasser gehoben und ergießt sich dann oben, wo die Kette sich über den Haspel dreht, in eine Auslaufrinne. In Brauereien sah ich Wasser, Dick- und Lautermeisch vortrefflich mit dieser Vorrichtung schöpfen.

Pressen für Heu, Hanf, Hopfen, Baumwolle, Wolle finden sich nach verschiedenartigen Principien hergestellt vor.

Wasch- und Auswindemaschinen sind jetzt ein Modeobject, an dem sich der amerikanische Erfindungsgeist übt; sie erscheinen in zahllosen Formen, die schnell den Weg nach Europa finden.

Viele Aufmerksamkeit wurde auf der Kentuckyausstellung einem Webstuhl für den Gebrauch des Farmers geschenkt, die meiste aber, darf ich vielleicht sagen, den „Buggys“, jenen leichten, hochrädrigen Wagen mit nur für eine oder zwei Personen geeignetem Sitze. Der erstaunlich leichte Bau dieser Vehikel ist nur ermöglicht durch die Vortrefflichkeit des amerikanischen Zeugholzes, des Hickoryholzes zumal; anscheinend nur zum Wettbahngebrauche bestimmt, werden die Buggys besonders vom Städter jetzt allgemein benutzt.

Schließlich erwähne ich noch die originelle Thonknetmaschine, welche in den Staaten Ohio und Kentucky gewöhnlich und zumal in Louisville in vielen Exemplaren angetroffen wird, das Clay Tempering Wheel. Der Haupttheil ist ein Rad von $4\frac{1}{2}$ Fuß Durchmesser aus zwei etwa 5 Zoll auseinandergelegten Flacheisenringen bestehend, mit nach der Peripherie gerichtetem schmalem, schneidendem Theile. Die hölzernen Radspeichen endigen zwischen den beiden das Rad darstellenden Ringen und durch das Ganze, Ringe und Speichen, gehende Schrauben halten das Rad zusammen. Dieses Rad verschiebt sich auf einer Zahnstange, welche bis in die Nabe reicht und in einer Nuth der als Göpelarm dienenden Achse liegt, abwechselnd vom Mittelpunkte der Lehmgrube, wo ein in einer kurzen Holzsäule befestigter Stift den Drehungspunkt darstellt, nach dem Umfange der Grube und vom Umfange wieder nach dem Centrum. Die Zugstange greift in ein vierzahniges Getriebe ein, welches in der Mitte der Zahnstange befestigt ist. Der Weg, welchen das Knetrad bei seiner Umdrehung um die Achse zurücklegt, stellt also eine Spirale dar, das Rad beginnt seinen Lauf an der Peripherie, d. h. am Rande der Thongrube, sobald es nun in Spirallinien nahe dem Mittelpunkt angelangt ist, drückt eine Stahlfeder, deren zwei an den entgegengesetzten Enden der Zahnstange ruhen, diese an zwei andere Zähne des vierzahnigen Getriebes, wodurch die vorher centripetale Spiralbewegung in eine centrifugale umschlägt. Hierzu ist nöthig, daß die Nuth der

Achse, in welcher die Zahnstange sich fortschiebt, breit genug sei, um die veränderte Direction zu gestatten.

Diese Maschine arbeitet den Lehm für etwa 5000 Mauerziegel im Tage und stellt eine viel compactere Masse her, als Handarbeit dies ermöglicht, woraus die wesentlichsten Vortheile entspringen.

Die Ziegelform ist drei= ja sechsfächerig; das Abschneiden des in die Form gegebenen Lehmballens geschieht mit einem Draht. Ein Mann — in Louisville ist dies Negerarbeit — formt mit zwei Knaben 3000 Mauerziegel im Tage. Dachziegel scheinen in dem für jetzt noch schindelreichen Nordamerika nur selten gemacht zu werden. Stabile Ziegelöfen sah ich nirgends; ein sogenannter Feldbrand oder auch zwei werden unter einem auf hohen Säulen ruhenden Bretter= oder Schindeldache aufgerichtet.

Im Früheren wurden bereits die für die Abtheilung der Ausstellungsthiere und für Reiter ausgesetzten Preise angeführt, es dürften schließlich die bei der anderweitigen Prämiirung beobachteten Normen eine Stelle finden.

Bei der mechanischen Abtheilung war der höchste Preis mit 50 Dollars auf die „Locomobile für landwirthschaftliche Zwecke" gesetzt, ferner

20 Doll. auf Ernte= und Dreschmaschine.
20 Doll. auf Kleesäemaschine,
10 Doll. auf Göpel, tragbare Brettsäge, Wirthschaftswagen, Getreidesäemaschine, Pflug,
5 Doll. auf Maisentkörnungsmaschine, Putzmühle, Häckselmaschine, Wirthschaftswagen und Karren; Egge, Walze, Behackpflug, Heurechen u. s. w.
3 Doll. auf kleinere Geräthe verschiedener Art.
Auf Hausgeräthe von 10 bis 2 Doll. abwärts für einzelne Stücke,
20 Doll. für ganze Garnituren.
Auf Hüte, Lederwaaren von 8 bis 1 Doll.
Auf Woll= und Baumwollzeuge, Decken, Teppiche u. s. w. von 5 bis 1 Doll.

Näharbeiten wurden mit 25 bis 1 Doll. abwärts prämiirt, die höchsten Preise waren bestimmt für die beliebten buntfarbenen Bettdecken aus Seidenstoffen, die Prämie von 1 Doll. für ein Paar Kinderstrümpfe.

Für Gemälde — und dies ist bezeichnend für die amerikanische Anschauung und Pflege der „schönen" Künste — waren Preise von 10 bis 3 Doll. ausgesetzt! Höher versteigt sich bis jetzt in Kentucky die Anciferung für den heimischen Künstler nicht.

Für Getreide= und andere Samenmuster von wenigstens 1 Bushel waren 10 bis 3 Doll. ausgesetzt, für Gartenbauerzeugnisse 5 bis 1 Doll., hierunter ein Lieblingsgemüse des Amerikaners: Tomatoes oder Liebesäpfel, ferner Pastinake, Majoran, Liena= und Bunschbohnen, Wassermelonen, Cantalupen, spanische Pfefferschoten u. s. w.

25 Doll. für die beste Ausstellung von 25 Aepfelsorten, ebenso viel für die besten 20 Birnensorten.

20 Doll. für die besten 10 Pfirsichvarietäten — Pfirsiche nehmen im amerikanischen Obstbau den nächsten Rang ein nach den Aepfeln, Birnen stehen an Verbreitung weit zurück.

3 bis 5 Doll. waren ausgesetzt für die besten kleinen Proben dieser Obst= arten zum sofortigen Kosten.

Trauben. Für die beste Sammlung von 10 Varietäten: Prämie 15 Doll.

Für die beste Sammlung von 5 Varietäten: Prämie 8 Doll.

Für einen Teller mit der besten Isabella, Catawba, Diana, Delaware, Rebekka, Union Village, Herbemot, schwarze Hamburg, weiße Frontignac, weiße Alexandria Muskat, je 3 Doll.

Für einen Teller mit irgend einer andern als den aufgeführten einheimi= schen Sorten 5 Doll.

Die beste Ausstellung von im Glashaus gewachsenen Trauben, nicht we= niger als 6 Varietäten, 15 Doll.

Diese Art von Cultivirung des Weinstocks in großen Glashäusern ist, bei= läufig gesagt, Modeliebhaberei der reichen Amerikaner, und zwar eine eben so kostspielige als begreifliche und lohnende, mit Rücksicht auf das schöne innere An= sehen solcher mit frischem Laube ausgekleideten und mit herrlichen Trauben behängten Räume und auf die Vortrefflichkeit der erzielten Früchte.

Für die beste Sammlung von Aepfeln, Birnen, Pfirsichen, Zwetschen und Trauben 40 Doll.

Für die zweitbeste Sammlung 20 Doll.

Im Reiche der Blumen war für die schönste Ausstellung in Töpfen ein Preis ausgesetzt von 10 Doll.

Für die 24 besten Rosenvarietäten 5 Doll.

Für Dahlias, Phlox, Verbenen, Blumensträuße je 2 Doll.
Zeichnung lebender Blumen 3 Doll.

Von den weiteren Producten der Farm= und Hauswirthschaft wurden mit Preisen in Betrag von 5 bis 2 Doll. ausgezeichnet: Butter, Käse, Honig, Ahornzucker, Eingemachtes, Essiggurken, Obstgelee, eingemachte Früchte in Blech= büchsen, Essig, Cakes (Pound cake, White cake, Fruit cake, Sponge cake, das sind die kleinen Brote der Amerikaner), Weizen= und Maisbrotlaibe, Zucker= backwerk, Schinken, getrocknetes oder gedörrtes Rindfleisch, Speck, Obstwein, Mehl (grobes und feines), Talgkerzen, Stearin= und Paraffinkerzen, Seife, Stärke, Kohlöl (Petroleum); der beste Kentucky=Wein endlich wurde mit 20 Doll. prämiirt, oder auf Verlangen statt des Preises ein Diplom dafür gegeben.

Ueber die Milchproduction Nordamerikas, die Milchwirthschaft und Milchversorgung New-Yorks.

Von vornherein durfte ich annehmen, daß die Amerikaner sich einer so wichtigen Frage, wie die Milchwirthschaft überhaupt und die Milchversorgung der Großstädte insbesondere es ist, mit der gewohnten Energie und dem praktischen Sinne bemächtigt haben würden, der sie so sehr auszeichnet, deshalb widmete ich dieser Angelegenheit besondere Aufmerksamkeit. Im Patent Office Report 1861 fand ich die amerikanische Milchbehandlung und Milchversendung eingehend behandelt und ich stehe nicht an, von dem dort Gegebenen zum Behuf der Vervollständigung meiner eigenen Erfahrungen theilweisen Gebrauch zu machen.

Man hat den Durchschnittswerth von einem amerikanischen Quart, d. i. 3,138 Wiener Seidel, Milch zu 1,48 Cents angeschlagen und angenommen, daß im Durchschnitte eine Kuh im Jahre 1800 amerikanische Quart oder 1412 Wiener Maß Milch giebt, sonach wurde der Werth der Milchproduction der Vereinigten Staaten für das Jahr 1860 (und nach dem Scientific American auch fürs Jahr 1862) zu 160 Millionen Dollars berechnet. Von dieser Summe entfallen: auf den als Nahrungsmittel direct verbrauchten Antheil 90 Mill. Doll., auf den in Butter umgewandelten 65 Mill. Doll., auf den zu Käse umgewandelten 5 Mill. Doll. Mit Berücksichtigung der durch die Umwandlung in Butter und Käse eintretenden Werthserhöhung wurden die Producte der Melkung in Summa zu 200 Millionen Dollars angeschlagen. Wie ersichtlich, sind 45 Proc. der Milchproduction als zur Bereitung von Butter verwendet angenommen, welche dem Amerikaner nächst Brot als unentbehrlichstes Nahrungsmittel erscheint. Das Verhältniß der Käsefabrikation tritt dagegen auffallend zurück; die amerikanischen sogenannten Schweizer Käse sind zwar leidlich gut, doch stehen sie gegen europäische Fabrikate, von welchen deshalb noch eine massenhafte Einfuhr stattfindet, immerhin bedeutend zurück.

Die Race des Viehs anlangend, so ist die einheimische amerikanische Kuh bei weitem vorherrschend und steht bei gehöriger Aufmerksamkeit auf Zucht und Fütterung der englischen und schweizerischen kaum nach. Englisches Rindvieh hat schon Washington eingeführt und heut zu Tage giebt man den Shorthorns durchaus im amerikanischen Nordwesten, südwärts bis Kentucky, so entschieden den Vorzug vor allen anderen Racen, daß auf jedes Stück irgend einer andern Race, welches übers Meer eingeführt wird, wohl 100 Stück Shorthorns kommen; zumal in den reichen Prärien des Westens, wo die Mastung weitaus der Hauptzweck ist, bewährt sich dieser Schlag am besten.

Kreuzungen der gewöhnlichen Landkühe mit Shorthornstieren haben auch in vielen Fällen ausgezeichnetes Milchvieh gegeben, und hierin liegt ein weiterer Grund der großen Einfuhr solcher Stiere. Der Herefordshire-Schlag eignet sich mehr für weniger reiche Weiden und wird in die Südstaaten und nach Westindien importirt; die Ayrshire-Race gedeiht unter den kühleren Himmelsstrichen von Massachusett, New-Hampshire, Vermont; Thiere der Devonshire-Race scheinen in jedem Klima und bei jeder Art von Weideland, welches die Vereinigten Staaten darbieten, fortzukommen.

Was die oben angeführte im Patent Office Report angegebene Durchschnittsmelkung von 1800 amerikanischen Quart oder 1412 Wiener Maß anbelangt, so wird erlaubt sein, an dieser Ziffer zu zweifeln, wenn man die Kuh manches westlichen Farmers gesehen hat, wie sie gleich den Thieren des Waldes den Winter unter freiem Himmel zubringt oder im besseren Falle in einer nothdürftigen, oft nur gegen die Wetterseite mit einer Schutzwand versehenen Hütte, für welche die Bezeichnung „Stall“ ein zu großer Ehrentitel wäre — ein Bild des Jammers, vor Kälte zitternd und von Frost und wohl auch karger Fütterung abgemagert. Auch in den Städten des Westens, in Kentucky, Missouri, bei den Inwohnern der erst angelegten Straßen, welche von den belebten Stadtmittelpunkten entfernt, vorerst dünn mit Bretterhäusern besetzt sind, sind viele Handwerker, Tagelohnarbeiter und ähnliche Leute anzutreffen, welche keinen Stall besitzen, aber doch eine Kuh halten, die jahraus jahrein auf den nicht cultivirten und nicht eingefenzten Baugründen weiden geht und bei kaltem Wetter etwa unter einer Baumgruppe, die noch als Denkzeichen der einstigen Zeit dort steht, Schutz sucht. In einem Winter allerdings, wie der des Jahrgangs 1863 auf 1864 war, in welchem auch die Gegend von St. Louis von einer Kälte von 24° R. heimgesucht worden ist, müssen Thiere, welche so sorglos behandelt werden, dem Froste unterliegen — ein Schicksal, welches in jener Gegend im besagten Winter auch viele Menschen traf, deren schlecht beheizbare Bretterhäuser solchen Kältegraden zu geringen Schutz entgegensetzten.

Die Stadt New-York mit einer Million Einwohner verbraucht jährlich über 100 Millionen amerikanische Quart oder 70 Millionen Wiener Maß Milch, auf jeden Einwohner etwa 70 Wiener Maß, ein Consum, welcher sich bei der Lebensweise des Amerikaners, der zu jeder Mahlzeit Thee oder Kaffee zu genießen pflegt, hinreichend erklärt. Ungefähr die Hälfte der in der Stadt New-York consumirten Milch wird in Pferdewagen zugebracht, die andere Hälfte auf Eisenbahnen, und zwar betrug letzteres Quantum im Jahre 1861 55,250,000 amerikanische Quart.

Nimmt man wieder die obige Ziffer von 1800 amerikanische Quart als Jahresmelkung einer Kuh an, so liefern 30,000 Kühe die Milch für diesen Bahntransport und es sind wenigstens 55,000 Kühe erforderlich, um die Stadt New-York ganz mit Milch zu versehen. Der jährliche Bahntransport für Milch sammt Rückfracht der Kannen kostet 552,500 Dollars; der Werth der Milch loco New-York im Großverschleiß, das Quart mit 3 Cent angenommen, beträgt das Dreifache dieser Summe. Der Preis im Kleinverkauf ist 6 Cents pr. Quart. Diese Milch kommt durchweg erst 24 bis 60 Stunden nach der Melkung zum Gebrauche, der Transport bis auf 150 englische Meilen Entfernung afficirt ihre Qualität nicht.

Die für den Transport in (Pferde-)Wagen bestimmte Milch wird sobald als möglich nach jeder Melkung ohne weitere Behandlung, also ungekühlt, in die Kannen gefüllt und zur Stadt gebracht. Aus diesem Grunde hält sie sich auch nur etliche Stunden lang. Beim Bahntransporte dagegen muß wegen der nur Einmal im Tage stattfindenden Abfuhr mit dem „Milchzug" der Producent durch Abkühlung der Milch Fürsorge für deren unveränderte Erhaltung treffen.

Der Milchmaierpraxis bei Kühlung der Milch zum Zwecke der Eisenbahnversendung liegt das Princip der schleunigsten Abkühlung nach dem Melken und sofortiger Ruhe bis zum Versandt zu Grunde. Die Abkühlung soll soweit als möglich gehen, wenn es sein kann bis unter 4⁰ R.; sie geschieht gewöhnlich mittelst frischen Quellwassers, welches die Urgebirgsformation des Staates New-York reichlich spendet. Das Wasser kommt von der Quelle durch eine unterirdische Leitung zum Milchhause, das, wenn möglich, an einem nördlichen Hügelabhange angelegt und wohlbeschattet ist. Die Breite des Kühlbassins oder Teiches entspricht der Breite einer Kanne und seine Länge richtet sich nach der Anzahl der Milchkannen, welche er aufnehmen soll; die Höhe des Teiches ist eine solche, daß ihn die Kannen nur um ein paar Zoll überragen. Für jede Kanne ist eine Abtheilung gemacht; das Wasser tritt in das erste Fach von unten ein und geht oben ab in das zweite Fach, vom Boden des zweiten Fachs weg tritt es unten ins dritte hinein und so fort. Der Teich darf keinem Luftzuge ausgesetzt sein; die allgemeine Lüftung des Hauses genügt, um die Luft rein genug zu erhalten. Gegen diese Regel wird häufig gefehlt; ein Luftzug ist besonders schädlich bei gewitterigem Wetter (Ozon macht die Milch in wenig Minuten säuerlich). Der Teich muß endlich so auf dem Gebäudegrunde angelegt sein, daß kein Zusammenhang mit dem Gebäude statthat, damit dessen etwaige Erschütterungen sich der Milch nicht mittheilen.

Auf den New-Yorker Bahnen geht auf die weitere Entfernung — bis auf 150 englische Meilen — nur ein Milchzug täglich (und zwar mit 20 Meilen Geschwindigkeit pr. Stunde), die Milch der zwei Tagesmelkungen wird daher gleichzeitig versandt. Die Abendmelkung geschieht nach Sonnenuntergang mit Eintritt der abendlichen Kühle, und die Milch wird sofort in die Transportgefäße geseiht; diese halten ungefähr 40 Quart, d. i. 31 bis 32 Wiener Maß, und wiegen in gefülltem Zustande etwa 120 amerikanische Pfund, d. i. nicht ganz einen Wiener Centner; sie sind aus starkem Zinn angefertigt und mit verzinnten eisernen Reifen gebunden. Unmittelbar nach dem Füllen werden sie offen in den Kühlteich gestellt; die Milch darf nicht gerüttelt, geschweige denn umgerührt werden, bis sie soweit abgekühlt ist als die äußere Temperatur und die des Kühlwassers es ermöglichen; abgekühlter Milch schadet Umrühren, Umgießen, Rütteln nichts mehr.

Die Morgenmelkung geschieht vor Sonnenaufgang und die Milch kommt ebenfalls sogleich in die Kannen. Sollte bei der abendlichen Füllung eine der Kannen nicht ganz voll geworden sein, so darf diese nicht mit der warmen Morgenmilch aufgefüllt werden, noch viel weniger dürfen die mit der warmen Morgenmilch gefüllten Transportgefäße im Kühlteiche oberhalb der Abendmilchkannen gesetzt werden, weil durch die Berührung mit dem von den wärmeren Gefäßen abfließenden Kühlwasser die Temperatur der bereits gekühlten Abendmilch wieder steigen und in letzterer so die Disposition zur Säuerung hervorrufen würde. Im Laufe des Nachmittags ist auch die Morgenmilch, somit also das gesammte Quantum, zum Transporte fertig, die Kannen können nun voll gemacht und es kann auch nach Belieben die Milch gemischt werden. Ist ein Rest in einer Kanne vorhanden, so wird dieser nicht etwa verschickt, sondern bleibt für den nächsttägigen Transport stehen.

Der Transport der Kannen zum Bahnhofe geschieht im Wirthschaftswagen, der gewöhnlich mit Federn versehen ist; sie werden darin mit einem nassen Tuche bedeckt, worüber man noch Büffelfelle breitet.

In den Eisenbahnwagen bleiben die Milchkannen ohne weitere Decke stehen und erreichen in der Nacht New-York; das Umgeben derselben mit Eis gehört jetzt zu den Ausnahmemaßregeln als eine bei dem immensen Milchconsum zu kostspielige Operation. In der Stadt werden die Kannen auf besonderen Milchwägen an den Bestimmungsort transferirt und der Verkauf geschieht zum Theil vom Wagen weg beim Durchfahren durch die Stadt, zum Theil an besonderen Verschleißstationen.

Milch für den Schiffsbedarf. In den Staaten Connecticut und New-York sind große Fabriken von eingedickter Milch mit privilegirtem, geheimgehaltenem Verfahren. Die Milch wird so weit eingedickt, bis sie eine feste Masse darstellt und diese in hermetisch verschlossenen Zinnkannen nach den entlegensten Theilen der Welt versendet.

Butter. In einer Farm desjenigen Districts, welcher vorzugsweise die Deckung des New-Yorker Butterbedarfs besorgt, wurde die Butterausbeute im Jahre 1861 auf 217 amerikanische Pfunde im Durchschnitt für jede Kuh gesteigert, diese entsprechen 2288 amerikanischer Quart Milch und einem Verkaufswerthe von fast 50 Dollars. Diese Ziffern, in Wiener Maß und Gewicht übertragen, sind pr. Kuh im Jahre 175 Wiener Pfund Butter aus 1795 Maß Milch im Werthe von 100 Gulden österreichischer Währung. Ein Pfund Butter erforderte 10¼ Maß Milch und hat den hohen Preis von 57 Neukreuzern; eine Maß Milch verwerthete sich mit 5½ Kreuzern. Das Quantum von Schweinefleisch, welches (größtentheils) aus den Molkereiabfällen erzielt wird, betrug in jener Farm für eine Kuh berechnet 107⅓ Wiener Pfund.

Grundlage der Fütterung ist daselbst ein Gemenge von gleichen Theilen Mais=, Hafer= und Buchweizenschrot, wovon jede Kuh täglich 2 Quart, etwa 1½ Wiener Maß, zugemessen bekommt und mit welchem zugleich je nach der Jahreszeit und den vorhandenen Vorräthen, Gras, Grünmais, Wurzelwerk, Wiesenheu gereicht werden.

Zum Behuf der Butterbereitung wird die Milch zunächst in ein großes Gefäß geseiht und darin ungerührt bis der Schaum verschwindet, sodann in die zinnernen Rahmschüsseln vertheilt. Diese haben einen Inhalt von 7 amerikanischen Quart, etwas mehr als 5 Wiener Maß, es kommt aber bei warmem Wetter ein Quantum von nur 2½, bei heißem von 3 Quart hinein, so daß im ersten Falle die Milchschicht nur 1¼ Zoll, im zweiten 1½ Zoll hoch ist.

Die Temperatur des Rahmlocals wird, so weit als thunlich ist, auf 13½° R. gehalten; steigt sie im hohen Sommer über 17°, so ist dies sehr mißlich. Die Temperatur des Rahms beim Buttern wird — im Sommer mit Hülfe von Eis — auf höchstens 13° R. gehalten.

Das in Nordamerika jetzt üblichste Butterfaß ist die liegende Tonne mit leicht herauszunehmendem Flügelquirl, eine sehr einfache, den Zweck befriedigend erfüllende Vorrichtung.

Häufig ist an dieser Buttertonne ein Thermometer angebracht, und sie besitzt überdies einen doppelten Metallboden, damit durch in die Zwischenräume gebrachtes kaltes oder warmes Wasser die für die Butterbereitung geeignetste Temperatur hergestellt werden kann. Um die größte Quantität Butter in kürzester Zeit fertig zu bringen, gilt als Regel, die Operation mit einer Temperatur der Masse von 10¼° R. zu beginnen und die Wärme allmälig auf 13¾ — höchstens bis 14⅔° R. — zu steigern, welche Temperatur bis zum Schluß der Operation erhalten werden muß.

Zum Einsalzen ist das Verhältniß von zwei Loth Salz auf ein Pfund Butter üblich.

Bei großen Farmern des Ostens zumal trifft man ganz rationell eingerichtete Molkereigebäude. Ein solches untertheilt sich in drei Haupträume: Das mittlere ist zunächst für die Aufnahme der Milch bestimmt; um die äußeren Temperatureinflüsse abzuschwächen hat es sehr dicke Wände, in deren einer eine schiefe Oeffnung für ein zweifaches Fenster, ein inneres und ein äußeres, angebracht ist. Rings an den Wandungen ist das Brettergestell für die Milchschüsseln angebracht; ferner besitzt das Local einen Lüftungskamin. Ein zweiter Raum enthält in einer Ecke die Feuerstelle für den Käsekessel, und hier geschieht die Bereitung von Butter und Käse. Die dritte Abtheilung dient zur Aufbewahrung der Molkereiproducte, in seiner Mitte ist ein Eisbehälter in der Art eingeschachtelt, daß zwischen diesem und den Wandungen des Gebäudes der erforderliche Raum für Gestelle u. s. w. bleibt.

Käfe. Als ein Bild einer auf Käfebereitung bafirten kleineren Wirth-
fchaft im Staate Illinois führe ich folgendes Beifpiel an.

Anmuthig auf einem Hügel am Waldesrand liegt das von einem gebore-
nen Schweizer errichtete bretterne Farmhaus, das in feiner Umgebung und in
feinem Innern volles Zeugniß ablegt von dem gerade für das Gefchäft eines
Käfemachers unerläßlichen, gründlichen Reinlichkeitsfinn des Befitzers. Die
Wohnung ftellt ein den Schlaf-, Wohn- und Kochzweck in fich vereinigendes
einziges Local dar, ein verhältnißmäßig folid gebauter „Stall“ für das Milchvieh und eine Baracke für die Schweine ergänzen das Bild des „Hofes“; die
Thiere aber weiden den größten Theil des Jahres hindurch in dem für fie —
des leichten Einfangens wegen — eingefenzten Theil des benachbarten Waldes.
Milchgebende Kühe find 20 Stück vorhanden, dem einheimifchen Schlag angehörig, die aber unter folchartigen Verhältniffen weit entfernt find, das für die
Vereinigten Staaten im Patent Office Report als Durchfchnittsergebniß vin-
dicirte Quantum von jährlichen 1400 Wiener Maß zu liefern. In der beften
Melkzeit beläuft fich die ganze tägliche Ausbeute an frifchem Käfe nur auf
30 Pfund; diefer findet nach erlangter Reife, b. h. fchon nach ein paar Monaten,
in der Nachbarfchaft zu 8 bis 10 Cents pr. Pfund Abfatz.

Aus der Molke wird nur ausnahmsweife Zieger und Butter gemacht, gewöhnlich wird fie zum Sieden erhitzt, der fette und käfige Theil zur Nahrung
(Suppe) der Farmersfamilie felber verwendet und der Reft den Schweinen
gegeben.

Zur Bereitung des Käfes wird die Milch in einem auf den Stuben- und
Kochherd geftellten ovalen Blechgefchirr auf die Temperatur von 32° R. gebracht, dann das Lab zugefetzt. Der frifche Käfe kommt im grob vertheilten
Zuftande in die 1 Fuß im Geviert haltenden und 7 Zoll hohen Formen, welche auf
einem mit Rinne verfehenen geneigten Brette ftehen, und die gebildeten Ziegel-
käfe bringt man nach gehörigem Ablaufen der Molke — ohne Anwendung einer
Preffe — in den Keller, wo fie eingefalzen werden.

Das Käfegeftell hat auch eine fehr einfache Conftruction: es befteht aus
Brettern, die vermittelft Ziegelfteinen aufgebaut find. — Der auf fo einfache
Art bereitete Käfe ift nichtsdeftoweniger von ziemlich fefter Befchaffenheit, zeigt
wenig Lufträume und hat einen, wenn auch nicht von großer Reife zeugenden,
fo doch guten Gefchmack.

Cincinnati. Staat Ohio.

Die Ohiofahrt von Louisville stromaufwärts nach Cincinnati dauert vom Mittage bis zum Frühmorgen. Vom ersten Sonnenstrahle beleuchtet breitet sich groß und herrlich über das von theils sanft aufsteigenden theils steilen Höhen begrenzte Flußthal die junge Großstadt aus — „die Königin des Westens" — wie sie mit Recht genannt wird.

Cincinnati war zu Anfang dieses Jahrhunderts ein kaum gekannter Ort von etlichen hundert „Pionnieren des Westens" bewohnt, im Jahre 1840 aber schon eine Stadt von 46,000 Einwohnern, deren Zahl im Jahre 1850 auf 120,000 angewachsen war und heute 220,000 beträgt. Diese Stadt nimmt sonach einen wichtigen Rang ein unter den acht Großstädten der Union: New-York, Philadelphia, New-Orleans, Cincinnati, St. Louis, Chicago, Baltimore, Boston.

Am Ufer des Ohio ziehen sich in der Erstreckung von drei Meilen die Straßen hin, welche sich jährlich nach allen Richtungen weiter ausbreiten. Nur der Haupttheil der Stadt, in welchem der großartige Handelsverkehr seinen Sitz hat, ist gut und zusammenhängend gebaut, die Hauptstraße, Mainstreet, ist sechs engl. Meilen lang; wie in New-York die „Avenues" von den numerirten „Streets" durchschnitten werden, so wird in Cincinnati die Mainstreet von vierzehn Straßen durchkreuzt, welche die erste bis vierzehnte Straße heißen. Die vierte Straße ist für Cincinnati dasselbe was für New-York die fünfte Avenue — das fashionable Quartier, die fünfte Straße enthält die Markthallen. Unter den öffentlichen Gebäuden ist die Sternwarte das hervorragendste, sie besitzt ein von Mentz und Mahler in München angefertigtes Teleskop, das auf 10,000 Dollar zu stehen kam. Die Kosten sowohl dieses Instrumentes als des Baues sind durch freiwillige Beiträge der Bürger gedeckt, der Baugrund aber ist von einem Bürger geschenkt worden. Die Stadt besitzt ferner ein medicinisches Collegium und Hunderte von Schulen und Kirchen aller Confessionen und Secten. Der Bau einer Kettenbrücke über den Ohio, unternommen vom Erbauer der Niagarabrücke, J. Röbling, wurde vor mehreren Jahren begonnen, erlitt jedoch durch den Krieg eine Unterbrechung.

Cincinnati verdankt sein erstaunliches Wachsthum einerseits der Lage im Centrum des Ohiothals, welche diese Stadt zum Stapelplatze des Verkehrs zwischen Nord und Süd und zwischen Ost und West macht, und anderseits dem Aufschwunge seiner Gewerbe und Fabriken. Unter den Gewerben steht in erster Linie das der Bekleidung und Beschuhung: Cincinnati hat die Städte

des Ostens in der Versorgung des „Großen Westens" mit Bekleidungsgegen=
ständen theilweise abgelöst und beschäftigt mit deren Anfertigung Tausende von
Händen. Auch die Fabrikation von Tischlerwaaren bildet einen wichtigen Zweig
der dortigen Industrie. Maschinenfabriken und Eisengießereien sind ebenso zahl=
reich als großartig, nach Straßenlängen hin liegen Stahlplatten für Panzer=
schiffe, fertige und halbfertige Dampfkessel, colossale Eisengußstücke, z. B. Dampf=
maschinencylinder, deren ich welche in Amerika bis zu einem Durchmesser von
96 Zoll und für 120 Zoll Kolbenhub antraf. Sehr viele Eisengußstücke, und gerade
diese größten Maschinentheile werden ohne Benutzung von Modellen gegossen.

Cincinnati gebührt der Ruhm, die Dampffeuerspritze eingeführt zu
haben, wodurch das Feuerlöschwesen in ein ganz neues Stadium getreten ist
und die Feuersbrünste der amerikanischen Städte einen Theil ihrer Schrecknisse
verloren haben. Diese Neuerung hat schnell selbst in mittleren und kleinen
Städten der Union Eingang gefunden, auch manche europäischen Städte, London,
Paris, Berlin, Stuttgart, erfreuen sich bereits ihrer wohlthätigen Wirkung.
In England hatte schon 20 Jahre vor der Einführung der Dampffeuerspritze
in Cincinnati Braithwaite eine solche Maschine erfunden, ohne in der Praxis
damit durchbringen zu können.

Eine der bedeutendsten Fabriken von Dampffeuerspritzen ist dermalen in
New=York: Nevelt Iron Works, am Fuße der elften Straße am East River;
der Preis einer Spritze steht zwischen 2000 und 3000 Dollars. In New=
York stehen zehn Dampffeuerspritzen im Gebrauche; in der kleinen Stadt Ma=
dison am Ohio, in welcher ich einen längeren Aufenthalt gemacht habe, bestehen
drei freiwillige Feuerlöschcompagnien, deren jede eine Dampffeuerspritze, als
Eigenthum der Theilhaber, besitzt. Von einer solchen Maschine verlangt man
vor Allem Raschheit der Dampferzeugung, dabei Stärke und verhältnißmäßig
geringes Gewicht. Bei den neuesten geht die Vollkommenheit so weit, daß in
6 bis 7 Minuten nach dem Anzünden des Feuers schon ein Dampfdruck von
50 Pfund auf den Quadratzoll hergestellt ist, mit welchem die Arbeit begonnen
werden kann. Die in Amerika angefertigten Dampfspritzen trugen bei einer
im Jahre 1863 in England veranstalteten vergleichenden Probe den Sieg über
die englischen davon, und es scheint die Vortrefflichkeit jener auf der zweckmäßigen
Einrichtung des verticalen Röhrenkessels, welcher alle amerikanischen Dampf=
spritzen charakterisirt, zu beruhen. In einer andern hochwichtigen Einrichtung
behauptet aber England den Vorrang, durch den Besitz nämlich von mit 80pferdi=
gen Dampfmaschinen versehenen Feuerlöschbooten zum Schutze der im Hafen
liegenden Schiffe sowohl als auch der Hafenbauten und Magazine. Die im
Gebiete der Vereinigten Staaten während des Bürgerkriegs so häufig geworde=
nen Brandlegungen durch verrätherische Hände drängen gebieterisch zur Anwen=
dung der äußersten Vorsichtsmaßregeln: bei St. Louis wurde im Jahre 1863
nach und nach eine größere Zahl von zumeist mit Armeeproviant befrachteten

Miſſiſſippiſchiffen in Brand gelegt — der Beſitz einer „Steam floating fire engine" würde dem Staate Millionen gerettet und den Feinden der Union die Hoffnung benommen haben, auf dieſe Weiſe die Lebensmittelzufuhr für die Heere der Nordſtaaten zu vereiteln.

Um in der Aufzählung der weiteren wichtigſten Induſtrie Cincinnatis fortzufahren, ſo ſind die Schlächtereien dieſer Stadt noch großartiger als die Chicagos, welchen eine ausführliche Notiz in dieſen Skizzen gewidmet iſt. Im Jahre 1840 wurden im Staate Ohio 2,099,000 Schweine geſchlachtet, im Jahre 1857 2,133,000 Stück — ein Zeichen, daß die Fleiſchproduction dieſes Landes nicht weſentlich im Zunehmen begriffen iſt; in der Getreideproduction des Staates Ohio wird ebenfalls eher eine Abnahme als eine Zunahme beob=achtet, Verhältniſſe, die mit der ſeitherigen „Raubwirthſchaft" und mit dem Abſtrömen der arbeitenden Bevölkerung nach weſtlicher gelegenen Gegenden im Zuſammenhange ſtehen.

Die landwirthſchaftlich=techniſchen Gewerbe ſind in Cincinnati in großartigſter Entwickelung vertreten. Intelligent geleitete Lagerbierbrauereien von großer Anlage verſorgen die vielen Tauſende von Deutſchen in der Stadt mit dem Nationalgetränke. In der Nachbarſchaft befinden ſich Maisſtärke=fabriken. Der Spiritusfabriken von Cincinnati mit ihren Verhältniſſen, wie ſie in gleicher Großartigkeit nicht wohl anderwärts wieder angetroffen werden dürften, werde ich am geeigneten Orte, in der induſtriellen Abtheilung der Reiſe=ſkizzen, eingehendere Erwähnung thun. Die Quantität des im Jahre 1860 im Staate Ohio fabricirten Whisky wird zu 26 Millionen Gallonen, d. i. 2,014,700 Wiener Eimer à 40 Maß angegeben, ein Quantum, welches dem Verbrauche von Spirituoſen von Großbritannien und Irland nahezu gleich=kommt. Das Quantum der in den letztgenannten Ländern verbrauchten Spiri=tuoſen wird zu einer Gallone pr. Kopf und Jahr angenommen; im Staate Ohio ergiebt ſich ein Productionsverhältniß von mehr als 11 Gallonen Whisky im Jahre auf jeden Einwohner berechnet; ein ſehr großer Theil deſſelben wird in andere Staaten ausgeführt, ein anderes bedeutendes Quantum für induſtrielle Zwecke verwendet.

An die Spiritusfabrikation ſchließt ſich die von „Liquors" und Weinen an. Erſtere, die Liqueure, erfreuen ſich einer großen Beliebtheit und leider iſt auch die Trunkenheit ein in allen Ständen häufig vorkommendes Laſter; trunkene Weiber werden übrigens in den Vereinigten Staaten weitaus ſeltener als in England angetroffen. Den Wein anlangend, ſo liegt es in der Natur der Dinge, d. h. in der verhältnißmäßig geringen Production einer= und dem großen Conſum anderſeits, daß der größte Theil des unter dieſem Namen verkauften Getränks Kunſterzeugniß iſt. Rothwein iſt häufig nichts anderes als ein mit Zucker und Spiritus verſetzter Abſud von Malven und anderen Farbmitteln. Wichtig iſt beſonders für den Staat Ohio die Fabrikation des Catawba=

6*

Champagners, sparkling wine, die sich auf 700,000 Gallonen, 55,000 Wiener
Eimer, im Jahre beläuft. Die Bereitung geschieht durch Einpressen von Kohlen=
säure in aufs Höchste geschönten und geklärten Wein, zu welcher Operation
kleine übersilberte Cylinder dienen, welche aus Paris bezogen werden. Guter
Sparklingwein ist ein angenehmes und feines Getränk, an welchem jedoch aus=
zusetzen ist, daß es die Kohlensäure nicht zurückhält, nicht das allmälige Perlen
des Champagners (oder auch des Bratbirnmostes) zeigt.

Man folgt in Amerika jedem Fortschritte auf dem Gebiete des Weinbaues
und der Weinbereitung mit gespanntem Interesse, weil bei einigem Glück und
Geschick in diesem Fache Geld zu verdienen ist, welches die einfache Farmwirth=
schaft mit Körnerbau und Viehzucht nicht leicht abwirft. Auch auf Herstellung
guten Apfelmostes wird große Sorgfalt verwendet und dies mit bestem Erfolge
für den Wohlgeschmack und die Haltbarkeit dieses Getränkes, in welchen Eigen=
schaften amerikanischer Cider mit dem besten europäischen Apfelweine wetteifert.
Wie in England werden in Nordamerika außer dem Apfel alle anderen Obst=
arten, viele Früchte und Beeren aus Garten und Wald zur Herstellung von
gegohrenen Getränken verwendet, die man auch Wein zu nennen beliebt. Be=
sonders sind es die Früchte der wilden Rebe, aus welchen ein solcher „Wein"
bereitet wird, welcher, wenn auch mit süßenden Stoffen, z. B. Ahornsaft, ver=
mischt, immer noch viel zu wünschen übrig läßt, der aber immerhin ein eigen=
thümliches Aroma besitzt. Das Sammeln von wilden Trauben bildet eine Lieb=
haberei von Menschen, die für einige Wochen das Leben im Walde suchen; ich
sah ganze Familien malerisch gruppirt in Wagen zwischen Bütten mit abge=
nommenen Weinbeeren und zwischen Baumästen, die von reich behangenen Reben
umrankt waren, von solchen Excursionen fröhlich heimziehen, aber ich begegnete
auch einzelnen Abenteurern, die im Walde, wo sie in früheren Jahren den Trut=
hahn und den Hirsch gejagt hatten, jetzt dieser friedlicheren Beschäftigung des
Traubensammelns nachzogen. Dieses Sammeln wird in der Weise ausgeführt,
daß der Traubensammler einfach die beladenen Aeste abhaut, statt in langwieriger
Weise die Trauben vom Baume, über den sich die Rebe zieht, abzunehmen.

Die wenn auch bedingte Brauchbarkeit der von wilden Reben stammenden
Traube zur Weinbereitung deutet immerhin auf dem Weinbaue günstige Ver=
hältnisse von Klima und Boden, doch wird dieser noch lange nicht in der Aus=
dehnung getrieben, um den großen Bedarf des Landes zu decken, und er verspricht
eine um so größere Rente, als dem Importe europäischer Weine ein sehr hoher
Einfuhrzoll entgegensteht. Unter den Staaten des Westens ist Ohio und ins=
besondere die Gegend von Cincinnati das am meisten in dieser Beziehung fort=
geschrittene Gebiet; auch in Californien macht die Weincultur große Fortschritte
und guter californischer Wein erfüllt alle Anforderungen, die man an ein edles
Getränk stellt. Ferner hat sich an vielen Orten des Staates Missouri (wie
bereits bemerkt wurde) der Weinbau in hohem Grade einträglich erwiesen; es

werden dort die Anlagekosten eines Weinbergs auf 200 bis 300 Dollars pr. Acre angenommen, die jährliche Auslage sammt Verzinsung auf höchstens 100 Dollars, die Roheinnahme aber zu 400 Dollars und mehr, nämlich 250 Gallonen Wein, à 1 Doll. 60 Ct.

Bei weitem vorherrschend wird die Catawbarebe in Nordamerika cultivirt, keine der vielen anderen Sorten, die eine beschränktere oder auch eine verbreitete Aufnahme gefunden haben, hat bis jetzt nur annähernd gleiche Wichtigkeit erworben. Es wird in Folge zahlreicher zum Theil von der Regierung, besonders aber von französischen und deutschen Weinbauern angestellter Versuche nunmehr allgemein angenommen, daß mit wenigen Ausnahmen die europäische Rebe (Vitis vinifera) in ihren mannigfachen Varietäten in Nordamerika nicht gedeihlich fortkommt. Dagegen sind zehn Arten der Gattung Vitis in Amerika nördlich von Mexiko einheimisch und werden auch mit mehr oder weniger Erfolg cultivirt. Von Vitis labrusca L., der Fuchstraube der Nordstaaten, stammen einige der dort verbreitetsten Rebsorten, die Catawba, Isabella; Vitis cordifolia (Michaux), die Wintertraube oder Fuchstraube des Südens, ist die in den Südstaaten gewöhnlichste Art, und von der Muscadine, Vitis rotundifolia (Michaux), leitet man die im Süden so beliebte Varietät „Skuppernong" her. Vier Species von Vitis sind Texas, dem eigentlichen Traubenlande jenes Continents, eigenthümlich; dort findet man Gegenden, in welchen jeder Baum und jeder Strauch von Reben umrankt ist.

In Frankreich hat man bereits diesen nordamerikanischen Rebenarten Aufmerksamkeit zugewendet in der Hoffnung, daß sie, dorthin verpflanzt, frei von den Krankheiten bleiben werden, welche nicht selten die Weinernte südeuropäischer Länder vernichten.

Von größerer Bedeutung noch als der Weinbau ist für den Staat Ohio der Tabackbau, der in diesen Gegenden seit längerer Zeit eingebürgert ist und eine viel größere Fläche in Anspruch nimmt, als die Weincultur. Nächst den Staaten Kentucky, Maryland und Virginien stehen in diesem landwirthschaftlichen Productionszweig Ohio und Missouri oben an und andere Weststaaten folgen diesen rasch nach. Abgesehen vom Export ist der Verbrauch in den Vereinigten Staaten selber ein immenser, nicht allein wegen der Gewohnheit des Rauchens, welche dem Amerikaner vielleicht weniger eigen ist als einzelnen europäischen Nationalitäten, als wegen der wirklich national-amerikanischen, dem Fremden bei gewissen Schichten der Gesellschaft sehr anstößigen Gepflogenheit des Tabackkauens.

In einzelnen Theilen Ohios ward ich durch die Landschaft lebhaft an Südwestdeutschland erinnert, die Bevölkerung ist dicht, in kleinen Entfernungen von einander liegen stattliche Ortschaften, die Hügel sind mit Landhäusern gekrönt, der Grund und Boden sparsam benutzt und fleißig cultivirt. Hierzu kommt, daß besonders in den dreißiger Jahren schwäbische Ansiedler sich massenhaft im Staate Ohio niedergelassen haben. Diese sind politisch in der Partei der „Demokraten“ untergegangen und deshalb auch sehr mißachtet von den seit 1848 in Amerika eingewanderten Deutschen, welche, ohne gleich den früheren das nationale Bewußtsein ganz zu verleugnen, in ihrer neuen Heimath die Partei der „Republikaner“ wesentlich verstärkt haben. Ohio also, der sklaven= freundlichste Staat des Nordens, in welchem ein Vallhandigham sein union= feindliches Wesen trieb, und von welchem aus jahrelang die Gefahr eines west= lichen Sonderbundes und damit die der Vernichtung der Union drohte, dieses Ohio hat vielfach deutsche Bevölkerung. Es machte mir einen peinlichen Ein= druck, die Jugend dieses Landes deutscher Abkunft in der eigenen Tracht jener politischen Partei auf der Farm und bei öffentlichen Aufzügen und Festen eine Begeisterung für die Sache der Sklavenhalter an den Tag legen zu sehen, welche fürwahr eines besseren Gegenstandes würdig gewesen wäre. In Wagen, die mit einer Doppelreihe von zehn, zwanzig und mehr Pferden bespannt und mit Fahnen, Tüchern, grünenden Zweigen geschmückt sind, fahren Söhne und Töchter der Farmer, in die Parteifarben gekleidet, zu den „Fairs“ und „Meetings“. Jede Partei ist bestrebt, durch massenhaftes Erscheinen und durch Entfaltung von Reichthum und Glanz ihre Stärke zu manifestiren, und der alte Wald tönt wider von den schrillen Klängen einer primitiven „Musikcapelle“ und von dem Donner irgend einer alten Kanone, die — eine Reliquie aus dem Unabhängig= keitskriege — jetzt unblutigen Zwecken dient — das Alles, damit den divergi= renden Auffassungen von Patriotismus nach der Weise eines Jeden Ausdruck gegeben werde. Eine große Rolle übernehmen bei solchem Spektakel die Knaben, welche mit Pistolenschüssen, berstenden Racketen und ähnlichem Unfuge die begei= sterten Reden der Volksführer accompagniren und nicht einmal das öffentlich gesprochene Gebet respectiren, überhaupt ein Benehmen haben, durch welches der nicht unter dem Einfluß amerikanischer Erziehungsgrundsätze Aufgewachsene sich tief empört fühlt.

Daß nicht etwa Mangel an Schulen, sondern die häusliche Erziehung und die amerikanische Auffassung vom Menschenrecht im Allgemeinen die Schuld dieser Erziehungsergebnisse trägt, dies ist am besten gerade am Beispiele des Staates Ohio zu ersehen, welcher dem Unterrichte so große Summen zuwendet, daß auf jedes Kind im Staate eine sechsmal so hohe Quote entfällt, als in Großbritannien für den gleichen Zweck. Es ist immerhin eine merkwürdige Thatsache, daß dieser Staat allein nahebei so viele Abgaben für Erziehungs= zwecke erhebt als das mehr als die sechsfache Bevölkerung zählende Großbritan= nien, und daß außer dieser Steuer in Baarem noch der sechsunddreißigste Theil alles Landes, eine Gesammtfläche von 800,000 Acres, als zum Unterhalte der Schulen dem Staatsschulfond zugehörig ausgeschieden ist.

Die ganze Besteuerung war im Staate Ohio vor dem Kriege mit 1,02 Pro= cent des Capitalwerthes von allem und jedem Eigenthum im Staate bemessen, hierbei wurde die Rente von Grund und Boden zu 10 Procent angenommen, sonach beanspruchte der Staat etwas mehr als ein Zehntel von dieser; Ohio galt dabei als ein mittelmäßig besteuertes Land.

Bevor ich dieses interessante Land verließ, hatte ich noch das Schauspiel einer sich gleichfalls zum Volksfeste gestaltenden Massenvereinigung, die aber von weniger phantastischem Anstriche und des reellen Amerikas würdiger war als oben erwähnte, mit pomphaften Aufzügen in Scene gesetzte Meetings. Nächst der Stadt Hamilton war nämlich ein Uebungslager der Miliz des Staates Ohio, welches die Officiere zu siebentägigen, die Gemeinen — in Amerika Privats genannt — zu zweitägigen (!) Uebungen versammelte. 20,000 Bürger in Waffen standen hier beisammen in regem Lagerleben und darunter als die bestexercirten die deutschen Turner von Cincinnati.

Als ich den Reizen des Landes zu lieb am nächsten Tage meine Reise eine Strecke Wegs zu Fuß fortsetzte, traf ich allwärts Schaaren heimkehrender Milizmänner, die froh und wohlgemuth nach dieser fürs Vaterland gethanen Arbeit nach ihren Farmen heimzogen.

Reise von Cincinnati nach Philadelphia.

Um von Cincinnati die Küste des Atlantischen Oceans zu erreichen, hat der Reisende die Wahl unter mehreren Bahnstraßen: in nördlicher Richtung ist die den großen Seen entlang durch das Hudsonthal nach New-York führende, eine südöstliche Bahn geht über Wheeling in Virginien nach Baltimore und in der Mitte zwischen beiden zieht die Bahnstraße nach Philadelphia, welche die Städte Columbus und Pittsburg berührt, sodann das Alleghany-Gebirge überschreitet und durch das reiche Pennsylvanien führt. Die beiden letztgenannten Städte sind gleich vielen amerikanischen durch ihren Aufschwung bemerkenswerth: Columbus ward 1812 inmitten der Wildniß gegründet und ist jetzt der Mittelpunkt einer blühenden und reichen Gegend, durch rasche Zunahme der Bevölkerung, Betriebsamkeit, großstädtische Anlage, schöne Straßen, großartige öffentliche Gebäude hervorragend unter der Zahl der aufstrebenden Städte des Staates Ohio.

Pittsburg, eine der wichtigsten Fabrikstädte der Vereinigten Staaten, ist schon innerhalb der Grenzen des Staates Pennsylvanien an der Vereinigung des Alleghany- und Monongehaflusses zum Ohiostrome gelegen. Im Umkreise von etwa fünf englischen Meilen, welcher das Fabrikgebiet von Pittsburg bildet, liegen noch vier Vorstädte und Städte und viele Ortschaften, zusammen mit Pittsburg mehr als 100,000 Einwohner zählend, wovon die Hälfte deutschen Stammes ist.

Wir befinden uns hier inmitten des großen Kohlengebietes der Alleghany, welches in neuerer Zeit durch seine Petroleumquellen doppelt berühmt geworden ist. Pittsburg ist der Hauptstapelplatz des Petroleumhandels, dessen Anfänge sich erst aus dem Jahre 1859 datiren, der aber schon binnen der drei ersten Jahre sich auf einen Umsatz von nahezu zwei Millionen Barrel belief, im Werthe von vier Dollars pr. Barrel als rohes Oel genommen. In dem Pittsburger Fabrikrayon entstanden sofort Petroleumraffinerien in großer Zahl und in riesigem Maßstabe, durch deren Vermittelung der Werth des Oeles mehr als verdoppelt wird. Seither wurden auch in England und Frankreich solche Raffinerien errichtet, und der überseeische Handel befaßt sich hauptsächlich mit rohem Oele. Die Ausbeute einzelner Quellen erreicht täglich 6000 Centner; einige Bohrungen sind bis zu einer Tiefe von 500 bis 600 Fuß getrieben; wenn das unterirdische Reservoir erreicht ist, pflegt anfänglich das Oel in Folge der Spannung eingeschlossener Gase von selbst auszufließen, nach einer gewissen Zeit, d. i. nach Wochen, Monaten und selbst Jahren, werden die Brunnen intermittirend und schließlich geschieht die Ausbeutung noch so lange mittelst Pumpen, als diese Oel zu Tage fördern. An einigen Orten ist der Boden ganz mit Oel gesättigt, so daß man ohne Weiteres Sammelbehälter in denselben legt; es steht aber als ein Ergebniß der geologischen Forschung fest, daß die Erschöpfung aller Vorräthe nur eine Frage der Zeit ist. Der Umsatz von Petroleum wurde für die erste Hälfte des Jahres 1863 zu elf Millionen Centner angegeben! In dem plötzlichen Auftauchen und in der erstaunlichen Entwickelung, welche die Kohlenölindustrie binnen einer kurzen Spanne Zeit aufweist, in der Großartigkeit der zu ihrer Entfaltung und Hebung geschaffenen Werke, der — ich möchte sagen — hergezauberten Fabrikstädte, der Canäle und Eisenbahnen, welche in der Erstreckung von Hunderten von Meilen durch die betreffenden Landestheile von gestern auf heute gezogen worden sind, in all' dem spiegelt sich so recht das amerikanische Leben, und es liegt nahe, zu wünschen, daß sich diese Aehnlichkeit des Theils mit dem Ganzen nicht weiter, nicht auf den entschieden ephemeren Bestand, welcher der Petroleumindustrie zu prophezeien ist, erstrecken möchte.

Anläßlich der Tour über das Alleghanygebirge mögen einige Andeutungen über die geographischen und geologischen Verhältnisse Nordamerikas im Allgemeinen Platz finden.

Die geographische Gestaltung Nordamerikas ist einfach, hervorgegangen nämlich aus der Lage zwischen zwei Bergketten, dem Felsengebirge, der Fortsetzung der Cordilleren, das nordwestlich, und den Alleghany oder Apalachen, welche nordöstlich sich erstrecken, und welche eines der ausgedehntesten Becken der

Welt einschließen, 152,000 geographische Quadratmeilen groß. Im Felsen=
gebirge ist die geologische Grundlage die Urgebirgsformation, das diese über=
deckende Flötzgebirge gehört verschiedenem geologischem Alter an; ältere Vulkane
finden sich dort in größerer Zahl, active nur im nördlichsten Theile der Kette
und in der Nähe des Stillen Meeres. Die Alleghany=Kette trennt das große
Mississippithal von der Abdachung nach dem Atlantischen Ocean (Atlantic slope),
sie besteht aus drei bis fünf parallelen Bergzügen. Während die höchsten Spitzen
des Felsengebirges sich bis 15,000 Fuß über die Meeresfläche erheben, haben
die gleichfalls den ältesten Formationen angehörigen alleghanischen Gebirge keine
über 6000 Fuß hohen Berge aufzuweisen, nichtsdestoweniger bieten sie eine
Fülle landschaftlicher Reize dar durch die schönen Umrisse der noch großentheils
mit herrlichem Wald bekleideten Höhenzüge und durch die Naturfrische und An=
muth der Thäler und Einschnitte, in welchen bald brausend und tosend, bald
ruhig in krystallener Reinheit die Gebirgswasser dahin ziehen und sich unter den
Augen des Eisenbahnreisenden zum Strome sammeln. So staunenerregend und
wunderbar erschienen mir freilich die Scenen nicht, welche der Ausblick aus dem
an den Bergen hinklimmenden Bahnwagen entrollte, wie sie bei der Fahrt über
den Semmering sind, immerhin aber bietet auch diese Bahn erhabene und un=
vergeßliche Momente in reicher Zahl dar.

An dem Punkte, wo die Pittsburg=Philadelphia=Bahn das Alleghany=
Gebirge verläßt, hat der oben erwähnte als Atlantic slope bezeichnete Land=
streifen eine nur geringe Breite, gegen Süden aber verbreitet er sich bis zu
einigen hundert Meilen Ausdehnung. Im Staate New=Jersey tritt in dem=
selben die Triasgruppe, „der neue rothe Sandstein“, auf, überlagert von der
Kreideformation, welch' letztere sich bis Alabama erstreckt. Tertiäre Schichten
nehmen ihren Ausgang nördlich in Massachusetts und verbreiten sich fast ohne
Unterbrechung längs der atlantischen Küste bis zur Mississippimündung; beson=
ders entwickelt ist die tertiäre Formation in Carolina, Georgia und Alabama.
Die Oberfläche der Südstaaten ist also vorzugsweise tertiäres Land, das auf
der Kreideformation aufliegt, das untere Mississippithal ist tertiäres und Allu=
vial=Land. In der Hauptsache aber gehören das Mississippithal und die west=
lichen Züge des Alleghany=Gebirges der älteren paläozoischen Gruppe an, welche
eine sehr weite Verbreitung hat und in großer Mächtigkeit, mehrfach als die
eigentliche Steinkohlenformation, auftritt, während das secundäre Gebirge, ab=
gesehen von dem sehr beschränkten Vorkommen der Kreide, fehlt.

Am eingehendsten geologisch erforscht ist bis jetzt der Staat New=York, es
wurden Parallelen aufgesucht für die Glieder des dort aufgestellten Systems
mit den in England unterschiedenen Formationsgliedern, in dasselbe System hat
man auch die in den weiteren bis jetzt näher untersuchten Ländern Michigan,
Ohio, Pennsylvanien, Virginien gefundenen Ergebnisse einzuordnen gesucht.

Der Bürgerkrieg hatte solche wissenschaftliche und zugleich ins praktische

Leben tief eingreifende Bestrebungen, wie die geologische Erforschung des Landes es ist, in den Hintergrund gedrängt, mit umsomehr Eifer werden jetzt die auf die Erschließung der Reichthümer seines unermeßlichen Heimathlandes gerichteten Arbeiten vom Amerikaner wieder aufgenommen, nachdem die Wege des Friedens hierfür gebahnt sind.

Aus der Gebirgswelt der Alleghanen in die Thäler Pennsylvaniens niedersteigend, finden wir in deren Bewohner, besonders in dem „deutschen Pennsylvanier", ein Object der Betrachtung, das zumal dem reisenden Deutschen großes Interesse darbietet, weil er in jenem ein Beispiel vor sich hat von Stammesgenossen, welche nach wenigen Generationen ihre Sprache theilweise und das Bewußtsein des Zusammengehörigseins mit der deutschen Nation fast ganz verloren, in vielen Stücken aber so viel Originales beibehalten oder angenommen haben, daß sie für sämmtliche Amerikaner ein Gegenstand der Curiosität sind. Ihre Derbheit ist sprichwörtlich, wenn auch als „smart" gelten sie doch als brave Geschäftsleute. Die Gehöfte der pennsylvanischen Deutschen erinnerten mich in höherem Grade als die Farmen im Staate Ohio an die deutsche Abkunft der Erbauer und Besitzer, sie liegen mitten in Obstbäumen; Garten und Feld ist sorgsam benutzt und angebaut, und das wohlgehaltene Vieh sticht in günstigstem Sinne ab gegen die armseligen Thiere, welchen wir in den anderen Staaten zu begegnen pflegen. Nicht selten ist ein solcher Deutschpennsylvanier „100,000 oder mehrere hunderttausend Dollars werth". — Mehrere Reiseerlebnisse zeigten mir diesen Menschenschlag nach Licht- und Schattenseiten. Daß der Deutschpennsylvanier es an niederer Selbstsucht jedem Yankee gleich thun kann, beweist das folgende Factum, welches ein mir bekannter Vereinigten-Staats-Officier, im Stabe des General Meade stehend, unmittelbar nach der Schlacht von Gettysburg seiner Gattin brieflich mittheilte: Zwei Tage nach der genannten Schlacht, als Verwundete und Todte noch die Wahlstatt bedeckten, kam ein pennsylvanischer Bauer ins Lager und präsentirte dem General eine Rechnung im Betrage von fünf Dollars für die Beschädigung seines Hausdachs durch eine Kanonenkugel. General Meade, welcher während der Schlachttage nicht einen Augenblick Ruhe und Kaltblütigkeit verloren hatte, brach solchem crassen Egoismus gegenüber in gerechten Zorn aus und befahl, den Mann zur Mithülfe bei Bestattung der Todten zu verhalten.

Philadelphia. Rückreise nach New-York. Einschiffung.

Philadelphia ist ausnehmend schön auf der Landspitze gelegen, welche der Schuylkill mit dem Delaware vor der Vereinigung beider bildet. Von einem Flusse zum andern ziehen Querstraßen, die von Längsstraßen rechtwinklig durchschnitten sind. Philadelphia hat 500,000 Einwohner und ist schon durch die Lage als Hauptstadt des Landes gekennzeichnet. Stadt und Volk tragen dem unstäten Charakter anderer amerikanischer Städte gegenüber den Stempel der Gesetztheit, der bürgerlichen Respectabilität alter und reicher Städte Europas an sich. Viele Verkaufshäuser der Hauptstraßen sind aus weißem Marmor aufgeführt und darunter sind einzelne, die an prächtiger Ausstattung ähnliche Etablissements in London oder Paris erreichen, wenn nicht hinter sich lassen.

Philadelphia wurde im Jahre 1682 von einer Colonie englischer Quäker unter Wilhelm Penn's Führung gegründet. Penn gab der bei der Gründung ihn leitenden humanitätischen Idee Ausdruck, indem er die Stadt Philadelphia, „Stadt der brüderlichen Liebe", nannte, welches Wort freilich seither vielfach als Spottname gebraucht wurde, in manchem Sinne aber auch heute noch mit Recht von einer Stadt geführt wird, die eine große Reihe von reichen Anstalten aufzuweisen hat, welche die Förderung des leiblichen und geistigen Wohls der Bewohner, die Pflege der Kunst, die Cultur der Wissenschaften zum Zwecke haben. Um nur Ein Beispiel für die Großartigkeit, mit welcher in dieser Beziehung vorgegangen wird, aus so vielen Thatsachen anzuführen, so fundirte ein Privatmann, Stephan Girard, mehrere Millionen Dollars zur Gründung von Waisenanstalten.

Philadelphia hat für die Vereinigten Staaten eine große geschichtliche Bedeutung: Hier tagte der erste Congreß der Vereinigten Staaten und blieb während des Befreiungskrieges in Permanenz. Die Unabhängigkeitserklärung ward in dieser Stadt am 4. Juli 1776 unterzeichnet und erlassen, ferner trat der Convent, welcher die Constitution feststellte, in Philadelphia zusammen und der erste Präsident der Vereinigten Staaten residirte hier.

Das Fairmount-Wasserwerk, mit einem Aufwande von 400,000 Doll. errichtet, liefert der Stadt Philadelphia den größten Theil ihres Wasserbedarfs, doch sind außer diesem noch andere Wasserwerke vorhanden. Das Fairmount-Wasserwerk liegt am Schuylkill etwa zwei englische Meilen vom Inneren der Stadt und nimmt eine Fläche von 30 Acres ein, deren größter Theil auf den

sogenannten „Mount" entfällt, eine Erhöhung von 100 Fuß über den Wasser-
spiegel des Flusses und von etwa 60 Fuß über den höchstgelegenen Stadttheil.

Der Behälter ist in vier Reservoirs getheilt, von 22 Millionen Gallonen
oder 1,725,900 Wiener Eimer Inhalt. Eine dieser Abtheilungen hat drei
Untertheilungen und dient als Filter. Um das Ganze ziehen sich Spazier-
wege, von welchen aus man die schöne Aussicht auf die Stadt genießt. Die
Reservoirs schließen eine Fläche von mehr als 6 Acres, 4¹/₅ Joch, ein; sie
sind 12 Fuß tief, die Seiten aus Steinmauerwerk, die Fußbodenpflasterung
mit Ziegeln hergestellt, die mittelst hydraulischen Mörtels in ein Thonbett gelegt
sind. Zur Gewinnung der für die Hebung des Wassers in die Reserven nöthigen Wasserkraft ist ein 1600 Fuß langer Damm über den Schuylkill angelegt
und ein Zuleitungscanal von 400 Fuß Länge und 90 Fuß Breite in festen
Fels gehauen. Das Gebäude für das Wasserwerk ist aus Stein, 238 Fuß
lang, 56 Fuß breit, für 8 Räder, deren jedes eine Pumpe treibt, jede Pumpe
hebt ungefähr 1,250,000 Gallonen, nahe bei 100,000 Wiener Eimer in
24 Stunden.

Sonach kann das Fairmount-Werk allein im Tage 7- bis 800,000 Wiener
Eimer Wasser liefern, ein Quantum, welches für die Bevölkerung Philadelphias
von mehr als einer halben Million Einwohnern lange nicht zureichend ist. Zur
Deckung des Bedarfs sind daher, wie Eingangs bemerkt wurde, noch andere
Wasserwerke vorhanden. Die Röhrenleitung des Fairmount-Werkes hat eine
Gesammtlänge von mehr als 100 englischen Meilen. Für jede Oeffnung des
Leitungsrohrs im Hause wird eine Jahresgebühr von 5 Dollars gezahlt.

Die Stadt Richmond, Virginiens Hauptstadt und seiner Zeit der Regie-
rungssitz der abtrünnigen Südstaaten mit 30- bis 40,000 Einwohnern, wird vom
James-River mit Wasser versorgt und zwar gleich Philadelphia durch Hülfe von
Hebepumpen, welche 3 Reservoirs, jedes von 1 Million Gallonen Inhalt, speisen.

Die Reise von Philadelphia nach New-York, eine Strecke von 87 englischen
Meilen, nimmt mit dem Eilzuge nur vier Stunden in Anspruch und führt bis
Trenton längs des Delaware hin durch eine schöne Landschaft. Aus dem
amerikanischen Befreiungskriege denkwürdig ist Washingtons Einnahme von
Trenton in der Christnacht 1776. Die Stadt war von 1500 im englischen
Solde stehenden Deutschen besetzt, die überrumpelt und großentheils gefangen
genommen wurden.

Außer der über Trenton führenden Bahnlinie existirt von Philadelphia
nach New-York eine andere Strecke über Bethlehem, den Hauptsitz der „mährischen Brüder", von Graf Zinsendorf im Jahre 1741 gegründet. Dieser
Ort hat eine Kirche, welche 2000 Personen faßt, und ein hochberühmtes Semi-
nar, beide den mährischen Brüdern zugehörig.

Eine reizend gelegene Stadt an dieser Bahnlinie ist Easton, in dessen

Nähe der reißende Lehig sich mit dem Delaware vereint und letzterer sich zwischen mehr als 1000 Fuß hohen Felswänden Bahn bricht.

In der Nähe von New-Jersey zieht sich der Weg eine kurze Strecke über ein nur nothdürftig mit Rohr und Sumpfgewächsen bekleidetes Ueberschwemmungsgebiet, eine rauhe Wildniß in der Nähe der Weltstadt. Zwei englische Meilen dieser Bahnstrecke nächst ihrem Ausgangspunkte in New-Jersey dienen auch der großen Eriebahn, welche täglich Tausende von Reisenden in den Norden des Staates New-York nach Neu-England, Canada und nach dem großen Westen führt, während also derselbe Schienenweg die Stadt New-York durch Philadelphia mit dem Süden verbindet. Es dürfte kaum in der Welt sich eine zweite zwei Meilen lange Bahnstrecke finden, die so unermeßliche Frachten, Menschen und Waare, befördert.

Zwei Wochen dauerte mein schließlicher Aufenthalt in New-York, welche ich bestens zum näheren Bekanntwerden mit Stadt und Umgebung und zur Vorbereitung auf die Abreise zu nützen suchte. Zum Schlusse fand ich noch viel Entgegenkommen und warme Freundschaft in der Stadt, in welcher ich so viele schwere Erfahrungen gemacht, aber nichtsdestoweniger den Grund für die Durchführung meiner amerikanischen Unternehmung gelegt hatte.

Die Rückfahrt über den Ocean machte ich im Bremer Schiff „New-York" unter der freundlichen Führung des Capitain Wenke. Bei gutem Novemberwetter ward Southampton in elf Tagen und, nach einem kurzen Aufenthalte in London, ebenso glücklich die alte Heimath erreicht.

Technische Abhandlungen.

———

Das Sorghum,

dessen national-ökonomische Bedeutung und Cultur in Nordamerika, sowie die Syrup- und Zuckergewinnung daraus*).

————

Das Sorghum ist heut zu Tage die Modepflanze des nordamerikanischen
Farmers. Der uniontreue Amerikaner des Nordens blickt mit gerechtem Stolz
auf die immensen Erfolge, welche innerhalb eines halben Jahrzehnts, zumal
binnen der vierjährigen Kriegsepoche, auf dem Gebiete der Zucker- beziehungsweise Syrupgewinnung aus dieser Pflanze erzielt worden sind, Erfolge, die den
Norden der Vereinigten Staaten im Bezug von Syrup und Zucker von Jahr
zu Jahr unabhängiger vom Süden machen. Dies ist eine Errungenschaft
von unberechenbarer Wichtigkeit, denn der Nordamerikaner consumirt bekanntlich unter den Angehörigen aller Nationen der Welt den meisten Zucker, und
zum großen Theil in Form von Syrup. Man giebt einen Verbrauch von
30 bis 34 Pfund per Kopf an.

Im Jahre 1857 fand die erste beträchtliche Importirung von Sorghumsamen in die Vereinigten Staaten statt, und fünf Jahre später — 1862 —
hatten sich bereits einzelne Staaten fast unabhängig vom Bezuge des Rohr-
zuckersyrups oder, besser gesagt, der Melasse des Südens gemacht; ja man
gab sich während des Krieges der Hoffnung hin, daß dasselbe auch mit dem
Bedarfe an crystallisirtem Zucker bald der Fall sein werde.

Die im Jahre 1863 in den Vereinigten Staaten mit Sorghum bebaute
Fläche ward auf 250,000 Acres geschätzt, welche 43³/₄ Millionen Gallonen
Syrup liefern, wenn man als Mittelertrag 175 Gallonen Syrup vom Acre
annimmt, welche 70 Dollars werth sind. Das Gewicht einer Gallone Syrup

————

*) Diese Abhandlung wurde in der Wiener Allgemeinen land- und forstwirth-
schaftlichen Zeitung, Jahrgang 1863, veröffentlicht.

ist mindestens 11 Pfund und der Preis 40 Cents, sonach bedeuten obige Daten in österreichischen Maßen 175,750 Joche mit 4,812,500 Centnern Syrup, im Werthe von 35 Millionen Gulden.

Einzig und allein im Norden des Staates Ohio, eines Landes, dessen Gesammtfläche 1868 deutsche Quadratmeilen beträgt, waren im Jahre 1861 bis 1862 etwa 6000 Sorghumpressen im Gange, und hiervon die Hälfte Holzwalzen. Wird jede Presse im Durchschnitte mit der Leistung einer einpferdigen Maschine, d. i. zu 45 Gallonen Syrup im Tage, und die Campagne zu nur 20 Tagen angenommen, so ergeben sich 5,400,000 Gallonen oder 594,000 Centner Sorghumsyrup als einjährige Production, und es wird dadurch ein Werth von 2,160,000 Dollars repräsentirt. Gewiegte Fachmänner sprechen die Ueberzeugung aus, daß diese Ziffern sich in wenig Jahren vervielfältigen werden. Die hier angeführten Daten sind um so vielsagender, als — wie schon aus obiger Angabe von 6000 Pressen für einen einzigen Staat hervorgeht — diese Industrie bis jetzt vorherrschend als kleines Nebengewerbe des Farmers behandelt wird.

Unter den verhältnißmäßig weniger großen Etablissements steht obenan die Fabrik in Loda, im Staat Illinois, welche im Jahre 1862 die Ernte von 600 Acres Land verarbeitet, also kaum so viel Areal in Anspruch genommen hat, als eine mittelgroße Rübenzuckerfabrik der österreichischen Monarchie. Ihre Leistungsfähigkeit berechnete sich pr. 24 Stunden auf den Sorghumertrag von 10 Acres, die Campagne dauerte also 60 Tage.

Die Staaten Illinois, Indiana, Ohio und Jova haben sich weitaus am gründlichsten dieses Industriezweiges bemächtigt. Die Centralregierung in Washington unterstützt die Sorghumindustrie durch Befreiung von aller und jeder Steuer, während seit Beginn des Krieges jeder andere Zweig landwirthschaftlicher oder nicht landwirthschaftlicher Fabrikation mit schweren und immer schwereren Lasten belegt worden ist. Die B.-St.-Taxe auf Rohzucker (aus Zuckerrohr) beträgt seit 1862 zwei Cents, also vier österreichische Neukreuzer pr. Pfund, annähernd 50 Procent der Erzeugungskosten, ferner ist die Raffinirarbeit besonders besteuert mit 1½ Procent des Rohertrags der Fabrik. Das Gesetz bestimmt, daß die Erzeugung fürs eigene Haus unbesteuert bleibe; es hat aber diese Vergünstigung für die Masse des Volkes, selbst auf die Südstaaten angewendet, kaum einen Werth, weil die Rohzuckerindustrie bisher fast ganz in den Händen der dortigen großen Grundherren, der sklavenhaltenden Plantagenbesitzer, gewesen ist.

Vom Beginne des Bürgerkrieges an kam die Frage der Zuckerfabrikation aus Runkelrüben im Gebiete der Vereinigten Staaten vielfach in Verhandlung, und es wurde auch im Jahre 1863 deren praktische Lösung durch eine Unternehmung im Staate Illinois versucht. Die Staaten Illinois und Indiana bieten wegen ihrer bedeutenden Längenausdehnung — sie gehen vom

37sten bis über den 42sten Breitegrad — große klimatische Abweichungen dar;
im Allgemeinen aber wird dort der Rübenbau ungefähr mit denselben Schwierig=
keiten zu kämpfen haben wie in Ungarn. Diese Schwierigkeiten sind: Arbeiter=
mangel für den Anbau, die Cultivirung und die Ernte der Rübe; Nachtfröste
und Insectenfraß in der Periode des Aufgehens und des ersten Wachsthums;
Regenmangel und Hitze in der Zeit von Mai bis September, in der Weise, daß
bei herrlichem Stande der Rübenfelder im Mai sich im Juli nicht selten nur
vergilbte Flächen zeigen, und daß das weitere Wachsthum durch einen etwaigen
August= oder Septemberregen nur noch auf Unkosten des in der Rübe bereits
vorhandenen Zuckers statthat; endlich in manchen Jahren warmes Winter=
wetter, Regen statt des Schnees, Abwechselung von Frost und Thauwetter, wo=
durch in der aufbewahrten Rübe die Neigung zur Fäulniß und zum baldigen
Hervortreten der Keime hervorgerufen wird. Sind nun alle diese Prüfungen
glücklich überstanden und die Rübe gelangt in die Fabrik, so wird ihrer Verar=
beitung auf Zucker im Gebiet der Vereinigten Staaten, wie dies auch theilweise
in Ungarn der Fall ist, der Mangel an Arbeitern und die hohen Arbeitslöhne
entgegenstehen.

Es liegt aber ganz und gar nicht im Charakter des Amerikaners, sich durch
Schwierigkeiten abschrecken zu lassen. Diese scheinen mir auch im vorliegenden
Falle besiegbar, wenn nur erst die europäische Einwanderung die durch den
Bruderkampf gemachten Lücken ausgefüllt haben wird. Abgesehen von den
Arbeitskosten stellen sich die Hauptfactoren bei der Rübenzuckerfabrikation: die
Preise der Knochenkohle, der Salzsäure und des Kalkes, des Brenn= und Fett=
materials, der Preßtücher, dann die Grundrente und der Capitalzins für die
Nordstaaten fast durchweg günstiger als für Ungarn. An gutem tiefgründigen
Boden ist ohnehin Ueberfluß, und der Regenfall in den mehrfach genannten
Staaten Illinois, Indiana, Ohio ist durchweg größer als in Ungarn.

Um nach dieser Abschweifung zum Sorghum zurückzukehren, so fühlte ich
mich bei Betrachtung der ganzen Sorghumindustrie in Nordamerika versucht,
die Parallele mit Ungarn wieder, aber nur diesmal im umgekehrten Sinne, zu
ziehen. Sowie nämlich Nordamerika sich in Ungarn von der Durchführbarkeit
der Rübenzuckerfabrikation unter analogen Verhältnissen überzeugen kann, so
möge Ungarn von der Sorghumindustrie Amerikas so viel für sich zum Vor=
bilde nehmen als nach Land und Leuten in Ungarn paßt; aus kleinen Anfängen
werden sich vielleicht dann neue mächtige Quellen für den volkswirthschaftlichen
Fortschritt des Landes entwickeln.

Die Zucker=Sorghum=Arten.

Man unterscheidet in Amerika zwei verschiedene Species: das Sorghum
im engeren Sinne oder das chinesische Zuckerrohr, und das Imphee oder

afrikanische Sorghum.   Von jeder dieser beiden Species giebt es viele
Varietäten, auch ist die Annahme sehr verbreitet, daß die genannten zwei Species
selber nur die Varietäten Einer gemeinschaftlichen Art seien.

Das chinesische Sorghum wird viel häufiger zur Bereitung von „Syrup"
benutzt, als das Imphee; wogegen das letztere für die Bereitung von „Zucker"
sich am geeignetsten erwiesen hat.   Das chinesische Sorghum scheint mit dem
Besenkorn am nächsten verwandt, und es ist ihm die Nachbarschaft des letzteren
in Bezug auf Bastardbildung noch gefährlicher als dem afrikanischen Sorghum.
Auch wird das chinesische Sorghum durch die Winde leichter gebrochen als die
afrikanische Sorghumpflanze; es hat viel dickere Knoten, welche für die Verarbeitung unbequem sind.   Das geographische Prädicat dieser Pflanzen deutet auf
deren Vaterland.   Im Jahre 1853 wurden ansehnliche Quantitäten Sorghum-
zucker aus China nach Californien gebracht, doch erst später der Ursprung der
Waare aus Sorghum nachgewiesen.   Die ersten Sorghumsamen kamen indeß
nicht aus China, sondern von Frankreich nach Amerika, und in Folge des Auf-
sehens, das diese Pflanze in kurzer Zeit machte, wurde vom „Agricultural
Department" ein Comité ernannt, welches im Jahre 1857 100 Pfd. Samen
über das ganze Vereinigte-Staaten-Gebiet austheilte.   Die Ergebnisse fielen
begreiflicher Weise sehr ungleich aus, je nach der Verschiedenheit des Bodens
und Klimas, nach der Art des Anbaues und der Bearbeitung, sowie endlich nach
der Geschicklichkeit des Zuckersieders — immerhin war aber ein hinlänglicher
Beweis von dem unschätzbaren Werthe dieser Pflanze geliefert.

Das Imphee- oder afrikanische Rohr wurde kurze Zeit nachher gleichfalls
durch eine Staatsbehörde, das Patent-Office, eingeführt, kam aber erst in jüngster Zeit mehr in Aufschwung.   Es ist südlicheren Ursprungs als das chinesische
und kommt folglich nicht in so hohen Breitegraden fort; man kennt davon
18 Varietäten.   Die Stengel sind kürzer und unten stärker, die Pflanze knickt
deshalb nicht so leicht wie die chinesische, die Stengelknoten sind im Verhältniß
kleiner, die Rispen sind dichter; die meisten Varietäten desselben beanspruchen
eine längere Vegetationszeit als das chinesische Sorghum.   Der Saft des
afrikanischen Sorghum ist gewöhnlich um 1°B. zuckerreicher und ist reiner.

Die Cultur.

Das Verfahren beim Anbaue, bei der Cultivirung und Einbringung ist
bei beiden Arten nahezu das gleiche und kann deshalb unter Einem besprochen
werden.

Die nördlichste Grenzlinie für die Cultur des chinesischen Sorghum bildet
der 43ste Breitegrad, für das afrikanische ist dieselbe etwas niederer, es besteht
aber in diesem Punkte noch keine genaue Uebereinstimmung unter den Sorghum-
pflanzen, und es scheint, daß sich die Varietäten auch in diesem Punkte sehr verschiedenartig verhalten.   Die südliche Grenzlinie für die Cultur des Imphee als

einer Zuckerpflanze ift ebenfalls nicht genau feftgeftellt, und es hat diefe Unkennt-
niß größtentheils ihren Grund in der jetzigen politifchen Zerfahrenheit des
Landes.

Auch in Anbetracht der Frage, welche Bodengattung für das Sorghum
am geeignetften fei, herrfcht großer Widerftreit; doch ift man darin einig, daß
ein ärmerer Boden befonders beim chinefifchen Sorghum einem fehr reichen
vorzuziehen fei. Ein leichter Thonboden, wie er am Rande der Waldflächen
fich in Amerika häufig findet, fcheint der allerbefte für das Sorghum zu fein,
und ein folcher Boden gewährt reiche Ernten von zuckerreichftem Rohre felbft
dann, wenn er fchon in einem Zuftande der Erfchöpfung fich befindet, welcher
nur noch arme Ernten an fonftigen Bodenfrüchten anzuhoffen erlaubt. Afrika-
nifches Sorghum giebt auf reicherem Boden wohl einen zuckerärmeren Saft,
aber quantitativ einen um fo größeren Ertrag, fo daß pr. Acre doch mehr fchließ-
liches Product erzielt wird.

Samenauswahl.

Reiner Same ift das wefentlichfte Erforderniß für den Sorghumbau. Da
alle Varietäten fich mit einander vermifchen und ebenfo mit Befen- und Chocolade-
korn, fo ift große Sorgfalt beim Bezug des Samens zu beobachten. Jede
Varietät muß getrennt von der andern angebaut werden; ein halbes Dutzend
Befen- oder Chocoladekornftengel find im Stande, ein Feld mit Zuckerforghum,
das eine halbe englifche Meile entfernt ift, für die Samengewinnung zu ver-
berben; die Folgen der Baftardirung find trockne, werthlofe Stengel. Der Same
muß von den zuerft reifenden Pflanzen genommen werden, und hauptfächlich
aus folchen Lagen ftammen, deren Gewächs reichlichen Zucker geliefert hat.
Die Pflanzen, welche den Samen liefern follen, müffen jedenfalls vollkommen
reif fein und die Rifpen nach dem Abfchneiden, in kleine Büfchel zufammen-
gebunden, an trockenen Orten aufgehängt werden. Nur aus der oberen Hälfte
der Rifpe foll der Same zum Anbau genommen werden, wodurch man ein
rafcheres und kräftigeres Wachsthum der Pflanze erzielt. Diefe Vorficht ift
befonders bei dem Imphee anzuwenden, um feine Vegetationszeit fo fehr als
möglich zu verkürzen. Eine Achtel- bis Viertelgallone des Samens ift bei Be-
folgung der nachfolgenden Anbaumethode als Saatgut für einen Acre erforderlich,
d. i. in öfterr. Maßen ausgedrückt: 1³/₄ bis 3¹/₂ Wiener Maß pr. Joch.

Zeit des Anbaues.

Das Sorghum ift viel weniger empfindlich als der Mais und kann daher
zwei Wochen früher angebaut werden. Der Same kann den ganzen Winter
hindurch im Boden liegen, ohne durch die Kälte Schaden zu nehmen. Ein
Froft, welcher den jungen Mais bis zu den Wurzeln tödtet, hat keine Wirkung
auf das Sorghum.

In Anbetracht der Mißstände, welche ein zu langes Hinausziehen der Verarbeitung mit sich führt, soll getrachtet werden, so früh als möglich den Anbau zu bewerkstelligen, sobald nämlich der Boden warm und trocken genug dazu ist. Für die Breite von St. Louis ist die erste Aprilwoche im Durchschnitte der Jahre der früheste Zeitpunkt, um den Boden in einen für die Saat gut geeigneten Stand zu bringen.

Anbauverfahren.

Sorghum wird in Reihen oder in Hügeln angebaut.

Die Reihensaat giebt mehr Ertrag pr. Acre und ist deshalb dort zu empfehlen, wo weniger Land, aber reichliche Arbeitskraft vorhanden ist. In diesem Falle wird, nachdem das Land mit Pflug und Egge in Kreuz und Quere bearbeitet ist, der Same in sehr seichten Rinnen auf 3½ Fuß Distanz untergebracht. Der Same muß zuvor 24 Stunden lang im warmen Wasser gelegen haben oder auch in einer sehr verdünnten Chlorcalciumlösung, hierauf in einem Sacke in feuchtem warmem Boden eingegraben bleiben, bis er zu keimen beginnt. Durch dieses Verfahren wird das Aufgehen um eine Woche beschleunigt. Der so vorbereitete Same wird so dick ausgeworfen, daß man bei mittlerer Bodenbeschaffenheit Eine gesunde und kräftige Pflanze auf je 9 Zoll Entfernung erwarten kann, wonach also jeder Pflanze 2⁶⁄₁₀ Quadratfuß Spielraum zukommt. Doch wechselt diese Entfernung je nach Bodenkraft und Klima von 6 auf 20 Zoll. Der Same soll höchstens eine 1zöllige Bedeckung mit Erde erhalten, denn vor Allem braucht Sorghumsame Luft und Licht, wenn er nicht faulen soll. Im Falle daß es sich um den Anbau einer größeren Fläche handelt, geschieht das Bedecken ganz schnell auch so, daß man mit der Egge längs der Reihen hinfährt.

Der Anbau in Hügeln gewährt den Vortheil, die Bearbeitung vermittelst Häufelpflug und Pferdehacke nach zwei Richtungen zu ermöglichen, auch werden die Erntearbeiten erleichtert, und es wird deshalb diese Anbaumethode von den Amerikanern in der jetzigen Zeit des Arbeitermangels vorgezogen. Es soll hinlänglich viel Same gesäet werden, um vier bis fünf Stengel in jedem Hügel zu erhalten, wofern diese nach beiden Richtungen 4 Fuß von einander abstehen. In diesem Falle erhält also jede Pflanze 3⅓ bis 4 Quadratfuß Spielraum. Bei einer Entfernung der Hügel von 4 Fuß in der einen und von 18 Zoll in der anderen Richtung — welche Anbauart die große Bodenverschwendung der oben erwähnten umgeht — bleiben nur drei Stengel in einem Hügel stehen, und es entfällt somit auf eine Pflanze ein Wachsraum von 2 Quadratfuß.

Behackung.

Die Cultivirung des Sorghum unterscheidet sich nur wenig von der des Maises; das anfängliche Wachsthum des letzteren ist jedoch kräftiger; um so nothwendiger erscheint für das Sorghum eine zeitliche Behackung, um Gras und Unkraut niederzuhalten. Wenn es die Höhe von 2 Fuß erreicht hat, so „schießt" das Sorghum und holt durch dieses rasche Wachsthum die frühere Versäumniß wieder ein. Pflug und Häufler sollen fleißig in Anwendung kommen, bis die Pflanze 3 Fuß hoch ist; von da an ist sie vollkommen im Stande für sich selbst zu sorgen. In manchem Boden macht das Sorghum Seiten= schosse, die sofort entfernt werden müssen, weil sie dem kräftigen Wachsthum der Hauptpflanze entgegenstehen, beim späteren Abstreifen der Blätter hinderlich sind und, unter die Presse gebracht, dem Saft einen grasigen Beigeschmack und selbst die Neigung zum Sauerwerden mittheilen.

Das Abstreifen der Blätter.

Dies ist die lästigste Arbeit, welche beim Sorghumbau vorkommt. Man bedient sich dabei entweder einer starken Dunggabel mit längerem Stiele, als dieser gewöhnlich ist, oder eines 4 bis 5 Fuß langen, 3 bis 4 Zoll breiten höl= zernen Messers, um mit einem oder zwei Hieben den größten Theil der Blätter abzuschlagen. Später entfernt man den Rest mit der Hand. Diese Operation geschieht am besten 6 bis 8 Tage vor dem Schneiden des Rohrs, wodurch die Reife beschleunigt und der Saft bereichert wird.

Das Köpfen (Abbrechen) der Rispe.

Dies soll erst geschehen, wenn das Sorghum geschnitten wird. Werden die Rispen vorher abgenommen, so sucht die Natur den vorzeitigen Verlust zu ersetzen, und die Bildung von Zucker im Safte ist dadurch aufgehalten. Als der geeignetste Punkt, wo die Rispe weggenommen wird, gilt gewöhnlich der oberste Knoten; höher hinauf ist der im Stengel enthaltene Saft unangenehm schmeckend und soll durchaus nicht mit dem übrigen vermischt werden. Die Qualität des Syrups wird verbessert, wenn man selbst noch um einen Knoten tiefer abbricht, was geschehen kann, ohne daß der hierbei entstehende Saftverlust von Belang wäre. Die Stengelobertheile werden mit den Blättern zusammen im getrockneten Zustande in Bündel gebunden und dienen als gutes Futtermittel.

Zeit und Art des Schneidens.

Die Pflanze soll für den Schnitt womöglich ihre vollkommene Reife erlangt haben. Dieser Zeitpunkt wird ersichtlich bei Beobachtung der Rispe und der Farbe des Stengels. Der Same soll die Spitze seiner Hülle sprengen und die ganze Rispe vom Gewichte ihres reifen Inhaltes gebeugt sein. Die Farbe des Stengels wechselt von Grün bis zu einem gesättigten Gelb; dieser Farbenwechsel ist viel ersichtlicher bei Sorghum, welches auf leichtem Thon= oder Sandboden, als bei solchem, welches auf reichem Alluviallande gewachsen ist, indem letzteres die dunkelgrüne Farbe bis ans Ende beibehält. Gleichviel ob die Reife erreicht sei oder nicht, hat das Schneiden jedenfalls vor einem ernstlichen Froste zu geschehen. Ein Reif macht noch keinen bedeutenden Schaden; wurde aber die Pflanze von einem ernstlicheren Froste betroffen, so muß sie sogleich geschnitten werden, und die Verarbeitung hat längstens 24 Stunden nach dem Wieder-aufthauen vor sich zu gehen, wofern der Saft nicht eine Zersetzung erleiden und der ganze Ertrag verloren gehen soll. Selbst ein nur theilweises Frieren hat das Bitterwerden des Safts zur Folge.

Wenn vor dem 1. Mai gepflanzt wurde, so ist sowohl das Sorghum als auch die frühzeitigen Varietäten des Imphee (im mittleren Mississippigebiet) am 10. bis 12. September schnittreif, danach bleiben 10 Wochen Verarbeitungszeit.

Um Syrup zu machen, ist es zweckmäßig, das chinesische Sorghum nach-reifen zu lassen (jedoch nicht das Imphee, welches in wenig Wochen verarbeitet werden muß), weil hierdurch der Geschmack verbessert und der unbeliebte grün-liche Farbton des Saftes beseitigt wird. Auch die Ausbeute leidet durch ein-bis zweimonatliches Liegen nicht. Eine zweipferdige Ladung von Sorghum-stengeln giebt als gute Ausbeute 15 Gallonen dicksten Syrup, 12³⁄₄ Pfund pr. Gallone wiegend.

Ein gewöhnliches Maiserntemesser (Corncutter) entspricht vollkommen dem Zwecke des Schneidens. Der Hieb soll quer durchgehen und einige Zoll über dem Boden gehalten sein. Den reichlichsten Saft liefert der die drei mitt-leren Knoten umfassende Stengeltheil.

Aufbewahrung.

In Fällen, wo die Zeit drängt und starke Kälte droht, kann das abge-schnittene Sorghum, ohne vorherige Wegnahme der Blätter und Rispen, so wie dies in Amerika mit dem Mais üblich ist, bis auf Weiteres auf dem Felde in Haufen zusammengestellt werden.

Die Aufbewahrung der geernteten Stengel geschieht ferner so, daß man sie in Büschel von 20 bis 30 Stück gebunden bis zur Höhe von 4 Fuß wie geklaftertes Holz zusammenlegt und mit Stroh von Mais oder einer anderen Getreideart oder auch mit dem eigenen Laube bedeckt, noch besser aber unter eine Bedachung bringt. Rationeller erscheint es, wofern eine Ueberdachung nicht statthat, sie in „Shocks" aufzustellen, wodurch der Luftdurchzug und also ein weiteres Abtrocknen und Ausreifen gefördert wird.

Saftgewinnung.

Die verschiedensten Vorrichtungen zur Gewinnung des Sorghumsaftes haben im Laufe der wenigen Jahre, in welchen dieser Industriezweig zur Bedeu-tung kam, sich den Vorrang streitig gemacht.

Eine ausführliche Beschreibung dieser sogenannten Sorghummühlen, sowie der durchaus einfachen Apparate für die Verarbeitung des Saftes auf Syrup und Zucker, dürfte erst in späteren Zeiten einen größeren Werth besitzen, wenn —

wie sehr zu wünschen — die Ueberzeugung von der Wichtigkeit des Sorghum zumal für Ungarn und seine Nebenländer sich Bahn gebrochen haben wird. Dagegen erscheint ein Ueberblick des Hauptsächlichen, was das unaufhaltsam vorschreitende Amerika auch auf diesem Gebiete geleistet, ganz zeitgemäß, ja dringlich geboten zu sein, denn das Aufsuchen neuer Fortschrittsbahnen in der landwirthschaftlichen Industrie ist gerade nach so schweren Jahren die doppelte Pflicht eines jeden Vaterlandsfreundes.

Bei der Wahl des Ortes für Anlage einer Sorghumzuckersiederei wird, besonders bei großen Einrichtungen, einem Abhange der Vorzug gegeben, um das natürliche Gefälle benutzen zu können. Wo dies nicht angeht, wird in der Nähe der Presse eine Cisterne angebracht und von dieser aus der Saft in den oberhalb des Verdampfapparates aufgestellten Behälter gepumpt. Die Art der zu wählenden Sorghumpresse oder — wie der Amerikaner sagt — Mühle hängt von der Ausdehnung des Betriebs ab. Pressen für nur einpferdigen Betrieb, wie sie in Menge aufgestellt wurden in der Zeit, als der erste Anlauf zur Sorghumsyrupbereitung genommen worden ist, sollten als Arbeit verschwendend zweipferdigen Platz machen. Eine solche durch Ein Pferd getriebene Presse reicht hin, um 1200 bis 1500 Gallonen, über 100 Wiener Eimer, Syrup während der Betriebsperiode von 30 bis 40 Tagen zu gewinnen, als eintägige d. h. zehnstündige Leistung nämlich 45 bis 50 Gallonen oder 150 bis 160 Wiener Maß Syrup.

Um in einer Betriebscampagne 2400 bis 3000 Gallonen, also etwas über 200 Wiener Eimer, Syrup zu gewinnen, ist eine durch zwei Pferde bewegte Maschine erforderlich mit einer solchen Leistungsfähigkeit, daß in zehn Tagesstunden Saft genug für 90 bis 100 Gallonen Syrup gepreßt werden kann, und so fort in demselben Verhältnisse von Einer Pferdeleistung auf 45 bis 50 Gallonen Syrup pr. Tag. Bei Dampfmaschinenbetrieb werden für jede Pferdekraft im Tage 50 bis 60 Gallonen Syrup als Leistung angenommen. Der sehr kurzen Betriebszeit halber werden aber Dampfmaschinen verhältnißmäßig selten als Motoren angewendet. Ein sehr geschickter Arbeiter reicht hin, um eine von vier Pferden bewegte Walzenpresse zu speisen, wodurch eine große Ersparniß an Arbeit im Vergleiche mit der einpferdigen Presse erzielt wird.

Die meisten bis jetzt in Gebrauch gekommenen Pressen leiden — weil die Maschinenfabrikanten sich in Bezug auf Billigkeit zu überbieten streben — an Einem Fehler: dem Mangel an der gehörigen Stärke, d. h. einer solchen Solidität der Construction, welche der Maschine in den Händen des der Mechanik unkundigen Landmannes die nöthige Dauer gewährleistet. Die Sorghumpressen haben meistentheils drei neben- oder übereinanderstehende Walzen; bei einigen Constructionsarten haben alle drei Walzen den gleichen Durchmesser, bei anderen hat die Treibwalze einen doppelt so großen, wieder bei anderen nur einen halb so großen Durchmesser als die beiden anderen Walzen. Die Erfahrung scheint hierüber noch nicht endgültig entschieden zu haben. Die Wellzapfen sollen nicht in die Walze eingegossen, sondern vermittelst Keilen darin befestigt sein, damit bei einem etwaigen Bruche eine Erneuerung weniger Schwierigkeit bietet. Die Umdrehungsgeschwindigkeit der Walzen soll, innerhalb der praktischen Grenze, so langsam als möglich sein, 12 Fuß pr. Minute dürfte als mindeste, 20 Fuß als höchste Annahme gelten. Die Speisung der Walzen soll nicht in zu dünner Schicht geschehen.

Bei Pressen von den gewöhnlich üblichen Größen sind, zumal wenn deren Betrieb durch thierische Kräfte geschieht, die Walzen senkrecht, bei durch Dampfkraft bewegten größeren Pressen aber, der leichteren Speisung wegen, wagerecht gestellt. Solche haben zuweilen eine Anzahl von vier und selbst fünf Walzen, doch giebt es vorzügliche Constructionen mit drei Walzen. Arbeitet man mit Dampf, so ist, um eine Ernte von 100 Acres aufzuarbeiten, eine Maschine von 12 Pferdekraft nöthig; dazu Walzen mit 2 Fuß Durchmesser, $2\frac{1}{2}$ Fuß Länge, und eine Uebersetzung, welche den Umlauf so weit verlangsamt, daß nicht Saft sammt Rückständen wegfliegt. Bei kleineren Pressen sollen die Walzen nicht frei liegen, sondern — um Unglücksfälle zu verhüten — so überdeckt sein, daß eben das Speisen noch geschehen kann.

Eine Liste der dermaligen Preise der Sorghumpressen dürfte der Vollständigkeit halber hier willkommen sein.

Eine einpferdige Presse ist im Stande, 40 bis 80 Gallonen Sorghumsaft in einer Stunde zu pressen.

Einpferdige Presse auf 45 bis 65 Gallonen Saft in der Stunde, 960 Pfd. schwer, hat 3 Walzen mit 9 Zoll Durchm. bei $14\frac{1}{2}$ Zoll Länge. Zapfen sind $2\frac{3}{4}$ und $2\frac{1}{2}$ Zoll groß. Preis 65 Dollars.

Einpferdige Presse auf 60 bis 90 Gallonen Saft in der Stunde, 1100 Pfd. schwer, hat eine Triebwalze von 12 Zoll Durchm., 2 Walzen von 9 Zoll Durchm., bei $14\frac{1}{2}$ Zoll Länge. Zapfen sind $2\frac{3}{4}$ und $2\frac{1}{2}$ Zoll groß. Preis 80 Dollars.

Zweipferdige Presse auf 80 bis 120 Gallonen Saft in der Stunde, 1300 Pfd. schwer, hat eine Triebwalze von 12 Zoll Durchm., 2 Walzen von 9 Zoll Durchm., bei 18 Zoll Länge. Zapfen sämmtlich $2\frac{3}{4}$ Zoll groß. Preis 100 Dollars.

Bewährte Pressen für den Betrieb von 2 Pferden werden nach folgendem Maße construirt:

Triebwalze mit 16 Zoll Durchm., die 2 anderen mit 8 Zoll Durchm. bei 14 Zoll Länge. Zapfen 3 und $2\frac{1}{4}$ Zoll groß.

Läuterung und Verdampfung

müssen in eine Operation zusammengezogen sein, während der Abdampfung muß also beständig die Defäcation statthaben. Die Eiweißstoffe gerinnen nur unter dem Einflusse einer sehr bedeutenden Hitze.

Die nothwendige Einrichtung besteht in Folgendem:

1) Ueberdachung oder bedeckter leichter Schoppen.
2) Abdampfpfannen und, beziehungsweise, eine Eindickpfanne oder nach der europäischen Ausdrucksweise „Kochpfanne".
3) Kühler von Holz oder Eisen.
4) Krystallisirgefäß, Abzugsgefäß für die Melasse, falls auf Zucker gearbeitet wird.
5) Kleine Geräthe, als Schaumlöffel, Schöpfer, Schaffel, Seihelöffel.

Zum Schutze gegen Witterungseinflüsse, Straßenstaub ꝛc. ist ein Dach über der Abdampfeinrichtung sehr wünschenswerth, häufig aber traf ich ein solches nicht an. Die Bretter, welche die Seitenwände des Schoppens bilden, sollen theilweise zum Herausnehmen sein, um so viel, als für die Abdampfung förderlich ist, einen Luftzug zu gestatten. Ein die Oberfläche der abzudampfenden Flüssigkeit direct treffender Luftzug ist hinderlich.

Die älteste von der Ahornzuckerindustrie entlehnte Vorrichtung stellt eine länglich viereckige hölzerne Pfanne mit metallenem Boden dar, an einem vierseitigen Holzrahmen ist vermittelst Flacheisenstäben, die über seinen Rand gelegt sind, ein Metallblech als Boden befestigt. Durch Schrauben wird das Blech zwischen Flacheisenstab und Holzrahmen dicht eingelegt. Der Boden wird vom Feuer bestrichen, während das Holz vom Mauerwerke umgeben ist. Solche Pfannen lassen sich sehr dicht schließend herstellen, verziehen sich aber leicht; sie sind sehr beliebt, jedoch für den großen Betrieb durchaus ungeeignet. Als Material für die Abdampfvorrichtung wird in neuerer Zeit vorzugsweise rohes Eisenblech, galvanisirtes Blech und Kupferblech verwendet. Gewöhnliches Eisenblech ist das billigste unter diesen Materialien und aus Gesundheitsrücksichten am wenigsten zu beanstanden. Am beliebtesten jedoch ist galvanisirtes Eisenblech, obgleich feststeht, daß die Säure des Saftes auf dasselbe wirkt und der Syrup zumal bei unzweckmäßiger Manipulation einen Beigeschmack erhalten kann, ferner daß galvanisirtes Eisen Neigung zum Abblättern hat. Gegen Kupferblech hat sich gleichfalls der Einwand geltend gemacht, daß es, von den Säuren des Sorghumsaftes angegriffen, der Metallvergiftung Anlaß gebe; dies soll aber bei zweckmäßiger und reinlicher Arbeit nicht zu besorgen sein; das Kupferblech bleibt daher empfehlenswerth wegen seiner Dauerhaftigkeit und der Leichtigkeit, mit der es blank zu halten ist. Gußeisen ist in den meisten Gegenden der Vereinigten Staaten äußerst billig zu haben, aber daraus gefertigte Geschirre zerspringen leicht und rosten schnell, deshalb stehen nur selten gußeiserne Pfannen im Gebrauch. Die ursprünglichen Abdampfpfannen von einfachster Construction aus Eisenblech in ein Ziegelmauerwerk eingesetzt, welche wohl auch gute Dienste leisten können, werden mehr und mehr durch zweckent-

sprechendere Apparate verdrängt, doch mit Erhaltung des Princips der Einfach-
heit, wie dies für Betreibung eines Nebengewerbes dem Landwirthe geboten ist.
In diese Rubrik gehören die Abdampfvorrichtungen von Gage, Corey, Miller,
Cook.

Die Gage'sche Pfanne, mit Schlangenrohr für indirecte Dampfheizung,
ist schon mehr für den größeren Fabrikbetrieb geeignet als für die Zwecke des
Landwirthes, da der letztere, abgesehen von der Kostspieligkeit einer solchen Vorrichtung, nur in Ausnahmefällen mit Dampfkesseleinrichtung versehen ist.

Miller's schmiedeeisernen Verdampfer können Ungeübte leicht handhaben.
Derselbe ist kreisförmig, von 6 Fuß Durchmesser, mittelst einer durch den
Mittelpunkt gehenden Scheidewand abgetheilt und in seinem Ofen so aufgehängt,
daß er nach Belieben eine Umdrehung zuläßt. Auf diese Weise wird der Vortheil erreicht, die Verdampfung in der einen Hälfte der Pfanne fortsetzen zu
können, während auf der andern Seite ausgeleert und gereinigt wird. Dieser
Apparat liefert 40 bis 50 Gallonen Syrup in zehnstündiger Tagesarbeit und
kostet 55 Dollars.

Cook's Verdampfer, von einem geschickten Manipulanten geleitet, über-
trifft alle anderen Vorrichtungen. Aus der Beschreibung ist das dieser Vorrichtung zu Grunde liegende Princip zu ersehen: Cook's Verdampfer stellt
einen schmalen Kasten dar, dessen Seiten aus Holz gefertigt sind und dessen
Boden aus galvanisirtem Eisen oder, besser noch, aus Kupfer besteht. Dieser
Boden hat eine solche Einrichtung, daß der abzudampfende Saft, anstatt von
dem einen Ende der Pfanne zum andern geradeaus fließen zu können, durch
quer laufende Erhöhungen hin und her geleitet wird. Indem nun der Saft
diesen acht- bis neunmal längeren Weg zurücklegt, verdampft so viel Wasser,
daß er beim Herauskommen Syrupconsistenz erlangt hat. Zur Regelung des
Abflusses in der Art, daß der Syrup immer mit der richtigen Concentration
austritt, ruhen Pfanne und Ofen auf einem Wiegengestelle; diese Vorrichtung
macht es möglich, den Abfluß des Syrups mit der Lebhaftigkeit des Feuers in
Einklang zu bringen. Eine solche Pfanneneinrichtung gründet sich auf die Erfahrung, daß, je dünner die Flüssigkeitsschicht ist, um so rascher die Verdampfung und um so vollständiger auch die Klärung des Saftes vor sich
geht. Cook'scher Verdampfapparate gab es im Jahre 1863 bereits 2500 im
Westen der Vereinigten Staaten. Die einzige Einwendung, welche man gegen
diesen Apparat macht, ist die, daß ein gewisser Grad von Uebung dazu gehöre,
um ihn zu handhaben.

Cook's Verdampfer ist 4 Fuß breit und, je nach der Nummer, von 6½
bis 12 Fuß lang; seine Leistungsfähigkeit beträgt 50 bis 100 Gallonen Syrup
im Tage von 10 Arbeitsstunden. Außer Kalk und etwas Eiweiß oder Blut
kommen keinerlei chemische Agentien bei dieser Abdampfmethode in Anwendung;
als beste Ausscheidungsmittel für die Unreinigkeiten des Saftes hat sich eine

intensive Abdampfwärme bewährt. Der Saft fließt nur etwa zollhoch in der Pfanne, und die concentrirte Hitze unter dieser verursacht das heftigste Aufkochen, welches alle fremden Stoffe an die Seiten der Pfanne schiebt, wo sie leicht abzuschöpfen sind.

Es ist ein Hauptpunkt bei der Construction jeder Pfanne für Sorghumsaft, der siedenden Flüssigkeit außerhalb des Bereichs der Aufkochung eine weniger erhitzte Fläche darzubieten, an welche sich dann die Ausscheidungen anlegen.

Bei dem Fortschreiten des Saftes auf dem Zickzackwege, welcher ihm in der Cook'schen Pfanne angewiesen ist, finden je nach den Hitzgraden, denen der Saft ausgesetzt ist, Ausscheidungen von verschiedener Art statt; bis zum zurückgelegten halben Wege sind diese Ausscheidungen grün gefärbt, gegen Ende aber setzt sich eine klebrige Substanz (Cane gum, Rohrharz) im Gefäße zu Boden, die fleißig weggenommen werden muß, weil sie sonst steinhart wird und fest an der Pfanne haftet. Von der sorgfältigen Absonderung dieses Stoffes ist hauptsächlich der Krystallisationsproceß bedingt. Es wurde bereits geltend gemacht, daß eine zweckmäßige Anwendung von Wärme das beste aller Reinigungsmittel für den Saft ist. In Anbetracht der Thatsache jedoch, daß die natürliche Säure des Sorghumsafts, welche in namhafter Menge vorhanden ist, der Klärung sehr entgegenwirkt, sind erfahrene Sorghumzuckerfabrikanten darüber einig, daß der Saft nahezu neutralisirt werden muß. Von der Nothwendigkeit, den Saft während des Verdampfens durchaus im alkalischen Zustande zu erhalten, wenn man krystallisirten Zucker erhalten will, scheinen indeß die Sorghumpflanzer noch keineswegs so überzeugt zu sein, wie die europäischen Rübenzuckerfabrikanten. Einer solchen der europäischen analogen Manipulation stellt sich offenbar die Absicht entgegen, in allen Fällen, also auch da, wo auf Zucker gearbeitet wird, der Melasse eine zum Tafelgebrauche möglichst geeignete Beschaffenheit zu geben. Von der Filtration ist ja bei der Sorghumverarbeitung in der großen Mehrzahl der Fälle nicht die Rede. Oben erwähnte Neutralisation geschieht in den meisten Fällen mit Kalk; in Vorschlag kam zum Behufe derselben wohl auch Soda, doch ist diese wegen des zu befürchtenden Beigeschmacks noch ungeeigneter als Kalk, abgesehen von ihrem höheren Preise. Doppeltschwefeligsaurer Kalk ist in den Rohrzuckerfabriken Luisianas sehr üblich; er befördert die Krystallisation in hohem Grade, veranlaßt aber die Bildung eines weicheren „Kornes". Als Klärmittel findet man des billigen Preises halber öfter Blut als Eiweiß (Eier) angewendet. In Ermangelung eines complicirteren Apparates läßt sich auch mit der bereits mehrmals erwähnten Pfanne — bestehend aus Seitentheilen von Holz und einem Boden von galvanisirtem Eisen- oder von Kupferblech — welche höchstens 12 Dollars kostet, ein erträglich guter Syrup herstellen. Um nur 30 Gallonen Syrup im Tage fertig zu bringen, sind zwei solcher Pfannen erforderlich, jede 7 Fuß lang und 2 Fuß breit, oder, besser noch, eine 4 Fuß nach Länge und nach Breite messende Abdampfpfanne, combinirt mit einer 5 Fuß langen und 2 Fuß breiten Koch- oder Eindick-pfanne. Die letztere ist mit Handhaben versehen, um bei jedem Ausgusse (strike) gehoben zu werden. Die Verdampfung in der ersten Pfanne geschieht so schnell als möglich (unter zeitweisem Klären mit Blut oder Eiweiß) bis auf $1/4$ des ursprünglichen Volums; mit dieser Concentration kommt die Masse in die Eindickpfanne, unter welcher eine gemäßigte Hitze unterhalten wird. Unaus-gesetztes Umrühren ist gegen den Schluß der Operation hin nothwendig, um das Anbrennen des Syrups zu verhindern. Wofern dieser einen säuerlichen Geschmack zeigt, ist eine Neutralisation mit Kalkwasser oder schwefligsaurem Kalke erforderlich. Die Aufstellung der Apparate geschieht womöglich so, daß die Flüssigkeit dem Impulse der eigenen Schwere folgend von der Abdampf-pfanne in die Eindickpfanne und von dieser in den Kühler gelangt.

Um die nöthige Consistenz des Syrups zu bestimmen, kann das Saccha-rometer, das Thermometer, oder es können auch äußere Anzeichen zur Richtschnur genommen werden; die Baumé'sche Wage zeigt 25^0 und der Kochpunkt ist bei 87^0 R., wenn die richtige Syrupconsistenz erreicht ist. Wenn beim Kochen die zerspringenden Blasen einen kleinen Dampfstrahl auswerfen und der eigenthüm-liche „Koch"-Geruch eintritt, dann ist die Operation beendigt. Der Kühler ist ein sehr flaches aus Blech, zuweilen aus Holz gefertigtes Gefäß mit ebenem Boden, und hat den Zweck, eine Abkühlung des Syrups bis auf wenigstens 25^0 R. zu bewerkstelligen, ehe dieser in Fässer kommt. Heiß verfüllter Syrup nimmt einen brandigen Geschmack und eine dunkle Farbe an.

Bei sonst gleichen Eigenschaften gilt als der beste Sorghumsyrup der von honigartigem Aussehen; diese Eigenschaft soll jedoch nicht auf Kosten von ande-ren wichtigeren erreicht werden: als da sind Wohlgeschmack, Reinheit und Halt-barkeit.

Der Syrup von chinesischem Sorghum hat die Eigenheit, bei kaltem Wetter im Verhältnisse dicker zu erscheinen als der aus Imphee bereitete; wenn jedoch ersterer im Winter auch ziemlich dick erscheinen mag, so fließt er doch bei war-mem Wetter gleich Wasser und versäuert rasch.

Gewinnung von krystallisirtem Zucker.

Gewöhnlich wird für den Zweck der Zuckergewinnung das Imphee gewählt und zwar sind von den vielen (18) Varietäten dieser Pflanze nur drei (Oom-seana, Boom-twana, Neeazaa) hierzu geeignet befunden worden. Der gehörig behandelte Syrup derselben liefert 40 bis 60 Proc. eines dunkeln Rohzuckers in großen, vollkommenen Krystallen. Daß auch aus der anderen Art, dem chine-sischen Sorghum, reichlich Krystalle erhalten werden können, steht außer Zweifel, aber es ist eben so sicher, daß eine größere Geschicklichkeit dazu gehört, als man gewöhnlich bei dem ländlichen Arbeitspersonale antrifft. Unter zufällig gün-stigen Verhältnissen erzielt in einem Jahre irgend ein Glücklicher einen schönen

Erfolg mit der Sorghumzuckerfabrikation, während ein Jahr später ihm das Unternehmen fehlschlägt. Zur Beruhigung für diejenigen, welche dieser wichtigen Aufgabe ihre Kräfte widmen, dient jedoch die feststehende Thatsache, daß von Jahr zu Jahr die befriedigenden Erfolge sich mehren, daß also das Problem einer lohnenden Zuckergewinnung aus Sorghum auf dem besten Wege zur glücklichen Lösung ist.

Um krystallisirten Zucker zu erhalten, muß zunächst die Pflanze selber in jeder Hinsicht untadelhaft, auf geeignetem Boden gewachsen, aus gutem Samen gezogen, gut eingebracht und aufbewahrt sein. Kein geknickter, gequetschter oder unvollkommener Stengel darf sich unter dem zur Zuckergewinnung bestimmten Vorrathe befinden, denn solche geben Anlaß zur Säuerung des Saftes und vernichten alle Aussicht auf Erfolg. Das Pressen der Stengel hat unmittelbar nach dem Schneiden wo möglich noch am selben Tage zu geschehen, unter keiner Bedingung aber später als am dritten Tage darnach, denn sobald nur der Stengel geschnitten ist, beginnt in dem darin enthaltenen Safte ein chemischer Proceß, nämlich die Umwandlung des krystallisirbaren Zuckers in unkrystallisirbaren. Sogar in dem Falle, als man das Sorghum auf dem Felde nach der Reife noch stehen läßt, beginnt eine, wenn auch viel langsamere, chemische Umänderung in diesem Sinne.

In gleicher Weise wie das Pressen ohne Verzug zu geschehen hat, muß auch der gewonnene Saft sogleich zum Sieden gebracht werden. Die Verdampfung wird so weit fortgesetzt, bis die Siedetemperatur nahe an 88° R. ist und 1 Gallone des Syrups 11 bis 12 Pfund wiegt. Im Kühler wird der Zuckersyrup — die Zuckermasse — genau auf $25\frac{2}{3}$° R., ja nicht weiter, heruntergekühlt, und kommt sofort als 3 Zoll hohe Schicht in große flache Gefäße, welche in dem gleichfalls $25\frac{2}{3}$° R. warmen Krystallisirraume aufgestellt werden. Gewöhnlich setzen sich binnen 24 Stunden Krystalle an; nimmt die Krystallisation einen langsamen Fortgang, so werden einige feste Zuckerkrystalle in den Syrup gebracht, welche sofort als Ausgangspunkte für den Ansatz neuer dienen.

Die Trennung des Syrups von den Krystallen geschieht auf verschiedene Weise: Anfänglich wurde die Zuckermasse nur in offenen Säcken aufgehängt und die Melasse abtropfen gelassen. Statt der Säcke dienen auch V förmige Holzgefäße, die unten mit Löchern versehen sind. Eine andere Methode ist die, zur Krystallisation Fässer anzuwenden, deren Böden Löcher haben, welche vorläufig mit Stöpseln geschlossen sind; diese Gefäße werden in dem $25\frac{2}{3}$° R. warmen Krystallisirraume aufgestellt. Nachdem die Zuckerkrystalle sich zu Boden gesetzt haben, wird zuerst der überstehende Syrup abgezapft, sofort die Pfröpfe ausgezogen, um das Abtropfen des Restes zu gestatten, und schließlich wird der Zucker getrocknet. Als vortheilhafter als die beschriebene Manipulation wird das Abpressen der Krystallmasse in Säcken bezeichnet. Die Temperatur der zu pressenden Masse muß auf $25\frac{2}{3}$ Grad erhalten werden, und die Operation geschieht in Käse- oder Obstmostpressen; eine Pressung verlangt nicht viel über eine Stunde Zeit.

Aus Vorstehendem lassen sich folgende Verhaltungsregeln bei der Zuckerfabrikation aus Sorghum ableiten:

1) Benutze guten, reinen Samen ohne Rücksicht auf die Kosten oder Mühe, welche dessen Bezug verursacht.

2) Baue zur rechten Zeit an; (dies ist im mittleren Theil des Mississippi- flußgebiets ungefähr Mitte April.) Wähle nicht sehr reichen Thon- oder Sandboden. Meide die Nähe der kleinen Sorghumart (Besen- kraut). Bringe den Samen nicht über 1 Zoll tief unter, so daß er eben von der Erde bedeckt ist, denn Sorghumsamen braucht Licht und Luft.

3) Cultivire die Saat gut mit Hacke und Pflug.

4) Streife die Blätter frühestens eine Woche vor der Ernte ab, und gipfle die Pflanze erst, wenn sie reif zum Schnitte ist.

5) Schneide das Sorghum, sobald es vollkommen reif ist, jedenfalls ge- schehe dies vor Eintritt eines starken Frostes.

6) Bediene Dich einer guten und starken Presse und sorge zum Voraus für die erforderlichen Geräthe.

7) Starke Erhitzung und Ausbreitung des Saftes zu einer dünnen Schicht sind die besten Reinigungsmittel.

8) Koche den Saft dick ein, wofern es darauf ankommt, ihn den Sommer über zu erhalten.

9) Vollkommene Reinlichkeit bei der ganzen Manipulation ist uner- läßlich.

Folgendes Beispiel einer Ertragsberechnung pr. Acre, wobei der Land- wirth die Hälfte des Syrups dem „Fabrikanten" als Entlöhnung für die Ver- arbeitung des Sorghum überläßt, möge hier eine Stelle finden.

Landwirthschaftliche Ausgaben.

Grundrente	Doll. 2. —
Herbstliche Tiefackerung	„ 1. 25
Frühjahrs- „	„ 1. —
Eggen, Markiren und Säen	„ 1. 50
Cultivirung mit Pflug und Hacke	„ 2. 50
Abstreifen, Gipfeln und Schneiden	„ 3. 50
Einführen, 12 Fuhren	„ 4. —

Zusammen Doll. 15. 75

Einnahmen.

Die Syrupausbeute geht von 60 bis über 300 Gallonen pr. Acre, der Preis der Gallone Syrup ist zwischen 40 und 75 Cents.

175 Gallonen Syrup à 40 Cts., als ein Mittel angenommen . . . . Doll. 70

30 Pfund Bushel Samen, dem Mais gleich im Werth, à 20 Cts. . . . . „ 6

Futterwerth der Rückstände . . . . „ 2

Totaleinnahme pr. Acre Doll. 78.

Fällt nun dem Eigenthümer der Zuckergewinnungsanstalt für die Herstellung des Syrups die Hälfte der Ausbeute zu, so bleibt für den Landwirth ein Werth

an Syrup von . . . . Doll. 35. —

an Samen und Futter von . . . . „ 8. —

Doll. 43. —

Hiervon ab für landwirthschaftliche Ausgaben „ 15. 75

Bleiben dem Landwirth Doll. 27. 25

als Ertrag pr. Acre.

Herr Cook aus Mansfield im Staat Ohio nimmt die Kosten der Cultur und Verarbeitung des Sorghum pr. Acre nur zu 37 Dollars an, giebt jedoch zu, daß sich dieselben auch bis auf 50 Dollars belaufen können; nach Cook's Angabe sind pr. Acre:

1500 Pfund Zucker und 115 Gallonen à 11 Pfund = 1265 Pfund Melasse zu gewinnen. Daraus ergiebt sich folgende Bilanz:

1500 Pfund Zucker à 10 Cts. . . . . Doll. 150

115 Gallonen Melasse à 40 Cts. . . . . . „ 46

Doll. 196

Für Cultur und Fabrikation im Maximum ab . . „ 50

Bleibt als Nutzen Doll. 146.

Diese Ziffern sind jedenfalls sehr hoch gegriffen.

Zur Veranschlagung der Einrichtungskosten dienen folgende Daten:

Presse für 1 Pferdebetrieb . . . . Doll. 65

Cook's Abdampfer (Nr. 2) . . . . „ 45

Eine Kochpfanne . . . . „ 4

Ueberdachung für den Kochapparat . . . . „ 40

Kühler . . . . „ 3

Ofen und verschiedenes Zugehör . . . . . „ 6

Doll. 163.

Der erste Jahresgewinn kann sonach die Anlagekosten sehr wohl decken.

Verwerthung der Abfälle.

Jeder Abfall dieser werthvollen Pflanze findet eine nutzbringende Verwendung. Die wichtigste Ausnutzung dieser Abfälle besteht in deren Verfütterung. Der beim Verdampfen abgenommene Schaum liefert im frischen Zustande ein vortreffliches Schweinemastmittel, und es hat das Fleisch der damit gemästeten Thiere einen besonders angenehmen Geschmack. Schweine, die dieses Futter gewohnt sind, verschmähen selbst den Mais. Eine Fabrik, die mit 2 Pferden arbeitet, liefert so viel abgeschäumte Masse, um damit ein halbes Dutzend Schweine vollständig zu mästen. — Mit Wasser bis zu einer Concentration der Flüssigkeit von 3½° B. vermischt, liefert der Schaum einen guten aromatischen Essig.

Die ausgepreßten Stengel müssen, um ihren Futterwerth zu behalten, so aufgeschichtet werden, daß sie nicht austrocknen, und sie haben in diesem Zustande einen Heuwerth vom Drittel ihres Gewichts. Pferde, Rindvieh, Schafe und Schweine lieben dieses Futter und gedeihen dabei. Man hat ihm, wegen der harten Beschaffenheit der äußersten Schicht, nachtheilige Eigenschaften zugeschrieben, jedoch mit Unrecht, wie verläßliche Gewährsmänner behaupten. In seltenen Fällen (auf der Prairie) dienen die Stengelrückstände als Brennmaterial. Im Süden sind, um das ausgepreßte feuchte Zuckerrohr für diesen Zweck tauglich zu machen, eigene Oefen construirt. Diese bestehen aus zwei großen gemauerten Räumen: der Zersetzungsretorte und dem Raum für Mengung der Gase. Auch zur Papierfabrikation sind diese Stengel an solchen Orten im Gebrauche, wo derlei Etablissements bestehen; die Stengel werden mit Hadern gemischt verarbeitet. Eine patentirte Methode, rothen Färbestoff aus den ausgepreßten Sorghumstengeln darzustellen, ist aus Deutschland in Amerika eingeführt worden. Ausgezeichneter Essig kann durch Vergährung und Säuerung des ⅕ eingekochten Sorghumsaftes hergestellt werden, selbst einen Wein bereitet der Amerikaner aus Sorghumsaft ebensogut, als er viele andere vegetabilische Säfte zu diesem Zwecke benutzt, da das aus Trauben gewonnene Weinquantum nur einen sehr kleinen Bruchtheil des Weinbedarfs deckt. Der Saft liefert, gegohren und destillirt, ungefähr ein gleiches Quantum von 50grädigem Spiritus, als er durch Einkochen Syrup gegeben hätte.

Der Same ist ein Lieblingsfutter des Geflügels, ein gutes Mastfutter, und das davon erhaltene Mehl kann zur Bereitung von Cakes, Kuchen, dem Brote des eingebornen Amerikaners, verwendet werden.

———————

Aus dem Voranstehenden ist ersichtlich, daß die Sorghumindustrie, so großartig auch die schon vorliegenden Ergebnisse nach erst kurzem Bestande sein mögen, sich doch noch in dem Stadium der Kindheit befindet. Man

erfieht jedoch aus vorftehender Schilderung zugleich, wie binnen einer verhältnißmäßig kurzen Spanne Zeit eine ganz neue, in nationalökonomifcher Beziehung hochwichtige Production fich in einem Lande einbürgern kann, deffen
Bewohner dem Geifte des Fortfchritts huldigen. Die Abficht, welche mich bei
der Entwerfung diefer Skizze der amerikanifchen Sorghumzuckerfabrikation geleitet, war: unter Rückfichtnahme auf die ftaatlichen und die örtlichen Verhältniffe
zunächft zu praktifchen Verfuchen anzuregen. Möge diefer Zweck erreicht
werden.

Der Mais,

seine Cultur und Benutzung in Nordamerika. Mehl-, Stärke-,
Weingeist- und Bierfabrikation aus Mais.

Der Amerikaner nennt den Mais „Corn" (Indian Corn). Corn bedeutet in der englischen Sprache Getreide überhaupt, in Amerika wird jedoch dieser
Ausdruck speciell für den Mais gebraucht, denn dieser scheint ganz besonders für
die westliche Hemisphäre geschaffen und ist dem Amerikaner Alles in Allem: das
Brot für den Menschen, die Nahrung für das Arbeitsvieh und das Futter für
das Mastvieh. Wäre der Amerikaner für die beiden letzteren Zwecke, so wie
zum großen Theile der europäische Landwirth es ist, auf Wurzel- oder Knollen-
gewächse angewiesen, die bei dem unregelmäßigen Klima eine unverläßliche Ernte
gewähren und viele Handarbeit erfordern, so könnte ein solcher Aufschwung des
Nationalreichthums, wie Amerika ihn in der Frist weniger Generationen aufweist, nicht gedacht werden.

Zu diesen Vorzügen des Maises kommt noch seine Anbequemung an die
verschiedensten klimatischen Verhältnisse: Mais kommt fort im größten Theile
Nordamerikas von Mexiko bis Canada, soweit als die Mitteltemperatur der
Sommermonate nicht unter 16° R. herabsteigt, die dem Maisbaue günstigste
Zone ist aber die zwischen dem 38sten Grade südlicher und dem 42sten Grade
nördlicher Breite unter Abrechnung eines beschränkten Streifens in der Nähe
des Aequators. Uebrigens wird angenommen, daß die Möglichkeit des Mais-
baues in den Vereinigten Staaten sich auf die bereits besiedelten Theile ihres
Gebietes beschränkt.

Die Ureinwohner Amerikas haben diese „Lebensfrucht" ihrer Gottheit ge-
heiligt und noch heut zu Tage wird der Mais gern von den Dichtern des
Landes besungen.

Der Ertrag der Maisernte belief sich im Gebiete der Union im Jahre 1843 auf 400 Millionen und im Jahre 1862 in den unionstreuen Staaten allein auf nahezu 600 Millionen Bushels, etwa 330 Millionen Centner (Hundreds), während im letztgenannten Jahre nicht volle 190 Millionen Bushels Weizen geerntet worden sind, und es ist durch zehnjährige Erfahrung festgestellt, daß die Werthe der Ernten von Weizen, Baumwolle, Taback und Reis zusammen nicht mehr als zwei Drittel vom Werthe der Maisernte betragen!

Eine Wahrnehmung sehr ernster Art liegt dagegen in der vorzugsweise durch den anhaltend fortgesetzten Maisbau verursachten Bodenerschöpfung, welche in mehreren der Ackerbaustaaten sich, wenn gleich jährlich mehr Land unter den Pflug genommen wird, durch eine Abnahme in den Jahreserträgen kundthut.

Der Ausfuhrwerth des Maises und Maismehls wird für die letzten acht Jahre auf jährlich 8 Millionen Dollars angenommen und der der Umwandelungsproducte des Maises durch Mastung, der Erlös also von ausgeführtem Schweinefleisch, Speck, Schmalz u. s. w. auf ungefähr 11 Millionen Dollars. Die Ausfuhr von Mais und Maismehl besonders nach England und Irland würde eine viel größere sein, wenn die Schmackhaftigkeit, welche die aus frischem Maise bereiteten Speisen auszeichnet, auch den Zubereitungen aus längere Zeit aufbewahrtem Maismehle erhalten bliebe, oder auch, wenn der von Jugend auf an Hafermehl, Weizenbrot und Kartoffeln gewöhnte Gaumen der ärmeren englischen und irischen Volksclasse für den dem Amerikaner so angenehmen Geschmack des Maismehls empfänglich wäre. Allerdings wird das in Nordamerika als Bestandtheil des Mahles, sei es beim Reichen oder Armen, selten fehlende Maisbrot gewöhnlich mit culinarischen Zusätzen, als Milch oder Rahm, Eiern, Syrup, bereitet, welche dem Armen in Europa nicht zu Gebote stehen.

Den Maisbau sah ich auf der Farm meines Freundes, Hrn. Rietmann in Highland in Illinois, in folgender einfacher Weise behandelt, deren Anführung ich hier vorausschicke, um sodann auf einige Einzelnheiten näher einzugehen, die ich theils eigener Anschauung, theils auch dem trefflichen Berichte im Patent office Report 1861 entnehme.

Auf 4 Fuß im Quadrat werden je fünf Samenkörner in den wohlvorbereiteten Boden gelegt, es bleiben aber nur 2 Pflanzen später stehen. Der Anbau auf 3 Fuß Entfernung greift den Boden sehr an. Auf 6 Acres wird 1 Bushel Saatgut gerechnet. Die Bearbeitung der Zwischenräume geschieht anfänglich mit einem kleinen, später mit einem größeren Cylinderpfluge. Das erste Pflügen geschieht von der Pflanze weg, beim zweiten Mal wird wieder zugepflügt, im Ganzen wird viermal gepflügt, beim letzten Pflügen ist der Mais so hoch als das Pferd.

Wahl des Bodens.

Für den Maisbau soll der Boden trocken, reich und gut gelockert sein.

Weder ein strenger Thonboden noch ein schlechter nasser Grund giebt gute Mais=
ernten. Kaum kann ein Ackerland zu reich sein für den Maisbau und je frischer
der verwendete Dünger ist, um so besser wird die Ernte ausfallen. Eine Aus=
nahme von dieser Regel findet statt bei leichtem Sandboden. Gründüngung,
unter Umständen mit einem Beisatz von Stalldünger, gilt ebenfalls als gute
Vorbereitung zum Maisbau.

Fruchtfolgen.

Zu den beliebtesten Fruchtfolgen des westlichen Farmers gehören folgende:

I. 1. Jahr. Mais und Wurzelgewächse gedüngt.
   2. „ Weizen mit Klee zusammengesäet.
   3. „ Klee, ein oder mehrere Jahre.
II. 1. „ Mais und Wurzelgewächse mit allem vorräthigen Dünger.
   2. „ Gerste und Erbsen oder analoge Früchte.
   3. „ Weizen mit Klee gesäet.
   4. „ Klee, ein oder mehrere Jahre.

Maissorten.

Keine Getreideart stellt sich unter so vielen und so vielfachen Formen dar,
wie der Mais. Wer vermag die Stufen alle zu beschreiben, welche diese Pflanze
in Stengel, Blatt und Samen darbietet, von dem unscheinbaren Gewächse an,
das an den Ufern des Ober=Sees wächst bis zur palmenartigen Prachtpflanze
Mexikos, von den dünnen Aehren mit flachen zusammengepreßten Körnern des
ersteren bis zu den prächtig gestreckten schwellenden Aehren des Kentuckymaises
mit tiefgezahntem Samen.

In der Hauptsache unterscheidet man weißen und gelben Mais. Im
Allgemeinen sind die weißen Sorten geeigneter zur Bereitung von Brotmehl,
das Mehl aus gelbem Maise behält in jeder Zubereitungsform seinen rauhen
Geschmack; für den Zweck der Fütterung dagegen giebt man den gelben Sorten
den Vorzug, weil die Kolben weniger hart sind, ein Umstand, der bei der auf
dem Lande allgemein üblichen Verwendungsweise unausgekörnter Maiskolben in
Betracht kommt, und weil gelber Mais einen größeren Oelgehalt besitzen soll.

Als Hauptcriterium eines schönen Maises gilt das weite Abstehen der
Körnerreihen von einander an einer dünnen röthlichen Spindel.

Kaum irgend eine Getreideart artet so leicht aus als der Mais, es giebt
daher unzählige Varietäten von allen Farben mit im Allgemeinen sehr geringer
Constanz. Ein Hauptunterschied, welchen Culturverhältnisse hervorzubringen
vermögen, liegt in der Kolbengröße. Die Anzahl der Körnerreihen am Kolben
wechselt nach der Sorte von 8 bis 32. Je geringer die Anzahl dieser Reihen,
um so steiniger, glasiger ist das Korn, je mehr Reihen sind, desto weniger glasig
ist jenes. Bei der Auswahl der anzupflanzenden Sorte wird auf die geogra=

phische Lage und die Bodenbeschaffenheit Rücksicht genommen; in dem Verhältnisse als man südwärts geht, kann die Kolbengröße der gewählten Sorte zunehmen, in den westlichen Staaten baut man vorherrschend mittelgroße Sorten.
Kleine und mittlere Sorten geben den besten Ertrag.

Zu den im Westen häufig cultivirten Sorten gehören die **Pferdezahn-
mais** mit an der Spitze geglättetem oder eingekerbtem, langgezogenem Samen,
ferner der **Flintmais**, eine weiße, sehr hartkörnige Sorte, der **Cob-** oder
Kieselmais und der **Calicoc-Mais**, beide gleichfalls sehr hartkörnig. Acht-
reihig also für nördlichere Gegenden geeignet sind der braune und der **Dutton-
Mais**, eine südliche Sorte dagegen ist der **Kürbissamen-Mais**. Zur
Gründüngung oder als Grünfutter, in welcher Richtung der Mais seit etlichen
Jahren ebenfalls benutzt wird, nimmt man süßen Mais, der die saftigsten
und zartesten Stengel hat, hierzu gehören der **frühe Roth-Kolben-**, der
große süße und der **Mammuth-Mais**, welche sämmtlich auch zum Kochen
im noch weichen Zustande des Korns in ausgedehntester Weise benutzt werden.
Man hat in Amerika vom frühen Sommer bis zum Spätherbste wenigstens
auf der Tafel der Reichen gekochte Maiskolben, und es wird hierfür durch Auswahl der für jede Jahreszeit geeignetsten Sorte sowie durch Samenlegen in
bestimmten Zeitfristen Sorge getragen.

Geräthe für den Maisbau.

Zunächst ist zu nennen der Maispflanzer, dessen nähere Beschreibung später
folgt, sodann dienen zum Maisbaue mehrere Arten von Pflügen, die Egge, zwei-
und dreischarige Jäter, ferner Anhäufler und andere Geräthe. Alle diese erfreuen
sich großer Aufmerksamkeit Seitens des strebsamen Amerikaners, insbesondere
gilt dies vom großen Maispflug, the large turning plough. Von diesem
verlangt man ein tiefes Pflügen mit vollkommener Wendung des Bodens,
Leichtigkeit des Ganges und die Eigenschaft, sich nicht zu verstopfen.

Für die erste Bearbeitung des Maises bedient man sich gewöhnlich der
Egge oder eines Jäters mit drei kleinen Scharen zum Behuf einer seichten Be-
hackung, nur wenn starke Regen den Boden festgeballt haben, wird er tiefer
bearbeitet. Zu diesem Zwecke dient der sog. Ochsenzungenpflug, so benannt nach
der Form der ihm eigenthümlichen Schar; die „Ochsenzunge" kann aber nach
Bedürfniß mit Scharen (Shovels) von anderer Form ausgewechselt werden.
Für die späteren Bearbeitungen dient der größere und schwerere zweischarige
Pflug, the two-shovelled plough.

Der einfache westliche Farmer freilich hat diese Auswahl von Geräthen
nicht, er bedient sich fast zu allen Arbeiten des Cylinderpflugs, sogenannt weil
das Streichblech ein regelmäßiger Cylinderabschnitt ist, und solcher Pflüge besitzt
er zwei oder mehrere von verschiedener Größe. Gewundene Streichbleche fand
ich seltener im Gebrauche. Daß bei einer solchen Verwendung von Einem

Geräthe für verschiedenartige Zwecke eine Verschwendung von Zeit und Arbeit statt hat, dessen ist sich der Farmer meistentheils wohl bewußt; Mangel an Mitteln einerseits und die große Ausgedehntheit des Landes anderseits lassen jedoch auch dort nicht jeden Fortschritt in gleich kurzer Zeit zum Gemeingute werden.

Samenauswahl.

Bei der gewöhnlich so sehr unregelmäßigen Ernteweise, welche nicht selten den Mais noch am Stengel den Frühfrösten aussetzt, und noch mehr wegen der gewöhnlich sorglosen Aufbewahrung ist es geboten, vor der allgemeinen Ernte die reifsten und schönsten Kolben zum Saatgut zu sammeln, Kolben, deren Körner bis zur Kolbenspitze hinauf möglichst gut entwickelt und bereits hart geworden sind. Diese Kolben werden an den Deckblättern aufgehängt und im Freien oder im Falle eines frühzeitig eintretenden Winters wenn möglich im geheizten Raume, etwa in der Obstdarre, vorsichtig getrocknet. Die unvollkommenen Körner an der Spitze und an der Basis des Kolbens werden dem Saatgute nicht beigemengt.

Die Samenlegung

ruft das ganze Haus des westlichen Farmers hinaus ins Feld, selbst die Frauen, welche in Amerika nach Landessitte von jedweder schweren Arbeit im Garten oder Feld dispensirt sind, schlossen sich bei der hochwichtigen Arbeit des Maislegens — wenigstens in der männerarmen Kriegszeit — nicht aus.

Als Grundsatz für die Entfernung, in welcher die Samen von einander gelegt werden, gilt dieser: je kleiner die Sorte ist und je nördlicher die Lage, desto enger mögen die Pflanzen im Verbande stehen. In den südlichen Staaten werden die größten Varietäten auf 4½ bis 5 Fuß im Geviert gepflanzt und nur 2 Pflanzen beisammen stehen gelassen, in den Weststaaten ist die gewöhnliche Distanz auf höher gelegenem Lande 4 Fuß, in Niederungen 3½ bis 3 Fuß. Dichte Anpflanzung giebt weniger Kolben auf einem Stengel und diese von geringerer Größe.

Als die Zeit des Anbaues gelten im Norden gewöhnlich die ersten drei Wochen des Monats Mai: Spätfröste zerstören manchmal die Keimblätter, ohne die Pflanzen zu tödten. In südlicheren Gegenden fällt der Anbau in die Zeit von Februar bis April.

Die Bedeckung geschieht mit einer leichten Erdschicht, um das rasche Aufgehen der Pflänzchen zu begünstigen. Die überzähligen Pflanzen werden beim zweiten Behacken entfernt, wenn alle Gefahr einer Schädigung durch Witterungseinflüsse vorüber ist. Leichter Grund muß vor dem Pflanzen möglichst eben gelegt und sodann festgewalzt werden. Das Legen des Samenmaises geschieht noch jetzt weitaus vorherrschend mit der Hand, es existiren übrigens Maislegmaschinen von ziemlich befriedigender Leistung in Bezug auf die Gleichheit der Entfernung und der Tiefe, in welche sie den Samen, sei es in Horste oder Reihen legen, sowie auf die Gleichheit der Anzahl der gelegten Körner. Mit einem Pferde oder Maulthier, geführt durch einen Knaben, werden acht bis zehn Acres im Tage fertig gemacht.

Bachelder's Corn-Planter zählt unter die besten derartigen Maschinen. Seine Haupttheile sind: ein Pfluggrindel, lenkbar durch zwei Sterzen, auf diesem der Säeapparat — ein Samentrichter mit Vertheilungswellen — und mit einer Schar, hinter der Schar ein Dreieck zum Wegräumen von Steinen und anderen größeren Gegenständen und schließlich eine Walze.

Bearbeitung der Maispflanze.

Ein sehr tiefes Vorpflügen wird beim Maisbau vermieden, um der ganzen in Angriff genommenen Schicht des Bodens Düngung und Bearbeitung reichlich zukommen lassen zu können. In der Regel werden vier Bearbeitungen gegeben, die erste sobald die Pflanze sich zeigt, die letzte möglichst spät, wenn der Stengel schon mannshoch ist. Es gilt in Amerika längst als Grundgesetz der Agricultur, sich durch die Furcht vor Austrocknung nicht von häufiger Bearbeitung des Bodens abhalten zu lassen. Abgesehen von nassen Lagen und von Zeiten, die sehr regnerisch sind, in welchen ein höheres Behäufeln stattfindet, wird das Land flach bearbeitet. Wenn es in der Blüthezeit zu sehr an Feuchtigkeit gebricht, scheint die Befruchtung unvollkommen statt zu haben, die Kolben fallen kümmerlich aus. In dem Himmelsstrich von Illinois pflegen Maispflanzen, welche nicht sehr hoch, d. h. etwa 12 Fuß werden, ungenügenden Kolbenansatz zu haben.

Maisernte.

Die Maispflanze soll auf dem Felde bis zur vollkommenen Reife belassen werden, wofern nicht ein Frühfrost zu befürchten ist. Im reifen Zustande geschnittene Maispflanzen können dann ohne Schaden für die Qualität der Körner und den Futterwerth der Stengel und Blätter in aus einzelnen Bunden zusammengestellten Haufen wochen- wohl auch monatelang auf dem Felde bleiben. Als die geeignete Zeit zum Abschneiden wird der Moment bezeichnet, wo die Kolbenhülle braun und lose geworden ist und sich an der Spitze öffnet. Allerdings ist einer der Hauptvortheile, den der Maisbau dem auf eigene Kraft angewiesenen Farmer bietet, eben der, daß er bezüglich des Einbringens der Ernte an eine bestimmte Zeit nicht so streng gebunden ist, wie bei anderen Cerealien, im Nothfalle läßt er den Mais wochenlang ungeschnitten oder geschnitten und in Shoks zusammengesetzt auf dem Felde und treibt das Vieh zur Fütterung ebendahin. Dies ist eine sehr einfache Art die Maisernte zu sichern, zu „versorgen", und sie kommt im Westen und Süden der Vereinigten Staaten häufig

Pferde z. B. sah ich bei halber Tagesarbeit zu jeder Heufütterung 4 Stück geben, einem Schweine als Beigabe zur Waldweide 2 Stück rc. (Gefangene Soldaten der Unions-Armee wurden im Jahre 1863 in mehreren Gegenden des Südens mit 2 Stück rohen Maiskolben pr. Mann als ganzer Tageskost abgespeist, wobei viele dem Hungertode zum Opfer fielen.)

In Betreff des Nutzviehes gilt als Regel, besonders bei heißer Witterung, mit der Maisfütterung mäßig und vorsichtig vorzugehen.

Von dem Korne abgesehen finden die anderen Bestandtheile der Maispflanze in der Hauptsache nur land- und hauswirthschaftliche Ausnutzung; daß aber der Amerikaner aus diesem seinen Lieblingsgewächse Alles was möglich zu machen versucht, habe ich an Spielereien, Tabackspfeifen u. s. w., gesehen, die ausschließlich aus den Theilen der Maispflanze angefertigt waren. Von der Erfindung des Directors der k. k. Staatsdruckerei in Wien, Hrn. Ritters von Auer, die Faser des Maisdeckblattes zu Geweben·und zu Papier zu verarbeiten, welche durch Vereinigte-Staaten-Patente geschützt ist, ist anzunehmen, daß sie, wenn europäische Zuzüge die größten Lücken im Stande der Arbeitenden, welche der Bruderkampf geschlagen, ausgefüllt haben werden, in Amerika in großartiger Weise zur Geltung kommen wird.

Mühlen, Stärkefabriken, Spiritusfabriken, Bierbrauereien dienen zur industriellen Verwerthung des Maises, zu seiner Umwandelung in leicht transportable, werthvolle Objecte für den Handel. Daß Dampfmühle und Spiritusfabrik selbst auf den amerikanischen Vorwerken der Cultur, insoweit als diese im Bereiche der Eisenbahn liegen, sehr häufig auftauchen, habe ich ebenfalls schon im Früheren mitgetheilt. Der Amerikaner fängt ganz gewöhnlich da an, wo der Europäer die Spitze erreicht zu haben glaubt: im eben eroberten Culturlande geht schon die Grasmähemaschine; die kaum vor einem Jahrzehnte angelegte Stadt besitzt Dampfwerke verschiedener Art: die Brettsäge, die Fabrik landwirthschaftlicher Geräthe, die Dampfholzdreherei, die Maschinenfabrik und Gießerei — abgesehen von der Dampfmühle, Dampfbrauerei, Spiritus- und Stärkefabrik. Gegenstände, welche der Zimmermann, Tischler, Wagner und Schmied in Europa seit Jahrhunderten zunftgemäß aus der Hand anfertigt, werden in Amerika vom Anbeginn fabrikmäßig hergestellt.

Schrot- und Mehlbereitung aus Mais und amerikanisches Mühlwesen überhaupt.

Mais und Weizen sind weitaus die hauptsächlichsten Mahlfrüchte und werden in großen Fabrikmühlen verarbeitet; für den Bedarf des Farmhaushaltes, zum Schroten des Maises in den Städten, wo man sich nicht, wie auf der Farm, der Maiskolben als solcher zur Fütterung bedient, existiren Lohnmühlen mit Wasser- oder Dampfbetrieb. In Illinois wird für das Mahlen des Weizens ein Sechstel als Müllermaß gewährt, für Bereitung von Maismehl geht diese Mahlgebühr bis auf ein Drittel, das Schroten des Maises kostet in den Städten pr. Ctr. 14 bis 20 Cents.

Diese Maismühlen haben gewöhnlich Steine von geringem Durchmesser, leisten aber Bedeutendes, da sie mit hoher Dampfspannung und großer Umfangsgeschwindigkeit arbeiten. Wenigstens 10 Ctr. Maisschrot werden mit einem durch eine 25pferdige Maschine bewegten Steine in einer Stunde fertig gemacht. Häufig traf ich die Einrichtung an, daß der Bodenstein umläuft, während der obere Stein in einem eisernen Rahmen feststeht, beziehungsweise balancirt.

In New-York kostet eine Maismühle, ein Gang,

mit 36zölligem Steine 320 Dollars,
„ 28 „ „ 130 „
„ 18 „ „ 100 „

Großes Anrühmen wurde in letzter Zeit wieder von excentrischen Mühlen gemacht (bei uns als „Bogardus-Mühlen" bekannt), die eiserne Scheiben statt der Steine haben.

Das Mühlwesen wird mit der Einfachheit, ich möchte sagen, Nonchalance betrieben, welche das ganze amerikanische Thun und Treiben charakterisirt. Ueber die amerikanische Mehlfabrikation ist schon mehr als über irgend einen andern Industriezweig dieses Welttheils geschrieben worden, und seit Jahrzehnten wurden die Fortschritte der dortigen Mühlbaukunst und Müllerei eifrigst auf unseren Continent verpflanzt. Die Amerikaner vindiciren sich vorzugsweise eine gründliche Ausnutzung des Kerns, also eine hohe Mehlausbeute; die Herstellung eines durch seine Unveränderlichkeit zur Aufbewahrung und Verschiffung geeigneten Products, und dies ohne die mit Mißständen verbundene künstliche Trocknung; überhaupt eine höchstmögliche Leistung der Mahleinrichtung bei Raumersparniß und Solidität der Construction. Im Mühlwesen Neues aufzusuchen, fehlte mir die Zeit, doch kann ich nicht umhin, einige allgemeine Eindrücke wiederzugeben.

Der Lohnmühlen habe ich oben gedacht; die Fabrikmühlen zeichnen sich nicht sowohl durch den Besitz einer großen Anzahl von Mahlgängen aus, als durch den großen Durchmesser der Steine und die hohe Dampfspannung, mit welcher sie arbeiten; die Ersparniß menschlicher Arbeit ist in hohem Grade erreicht. Der Durchmesser der Steine beträgt gewöhnlich 4 oder 4½ Fuß, selten noch mehr. Eine Mühle mit vier Steinen von 4½ Fuß Durchmesser verarbeitet, durch eine 90pferdige Dampfmaschine getrieben, pr. Gang und Stunde etwa 10 Metzen Weizen zu Mehl. Französische Steine sind auch in Amerika noch nicht ersetzt, geschweige denn übertroffen.

Das heiß unter den Steinen hervorkommende Mehl wird mittelst der Transportschnecke abgekühlt, die, wie es scheint, den „Hopper-boy" verdrängt hat. Bei letzterem gelangt das Mehl in einen Raum, wo durch ein System sich drehender Arme die Abkühlung erzielt wird. Cylindersiebe dienen zur Sortirung des Mehls, man trifft gewöhnlich nur zwei Sorten Mehl und den

„Ship-stuff" — ein Hauptmaterial für Viehmast und Weingeistfabrikation. Das fertige und gekühlte Mehl fällt in das Packfaß „Barrel" und wird durch sinnreiche Vorrichtungen — die Stampfe oder die Schraube — eingepreßt, hierauf das Gewicht auf der Wage richtig gestellt und der Deckel aufgenagelt.

Was die in der Dampfmühle und in industriellen Werken jeder Art benutzten Dampfgeneratoren und Motoren anbelangt, so ist der Röhrenkessel (Locomobilkessel) viel verbreiteter als in Europa, die am häufigsten vorkommende Form ist aber ein mit zwei Feuerröhren versehener Dampfkessel, der sehr häufig frei, nicht ummauert, in einem Bretterschuppen liegt. Nicht selten ist der Schornstein von Eisenblech; unter den gemauerten sind Schornsteine mit quadratischem Querschnitte häufig. Die heißen Gase gehen vom Verbrennungsraume ab den Kessel entlang rückwärts, sodann abfallend und die zwei Feuerröhren umspülend nach vorn, gerade über der Feuerung münden die Züge in den Schornstein. Die Anordnung kann somit vom theoretischen Standpunkte nicht als vollkommen bezeichnet werden.

Unter den Dampfmaschinen sind liegende der Leichtigkeit der Aufstellung und ihrer Einfachheit halber sehr beliebt. Wegen der Billigkeit des Brennmaterials und in gerechter Scheu vor hohen Anlagekosten bei Unternehmung eines Fabrikgeschäfts wählt der Amerikaner am öftesten Maschinen von einfachster Construction. Das Aussehen ist entsprechend anspruchslos, die ganze Maschine, die arbeitenden Theile natürlich ausgenommen, ist mit Farbe angestrichen. Obendrein ist für die Bedienung der Dampfmaschine nur bei sehr großen Werken ein eigenes Personal vorhanden, die Führung und Ueberwachung der Maschine geschieht gewöhnlich nebenher, in Brauereien z. B. häufig durch den Vormann (Brauführer). In einzelnen Staaten sollen wohl einige Maßregeln getroffen sein in Beziehung auf die Prüfung der Maschinisten, Erprobung der Kessel u. s. w., meinerseits wurde ich aber hiervon nichts gewahr, dagegen sah ich so oft mitten in den Städten weggeblasene Dampfkessel oder deren Trümmer liegen, in Folge von Explosionen zersprungene oder zusammengestürzte Gebäudemauern, und hörte so häufig von in nächster Nähe geschehenen Unglücksfällen, verschuldet durch frevelhafte Mißachtung jeder Vorsicht, sei es Seitens der Besitzer, sei es Seitens der Kesselheizer, der sogenannten Engeneers (!), daß Europäern der Bericht als Erfindung oder Uebertreibung erscheinen müßte. In einer Stadt in Indiana z. B. hatte ein seit Jahren im Dienste stehender Heizer dem Dienstgeber seinen Austritt angezeigt, weil der letztere die unerläßliche Reparatur des Dampfkessels nicht vornehmen ließ. Das Mühlgeschäft ging eben lebhaft, der Herr wollte nicht stillstehen. Am Samstage verließ der alte Heizer das Haus und schon am Montage flog der Kessel in die Luft und einige Menschenleben waren geopfert. Die Bestrafung solcher Frevel ist dann eine sehr fragliche Sache, sind doch die Besitzer meist „reiche" Leute, die sich gute Advocaten nehmen können, und die Zeugen sind nicht selten todt.

Eine der vielen in der Dampfbenutzung eingeführten Verbesserungen, die als epochemachend bezeichnet werden muß, ist Griffid's Selfacting Water Injector zur Dampfkesselspeisung (Fabrik von William Sellers u. Comp., Philadelphia), ein Apparat, der die Speisepumpen ganz überflüssig macht, von der Dampfmaschine ganz unabhängig, nur mit dem Dampfkessel in Verbindung steht und sonach Vortheil und Ersparniß in jeder Richtung darbietet. Seine Kosten sind von 35 bis 395 Dollars; die kleinste Art ist für eine Dampfspannung von 10 Pfund auf den Quadratzoll berechnet und liefert in der Stunde 5 Cubikfuß Wasser in den Dampfkessel, der größte Injector ist für einen Dampfdruck von 150 Pfund pro Quadratzoll zu benutzen und führt dem Kessel stündlich 1564 Cubikfuß Wasser zu. Die höchste Temperatur des Speisewassers ist bei 10 Pfund Druck $51\frac{1}{2}^0$ R., bei 100 Pfund Druck $34\frac{2}{3}^0$ R.*)

Die hohe Dampfspannung, mit welcher gearbeitet zu werden pflegt, ermöglicht mancherlei Benutzungsweisen, so z. B. die Wegschaffung der in den Kellern sich sammelnden Waschwässer u. s. w. Das Rohr, welches dieses Wasser heben soll, ist in der Nähe der oberen Ausmündung mit einem Dampfleitungsrohr in Verbindung, das erstere wird mittelst eines Schlauches, wie er in allen amerikanischen Brauereien die Beschaffung des Wassers in alle Theile des Sudhauses vermittelt, zunächst mit Wasser gefüllt, dann tritt der Dampfstrahl (mit etwa 80 Pfund Druck pr. Quadratzoll) hinein und bläst aus, bis alle Flüssigkeit im Keller weggeschafft ist. Selbstverständlich ist bei Anlage einer solchen einfachen Entleerungsvorrichtung die erfahrungsgemäße Saughöhe nicht zu überschreiten.

Zubereitungen von Maisgries und Maismehl

sind tägliche Nahrungsmittel des Amerikaners. Maisgries mit Wasser gekocht liefert „Samp", Maismehl ebenso behandelt einen „Schnell-Pudding". Unter Zusatz von Milch, Eiern und anderen Ingredienzien entstehen aus Maismehl mannigfache Speiseartikel.

Aus einem Gemenge von Maismehl mit Weizen- oder Roggenmehl bereitet man Cakes, Crakers, insbesondere Maisbrot. Einige Vorschriften zur Bereitung des letzteren dürften vielleicht hier Platz finden. Für jede der drei Tagesmahlzeiten des Amerikaners, des Farmers zumal, pflegt Maisbrot in einladenden Schnitten frisch und warm auf den Tisch zu kommen. Vielleicht gefällt es da oder dort einer Hausfrau in unseren maisreichen Ostländern, zunächst versuchsweise eine Maisspeise zu bereiten, welche im amerikanischen Haushalte eine so große Rolle spielt.

Nimm ein Quart, d. h. etwas weniger als ein Wiener Seidel, saure Milch, zwei Eßlöffel voll „Saleratus", d. i. ein durch Entwickelung von Kohlensäure den Teig lockerndes Pulver, das durch ein Gemenge von doppeltkohlen-

*) In Wien procurirt Herr Carl Specker diesen Injector.

saurem Natron und kohlensaurem Ammoniak, die beide in der Bäckerei auch in
Europa Verwendung finden, zu ersetzen sein dürfte, acht Loth Butter, drei Eier,
drei Eßlöffel voll Weizenmehl und so viel Maismehl, daß ein steifer Teig entsteht.

Das „Astorhausmaisbrot" wird bereitet mit einem Quart Buttermilch, zwei
Eiern, $1/8$ Loth Saleratus, vier Loth Butter; hierzu kommt Maismehl bis zur
Consistenz eines dicken Teigs, und dieser wird in viereckige Blechkapseln etwa
einen Zoll dick eingebracht und eine halbe Stunde im heißen Ofen gebacken. —
Eine andere Vorschrift ist folgende: ein Quart Buttermilch oder saure Milch,
zwei Quart Süßmilch, ein Glas Syrup, ein Eßlöffel voll Saleratus, etwas
Salz, eine Pinte — nicht ganz $1/2$ Seidel — Roggen- oder Weizenmehl; rühre
Maismehl ein bis zur Consistenz eines steifen Teiges. Die beste Art Maisbrot zu backen soll die sein, das Backblech, auf welchem der Brotteig ist, in
einen mit siedendem Wasser zu zwei Dritteln gefüllten Topf einzubringen und
den Teig so mit einer großen Pfanne bedeckt drei Stunden lang in dem Dampf-
bade zu lassen, sodann in mäßiger Ofenhitze auszubacken.

Durch den immensen Bedarf der Armee sind die großartigsten Bäckereien
der Welt in den Vereinigten Staaten entstanden, welche Cakes, Crakers —
Zwieback in der Größe eines großen Silberthalers — liefern. Eine derartige
Bäckerei, freilich von verhältnißmäßig kleinem Betrieb, welche ich sah, hat zwei
Oefen in einem Mauerwerk mit in der Mitte aufgeführtem Schornsteine; die
Feuerstellen sind separirt vom Backraume, doch kann man auch die Flamme in
den Ofen schlagen lassen. Das Mehl wird mit wenig Wasser in einem Trog
vorgemischt, der mit der Knetmaschine durch eine Schneckenzuleitung in Verbin-
dung steht. Die Knetvorrichtung stellt einen 6 Fuß langen eisernen Cylinder
von $1 1/2$ Fuß Durchmesser dar, in welchem eine Messerschraube liegt. Der
Teig geht, nachdem er die Knetmaschine verlassen, zunächst durch ein 15zölliges
Walzenpaar, dann mehrmals durch ein 9zölliges, schließlich durch ein 7zölliges,
von welchem aus er auf ein endloses Tuch fällt, das ihn unter die Presse führt,
die jede zweite Minute eine Pressung macht. Ein Barrel Mehl giebt 180 Pfund
Soldatenzwieback. Es giebt Brotfabriken in New-York und Brooklyn, welche
in 24 Stunden 350 Barrels Mehl zu Brot verarbeiten.

Die Maisstärkefabrikation

wird in einer beschränkten Anzahl von Etablissements, aber in diesen zum Theil
im ausgedehntesten Maßstabe betrieben. Die neuere Zeit hat in diesem Fache
große Fortschritte gebracht, und zwar soll in einer der bedeutendsten Fabriken der
Impuls dazu von einem deutschen Arbeiter ausgegangen sein, welcher zum
Lohne für die von ihm aufgefundene Verbesserung in der Stärkefabrikation und
ganz besonders zur Versicherung des Besitzers gegen Weitertragung des Geheimnisses zum Geschäftstheilhaber aufgenommen wurde und so ein reicher Mann
geworden ist. Noch bis vor Kurzem benutzten mehrere Fabriken Salpetersäure

oder andere Aetzmittel zur Bloßlegung des Stärkemehls im Maiskorne, diese Aetzmittel ließen sich aber aus dem Fabrikate nur mit Schwierigkeit vollständig wieder entfernen, und die Wirkung derselben war noch in der Wäsche — durch Mürbe= oder Durchlöchertwerden derselben — ersichtlich. Sehr zu beachten ist in dieser Beziehung ferner, daß die Abfälle der Maisstärkefabrikation an und für sich ein sehr werthvolles Fütterungsmaterial darstellen und massenhaft zur Schweinemast benutzt werden, eine Verwerthung, die durch jene fremdartigen Zugaben bei der Manipulation unmöglich wurde, so daß also die Einführung des jetzigen verbesserten Verfahrens in technischer und landwirthschaftlicher Beziehung gleich willkommen war.

Mit Rücksicht auf die naheliegende Wichtigkeit dieses Industriezweiges für Ungarn erlaube ich mir in Folgendem die Einrichtung und den Betrieb einer großen Fabrik zu skizziren, die mir von ihrem Erbauer selbst gezeigt wurde.

Im Allgemeinen wird der Zutritt in Fabriken in Nordamerika dem Fremden leichter gestattet als in England oder Frankreich, aber gerade Stärkefabriken sind schwieriger zugänglich, eben weil in jüngster Zeit erst große Neuerungen in der Fabrikation eingeführt worden sind.

In der von mir besichtigten Fabrik werden täglich mehrere hundert Bushels Mais verarbeitet; ein Bushel entkörnter Mais wiegt circa 55 Pfund und daraus erhält man (nur) 25 bis 28 Pfund Stärke. Der Mais wird in Kolben angekauft und passirt daher zunächst die durch Dampf betriebene Entkörnungsmaschine, die Körner gelangen sofort in Weichbütten, worin sie mit kaltem und später mit erwärmtem Wasser in Berührung stehen. Schnecken (Transporteurs) bringen das erweichte Korn auf die Mühle, die aus zwei übereinandergestellten Gängen besteht, diese sind mit französischen Steinen und jeder Bodenstein ist mit einer Rinne versehen, der obere Gang ist weiter gestellt, der untere enger. Der durch die Quetscharbeit der Steine erhaltene Brei geht durch in einem Kasten befindliche Rüttelsiebe, deren oberstes ein feines Drahtsieb, das unterste aber ein außerordentlich feines starkes Florsieb ist. Von hier weiter fließt die Stärkebrühe in die Absatzrinnen, die auf 75 Fuß Länge 5 Zoll Fall haben, die Flüssigkeit zieht durch ein senkrechtes Loch am Ende der Rinne ab — eine Einrichtung, die mir von Wichtigkeit zu sein scheint. Der Stärkeabsatz auf den Rinnen wird sehr dick und fest, vermittelst Schaufeln weggenommen muß er auf einem mit stumpfen Zähnen versehenen Cylinder unter Wasserzuleitung zerrissen werden, die Stärkebrühe fließt jetzt durch von Knaben gehandhabte feine Siebe in die hölzernen Absatzkästen, die auf jeder Seite mit drei eisernen Schrauben zusammengehalten sind und von unten herauf bis zur Höhe von 1 Fuß drei mit Holzzapfen verschlossene Ablaßlöcher haben. Von den Absatzkästen weg wird die Stärke in kleinen, tragbaren, durchlöcherten Abtropfkästen auf Leinwand gelegt; wenn hier nichts mehr abtropft, schneidet man sie in Stücke und läßt nun diese ihre weitere Feuchtigkeit an Ziegelsteine abgeben, welche auf Ge=

stellen aufgelegt sind. Nach dieser Vortrocknung kommen die in Papier gewickel-
ten Stärkekuchen zur schließlichen Trocknung auf das drehbare Gestell des
63 bis 64° R. heißen Trockenofens. Solcher Oefen steht eine große Zahl
neben einander, als Heizraum hat jeder ein kleines Gewölbe gleich unseren Luft-
barren; das Heizrohr geht an den Seiten des Darrraumes herum und mündet
in einen kleinen Schornstein.

Bei der Anlage einer Maisstärkefabrik kommt, nach der Hauptfrage, betreffend die Quantität, Qualität und den Preis des Maises, welcher zur Disposition
steht im Vergleiche mit dem Marktwerthe des Fabrikates, die in Betracht, ob
das große Quantum des für diesen Industriezweig benöthigten Wassers sich an
Ort und Stelle vorfindet. Ein Pfund Maisstärke kostete im Sommer 1863
im Westen beim Kleinverkaufe 5 Cents, also 10 Neukreuzer, zu gleicher Zeit
war der Preis des Centners Mais in selber Gegend etwa 1¼ fl. Gewöhnlich
werden drei Sorten Stärke gemacht, eine feine, eine gewöhnliche und eine für
Puddings. Von einer Fabrik in Oswago, Staat New-York, wird ein in England unter dem Namen Maisspeise, Corn-food, gangbarer Artikel geliefert,
welcher von Vielen dem Arrow-root und Sago vorgezogen wird.

Weingeistfabrikation aus Mais.

Keiner der von mir in Amerika studirten Industriezweige bietet nach technischer und merkantiler Auffassung so sehr in die Augen fallende Unterschiede
im Vergleiche mit demselben Betriebe in Deutschland oder in den Staaten der
österreichischen Monarchie dar, als die Maisbrennerei, und keiner charakterisirt
so sehr die „geldmachende" und nichts als dieses beachtende Richtung des Amerikaners. Da ist nicht die Rede von der Brennerei als einem landwirthschaftlichen Nebengewerbe, das zu Gunsten eines soliden der Gegenwart und Zukunft
Rechnung tragenden Wirthschaftbetriebs entweder einen ausgedehnten Hackfrucht-
(Kartoffel-) bau ermöglichen oder Futter und also Dünger schaffen, gewöhnlich
aber in beiderlei Richtung zugleich sich bewähren soll; da findet der Reisende
nicht den Aufwand an stattlichen Gebäuden, an kostbaren Apparaten, wie ihn
deutsche, österreichische und französische Etablissements aufweisen und so fort.
Nein, diese Industrie ist ebenso oder noch viel mehr eine reine Speculations-
sache des Augenblicks, ebenso unsolid (im wörtlichen Sinne), ephemer, als irgend
welche andere Gewerbsunternehmung in der Neuen Welt. Von heute auf
morgen wächst die hölzerne Baracke aus dem Boden, welche zunächst die Maisentkörnungsmaschine, Schrotmühle, die Maischbütte und den Destillirapparat
überdacht, während die Gährbottiche in Fabriken von sehr großartiger Anlage
sogar im Freien stehen! Und so schnell wie die Anlage entstanden ist, wird sie
auch wieder verlassen, wenn die Geschäftsconjunctur umschlägt oder der Besitzer
seinem Capital eine vortheilhaftere Verwendung anzuweisen weiß: statt der
Romantik europäischer Länder, in denen höhenkrönende Burgruinen als Land-

schaftschmuck und als Mahnungen an eine ehrwürdige Vergangenheit dem Reisenden warmes Interesse einflößen, starrt ihn in der Neuen Welt der Materialismus
an in Gestalt von verlassenen und zerfallenen Brennereien, Gerbereien, Dampf-
mühlen und von anderen Fabrikruinen, und auf diese stößt er nicht allein in
der einsamen und monotonen Waldlandschaft, sondern sogar mitten in der
Großstadt selbst, da sich ja bei der verhältnißmäßigen Billigkeit des Baumate-
rials der Abbruch des Gebäudes häufig nicht verlohnt.

In Ciucinnati sah ich eine „Distillery", die in 24 Stunden 1200 Centner Mais zu verarbeiten vermag. Beim Halbbetrieb standen (Juni 1863)
1300 Schweine in der Mast; diese erhalten sonst gar nichts als Schlempe und
werden nach ihrer Mastfähigkeit sorgfältig sortirt. Um die verhältnißmäßig
guten Stallungen könnten Pferde und Rindvieh westlicher Farmen diese Schweine
beneiden. Gleich einem Strome ergießt sich die dünne Schlempe in die Abtheilungen des Stalles und mit Grunzen und Kampf drängen die Schweine sich
um die Bassins.

Das Maschinenwerk der Fabrik beginnt mit dem Dampfkessel, der Dampfmaschine, der Entkörnungsmaschine und der Schrotmühle, über deren Einrichtung ich Näheres bei anderen Anlässen gesagt habe. Die nun folgende eigentliche Brennereivorrichtung, die Maischbütte, ist mit einer sehr einfachen Maisch-
vorrichtung versehen, einer solchen, welche in amerikanischen Brennereien allgemein
und in Brauereien ebenfalls — wenn auch mit verschiedenen Modificationen —
am gewöhnlichsten üblich ist. Die senkrechte Hauptwelle trägt in der Diagonale
der Maischbütte zwei hölzerne Arme, in welche die eisernen, oder noch gewöhnlicher hölzernen Zähne oder Sprossen nach unten freistehend als eigentliche Rühr-
vorrichtung eingelassen sind. Keine amerikanische Maisbrennerei in den von
mir bereisten Länderstrecken ist mit einem Kühlschiffe versehen. Die Maische
wird in der Maischbütte selbst so weit als möglich abgekühlt und zwar durch
heftiges Umrühren vermittelst der Maischmaschine und durch mittelst eines Wind-
flügels senkrecht darauf oder quer darüber geblasene Luft, oder auch durch Luft,
welche in die Maische selber gepreßt wird, wozu die später anzuführende Maischmaschine mit hohler Axe und hohlen Armen sich besonders eignet. Die
weitere für einen zweckentsprechenden Gährverlauf gebotene Temperaturerniedri-
gung erzielt man gewöhnlich durch Verdünnung der Maische mit kaltem Wasser,
doch kommt es auch vor, daß die Einrichtung zur indirecten Benutzung des
Wassers hierzu vorhanden ist. In diesem Falle besitzt die Maischbütte eine
innere Parallelwand aus Kupferblech, in welcher das kalte Wasser circulirt,
oder eine andere derartige Einrichtung. Ueberhaupt existiren Maischkühlvorrich-
tungen der verschiedensten Art. Ein doppelter Grund schließt die Anwendung
der Kühlschiffe aus, ein klimatischer und ein merkantiler: die große Sommerhitze
nämlich und der Umstand, daß häufig gerade in den heißesten Monaten die
Spiritusfabrikation am schwungvollsten betrieben werden muß, weil die Con-

9*

junctur dann die günstigste für den Verkauf ist. Die heiße Sommerwitterung anlangend, so versicherte mir ein erfahrener und sehr intelligenter Brennereibesitzer im Staate Illinois, daß er in den Sommermonaten, wofern nur beständige Witterung sei, leichter und besser arbeite, als mitten im Winter bei Südwinden; mit anderen Worten, daß manche atmosphärische Einflüsse, als die Windesrichtung, Niederschläge, Luftelektricität, weit mehr auf die Ausbeute einwirken, als bloße Temperaturunterschiede. Die Monate Juli, August, September sind in jener Gegend (nahe St. Louis) die schlechtesten, der September ist heißer als der Juni, gerade in diesen Monaten hat aber häufig die Waare die höchsten Preise, und deshalb kann selbst bei mittelmäßiger Ausbeute die Spiritusfabrikation dann ein vortreffliches Geschäft werden. Die Preise sind so schwankend, daß in solchen Fällen in wenigen Wochen mehr Nutzen erzielt wird als sonst in Monaten. Gerade dieser Umstand ist bestimmend für die Frage, ob Viehmast mit dem Geschäft zu verbinden ist oder nicht. Durch einen großen Mastviehstand oder durch mit Mastungsunternehmern eingegangene Contracte gebunden, kann der Brennereibesitzer in der Epoche des Sinkens der Spirituspreise den Betrieb nicht sogleich einstellen, er muß also mit Verlust fortarbeiten, ein Mißstand, welcher den schnellen Ruin manches Geschäftes verursacht hat. So sah ich denn im Westen, abseits von großen Verkehrsplätzen, Schlempe in Strömen nach irgend einer Bergschlucht oder einem Waldwasser (Creek) sich ergießen, unbenutzt und überlästig für die Anwohnenden, so wie in großartigen chemischen Fabriken Englands die so nützliche Verwendungsweisen darbietende Salzsäure, weil sie als Nebenproduct zu massenhaft erhalten wird, durch hohe Schornsteine in die Luft zieht, oder verdichtet durch Wasser führende Canäle abgeleitet wird. In den großen Städten freilich kommt ein solcher ökonomischer Vandalismus nicht vor: in St. Louis wird von der Schlempe in manchen Zeiten so viel erlöst, daß die Auslage für den Ankauf des Maises beinahe gedeckt ist. An solchen Hauptplätzen hat man einen geregelten Maispreis, Eisenbahn und Flußschifffahrt für den Absatz der erzeugten Waare, Vortheile, die in westlichen, oft erst vor kurzer Zeit für die Cultur gewonnenen Gebieten dem Unternehmer einer Weingeistfabrik nicht oder nur theilweise zu gut kommen, und gegen welche bei ihm ein im Durchschnitte niederer Maispreis, billigeres Brennmaterial, wohlfeileres Faßgeschirr und vielleicht auch geringere Arbeitslöhne eintreten können.

Eingangs habe ich als Einrichtungsstücke einer „Distillery" zunächst die Entkörnungsmaschine, die Schrotmühle, die mit Maischmaschine und zuweilen mit einer Doppelwand versehene Maischbütte in Anführung gebracht und mir sodann anläßlich des Nichtvorhandenseins der Kühlschiffe eine Abschweifung erlaubt, um die Wirkung zu beleuchten, welche manche Eigenthümlichkeiten des Landes auf Geschäftseinrichtung und Betriebsweise nehmen.

Um in der Skizzirung der Werkvorrichtungen fortzufahren, erwähne ich, daß in der bereits citirten Fabrik in Cincinnati die Gährbottiche ganz unbedeckt

in langen Doppelreihen, eine stattliche Straße darstellend, unter freiem Himmel
stehen. Jeder Bottich faßt die Maische aus 100 Centnern Mais bei einem
Einmaischverhältnisse von 1 Theil trockener Substanz auf 6 oder 7 Theile
Wasser. Bei so großen Massen ist, abgesehen von extremen äußeren Einflüssen,
die Temperatur eine fast unabhängige von der Außenwelt, durch den Chemismus
der Gährung sich selbst regulirende, ein Verhältniß, welches auch bei der Ale-
gährung großer Brauereien besteht. In weniger großartigen Geschäften sind
die Gährgefäße, Bottiche oder Holzkästen allerdings im Gebäude selber aufgestellt und zwar so, daß die Maische vom Maischbottich weg dahin gelangt.

In der besprochenen Fabrik in Cincinnati hat der Destillirapparat ein
Kochgefäß aus Holz, eine Bütte, die aus dicken Pfosten gefertigt ist, vier
Zwischenböden besitzt und durch drei Stockwerke geht. Die Ausmündungen der
Dampfrohre stehen unter umgestürzten Kapseln. Der Apparat besitzt keinen
abgesonderten Vorwärmer, wie kleinere amerikanische Distillerien gleich unseren
europäischen haben, dagegen hat er einen Dephlegmator von entsprechender
Größe und schließlich eine ebenfalls haushoch sich windende Kühlschlange. Er
ist im Ganzen äußerst einfach im Vergleiche mit den prächtigen Vorrichtungen,
welche die Spiritusfabriken Norddeutschlands oder des österreichischen Kaiser-
staates aufweisen, die Grädigkeit des Weingeistes ist aber auch eine viel geringere,
gewöhnlich kaum 80 Proc. betragende. Die Rectificirung geschieht in eigenen
Etablissements.

Maisch- und Gährproceß

der amerikanischen Spiritusfabriken weichen weit ab von dem Verfahren in
Ungarn, wo, als im Hauptmaislande Europas, die Weingeistfabrikation aus
Mais sich zu hoher Vollkommenheit ausgebildet hat.

In den Maischbottich kommt zunächst Wasser, welches durch Dampfein-
strömung auf 40° R. erwärmt wird; in solch' warmes Wasser eingebracht setzt
sich das Maisschrot nicht so schwer (sandig) zu Boden, wie dies beim Einteigen
desselben in kaltem Wasser der Fall ist. Das Quantum dieses Einteigwassers
wechselt nach der Qualität des Maises überhaupt, hauptsächlich aber nach seinem
Trockenheitsgrade, und beträgt mindestens das 2½fache vom Gewichte des
Maisschrots. Hierauf wird die Masse unter Maischen mit Dampf erhitzt bis
zu mindestens 64°, wobei sich ein dicker, schwer zu behandelnder Teig bildet.
Bei dieser Temperatur bleibt die Maismasse wenigstens eine Stunde stehen.

Statt mit Dampf wurde früher und wird auch jetzt noch in manchen
amerikanischen Brennereien die Temperatur, welche der Brenner für die richtige
hält, durch heißes Wasser erreicht; in diesem Falle werden auf 6 Theile feinstes
Maisschrot zunächst 8 Theile Einteigwasser von 58 bis 66° R. genommen
und nach guter Durcharbeitung weitere 16 Theile siedenden Wassers zugefügt,
so daß gleichfalls 63 bis 64° R. erreicht werden. Bei diesem Wärmegrade

erfolgt eine Stunde Raft, um dem Stärkemehl des Maises zur Aufschließung Zeit zu laffen, sodann wird die Temperatur der Maffe durch Maifchen auf 52 bis 53 ° R. heruntergebracht, und das Malzschrot, Roggenschrot (oder auch anderweitige Zufäße) beigegeben und so schließlich eine Maifche von 48 °, ja selbst nur von 47 ° erhalten.

Das Zukühlen und Schrotzusetzen wird beim Dampfmaifchen ganz so ausgeführt wie bei demjenigen Maifchverfahren, welches zur Temperaturfteigerung heißes Waffer benußt.

In neuerer Zeit hat sich übrigens bei rationellen Spiritusfabrikanten die Ueberzeugung Bahn gebrochen, daß die Stärke des Maifes, um vollftändig aufgeschloffen zu werden, eine mehrere Stunden andauernde Siedehiße erfordert, und darauf gründen sich mehrere Verfahrensarten, die Maismaffe mit Dampf bei atmosphärischer oder höherer Spannung zu behandeln. Ein glänzendes Refultat wurde erreicht, indem man den Maisbrei in einem für hohen Druck confruirten kupfernen Dampfgefäße während einer Nacht der Spannung, beziehungsweise Hiße von 4 bis 6 Atmosphären ausgeseßt ließ. Die Auflöfung läßt in diefem Falle nichts zu wünschen übrig, und ich bin der Ansicht, daß diefe Manipulation für Ungarn und die Maisbau treibenden Länder überhaupt sich einer ernften Beachtung empfiehlt, muß aber zugleich den Wunsch ausfprechen, daß einer so wichtigen Neuerung sich nicht unerfahrene Hände bemächtigen mögen.

Nach einer anderen in Amerika patentirten Methode wird die mit Malz und Roggenmehl bei der oben angedeuteten Temperatur vermifchte Maismaifche, die also jeßt auf 48 ° R. heruntergekommen ift, vermittelft Dampf, welcher durch die hohle Welle der Maifchmaschine ein= und bei deren ebenfalls hohlen Armen unter fortwährender Umdrehung ausftrömt, wieder auf 55 bis 59 ° erhißt und sodann erft zur Zuckerbildung ftehen gelaffen. Von diefem Verfahren mache ich ausdrücklich Erwähnung, weil so heißes Abmaifchen der Brennereimaifchen mit dem hier herrfchenden Gebrauch im Widerfpruch fteht, und es ift dies eins der vielen mir vorgekommenen Beifpiele von vollftändiger Verleugnung mancher von uns für unantaftbar gehaltenen praktifchen Regeln durch die Induftriellen der Neuen Welt.

Der leßt erwähnte Maifchapparat dient nicht allein zum Einlaffen von Dampf in die Maffe, sondern auch zum Durchblafen von Luft zum Zwecke der Abkühlung, von welcher Manipulation bereits gesprochen worden ift.

Der in Amerika übliche Malzzufaß zur Maifche und Kunfthefe ift erftaunlich gering, und diefer Punkt widerfpricht auch wieder unferen eingewurzelten Ansichten; der Malzzufaß beträgt nämlich in Fabriken, welche ich selber befuchte, weniger als 2 Proc. des Maisschrotgewichtes.

Sehr häufig wird der Billigkeit halber anftatt des Gerftenmalzes schwach gedarrtes Maismalz oder Weizenmalz verwendet, denn auch der Weizen ift nicht selten billiger als die Gerste. Grünmalz kommt nicht in Gebrauch, weil nur ganz ausnahmsweise die Malzbereitung vom Brenner selbst besorgt, sondern, sowie in den meisten Brauereien Amerikas geschieht, das Malz von Malzhäusern bezogen wird. Die Theilung der Arbeit ist auch in diesem Fache eine Grund= regel. Außerdem steht der oben ausgeführte Umstand, daß gerade in den heiße= sten Monaten das Brennereigeschäft am schwunghaftesten betrieben zu werden pflegt, der Maischung mit Grünmalz und dessen Fabrikation entgegen. Nie= mals fehlt ein Zusatz von Roggenmehl oder „Shipstuff" zur Maismaische, und hierin liegt die Erklärung für die Thunlichkeit eines so geringen Malzzusatzes, da besonders der Shipstuff zur Unterstützung des Malzes als Verzuckerungs= material eintritt. Shipstuff ist ein Nebenproduct der Weizenmehlfabrikation, ein Kleienmehl, welches vorherrschend von den Brennereien gekauft und benutzt wird. In vielen Fällen übernimmt die Brennerei contractlich zu sehr niederem Preise, zuweilen zu 14 bis 20 Cents pr. Centner, allen Shipstuff, den eine Mühle liefert und kann dann in die Lage kommen, zeitweise aus diesem Ma= teriale allein Spiritus zu bereiten. Die Ausbeute daraus ist eben so groß wie aus Mais, die Ausbeute aus Weizen allein ist dagegen eine geringere. Der gewöhnliche der Maismaische gegebene Zusatz von Shipstuff beträgt 16 und mehr Procente vom Gewichte des verwendeten Materials. Dieses Mahlproduct enthält vorzugsweise den Keim des Weizens, schmeckt süßlich (nach längerer Aufbewahrung) und ist besonders wirksam, wenn es aus noch frischem Weizen bereitet wurde. Bei Verarbeitung von frischem Mais, der sich nicht fein schrotet und dessen Schrot dann beim Einteigen sich sandig zu Boden setzt, wirkt ein gewisser Shipstuffzusatz auch letzterem Mißstande entgegen; in der Regel wird er erst zugegeben, wenn die Maismaische bis unter 60° R. abgekühlt ist, unmittelbar bevor das Malz eingemaischt wird. Ganz ohne Shipstuffzusatz giebt Mais, nach dem beschriebenen Verfahren gemaischt, eine schlechte Ausbeute.

Als locale Eigenthümlichkeit schien mir auch die interessant, daß beim amerikanischen Maisch= und Gährverfahren frischer, grüner Mais und alter, trockener, auf den Gehalt an trockener Substanz berechnet, gleiche Ausbeuten geben — im Gegensatze zu der in Ungarn geltenden Erfahrung, daß beim Ver= brauche von frischem Mais, also in den ersten Monaten nach der Ernte, die erhaltene Weingeistmenge auf die verarbeitete trockene Substanz berechnet, häufig geringer wird, sei es wegen der Schwierigkeit den Mais fein zu schroten, sei es in Folge von Unregelmäßigkeiten im Gährprocesse, die leicht eintreten, wenn mit frischem Mais gearbeitet wird.

Noch greller als bei der Maisch= und Kühloperation tritt bei der Gäh= rung die Verschiedenheit zwischen europäischer und amerikanischer Fabrikations= weise auf. Unserem System der „milchsauren Kunsthefe" entgegen tritt ein grundverschiedenes auf, das der „süßen Hopfenhefe", welches allerdings die in Europa erreichten höchsten Ausbeuten nicht zu verschaffen scheint, aber durch die

hohe Sommertemperatur und durch den in vielen Fällen ungebundenen, unregelmäßigen Betrieb der Brennereien geboten ist.

Die leitenden Grundsätze des Gährverfahrens mittelst süßer Hopfenhefe
werden aus der Beschreibung der Manipulation ersichtlich.

Die süße Hopfenhefe besteht aus drei nebeneinander im Gange stehenden
Gährmassen: dem Tagesansatz, dem eigentlichen Hefenansatz und der Mutterhefe.
Die im Nachfolgenden beispielsweise gebrauchten Mengenverhältnisse beziehen
sich auf ein Einmaischquantum von 2500 Pfund Mais pr. Bottich oder auf
100 Centner pr. Tag.

A. Tagesansatz. Eine nicht sehr concentrirte Würze aus Malz, sehr
stark gehopft, wird täglich für die vier Einmaischungen bereitet, zusammen etwa
20 Gallonen; diese erhalten zur Einleitung der Gährung 4 Gallonen Tagesansatz vom vorigen Tage. Bei jeder der vier täglichen Einmaischungen werden
4 bis 5 Gallonen zum eigentlichen Hefenansatze gebraucht, so daß etwa 4 Gallonen
als Ferment für den Tagesansatz des nächsten Tages bleiben. Dieser Ansatz
ist bei seiner Verwendung stark vergohren, schmeckt jedoch sehr wenig säuerlich
und äußerst hopfenbitter. Der Tagesansatz steht in der im Winter geheizten
Schreibstube in mit Deckeln gut verschlossenen Blechcylindern; ich beobachtete
darin im Frühjahre eine Temperatur von 20 bis 30° R.

B. Eigentlicher Hefenansatz. Für jede Bottichmaischung werden
hiervon etwa 22 Gallonen durch Einbrühen von Malz- und Roggenschrot und
Shipstuff zu einer ziemlich dünnen Masse bereitet und dieser nach geschehener
Abkühlung auf den durch die äußere Temperatur, den herrschenden Wind (die
Witterung) und die gewünschte Gährdauer gebotenen Wärmegrad das oben
namhaft gemachte Quantum von 4 Gallonen des Tagesansatzes beigegeben.
In kräftigster Gährung stehend wird der eigentliche Hefenansatz später der
Maische im Gährbottiche zugesetzt.

An Malz kommen nicht mehr als 45 Pfund auf eine Gährbottichmaischung
und zwar wird damit, freilich unter Mitwirkung von Roggenschrot und Shipstuff, Alles bestritten: Tagesansatz, eigentlicher Hefenansatz, Verzuckerung der
Maische.

C. Mutterhefe. Sie dient von Zeit zu Zeit um den Tagesansatz
aufzufrischen, dauert fast ein Jahr lang und wird erst perfect, wenn sie ziemlich
alt ist. Zur Bereitung der Mutterhefe wird ein sehr concentrirter Malzauszug
mit Hopfen gekocht und diese Bierwürze noch mit Zucker versetzt unter Beigabe
von Ingwer oder anderen Gewürzen und von Magnesia. Diese Flüssigkeit
hält sich im kalten Keller in einem dichtverschlossenen Kupfergefäße monatelang;
bei heißem Wetter allerdings zerspringt dann und wann eine solche Metalltonne.

Bei einem Einmaischverhältniß von 1:6 beobachtete ich eine Vergährung der Würzen bis auf ½ oder 0 Saccharometerprocent. Die Ausbeute
ist bei diesem Verfahren, wie ich nach eigener Beobachtung und nach von

mehreren Seiten gemachter Mittheilung Grund habe zu glauben, im Allgemeinen eine geringere als die in ungarischen oder anderen Brennereien der österreichischen Monarchie aus Mais erzielte; in einem Lande aber, wo die Steuer nach dem fertigen Producte bezahlt wird, wo der Mais in manchen Zeiten fast werthlos ist, wo die Benutzung des augenblicklich gebotenen Vortheils, der Conjunctur, als einziger oder doch alles Andere in den Schatten stellender Geschäftsgrundsatz gilt, kommt es darauf, d. h. auf vollständige Ausnutzung des Rohmaterials, in den meisten Fällen viel weniger als auf Ausnutzung der Arbeitskraft, der Leistungsfähigkeit der Fabrik und der Zeit an.

In Bezug auf verwendete Arbeitskraft bemerke ich an diesem Orte, daß für die tägliche Verarbeitung von 100 Centnern Mais einschließlich der Entkörnung desselben in der Fabrik, deren Verhältnisse mir im letzt Gegebenen als Beispiel dienten, nur 7 bis 9 Arbeiter beschäftigt waren, denen die zwei Besitzer energisch zur Seite standen. Ein solcher Arbeiter verdient ein bis mehrere Dollars im Tag und die Besitzer klagten, daß die wünschenswerthe vieljährige Beibehaltung von geschickten und verläßlichen Männern an dem Umstande scheitere, daß gerade solche in einem kurzen Zeitraume genug Ersparnisse machen, um durch Ankauf einer Farm oder in anderer Weise selbstständig zu werden. Das Farmleben besonders hat für die bravsten Männer viel Anziehendes, und es kann mit einem kleinen Capital ein eigenes Hauswesen gegründet werden.

Zur Berechnung der Ausbeute dient das englische System; als Ausgangspunkt wird angenommen 0 Grad Gendar, d. i. die Anzeige der Senkwage in einer Mischung aus gleichen Theilen Wassers und absoluten Alkohols, 0 Grad Gendar ist also gleich 50 Grad Tralles; die Abstände nach Tralles von 1 bis 50 Grad und von 50 bis 100 Grad sind von Gendar in je 100 Theile getheilt; die ersteren heißen unter proof (Probe), die letzteren über proof. Beispielsweise sind sonach 26 Grad über proof in Tralles übersetzt $50 + \left(\frac{26}{2}\right) =$ 63 Grad Tralles. Als Normaltemperatur gilt die von 60 Grad Fahrenheit = $12\frac{1}{2}$ Grad R. Das Thermometer zur Reducirung der Gendar-Grade auf die der richtigen Temperatur entsprechenden hat drei Scalen und zwar für stärkste, mittelstarke und schwache alkoholische Flüssigkeiten. Zur genauen Steuerbemessung haben sich die Spiritusinspectoren gesetzlich vorgeschriebener, patentirter Tabellen zu bedienen.

Die Besteuerung, Taxe, betrug im April 1863 von einer Gallone destillirter geistiger Flüssigkeit, welche schwächer als proof oder gleich proof ist, 20 Cents, also 100 Proc. vom früheren Durchschnittspreise des Spiritus, ja im Januar 1864 votirte die Repräsentantenkammer ein Gesetz, wodurch auf jede Gallone von ins Vereinigte-Staaten-Gebiet eingeführten Spirituosen eine Taxe von 40 Cents gesetzt worden ist. Zu der Höhe hat die Finanznoth als Folge des vierjährigen Bürgerkrieges sich gesteigert, daß dem Consum enorme Lasten, wie kein anderes

Land in jetziger Zeit welche aufweist, auferlegt werden müssen. Bei obigem Satze von 20 Cents Auflage auf die Fabrikation von 1 Gallone proof ergiebt die Uebersetzung in österreichische Maße und Münzen Folgendes:

3,138 Wiener Maß von 50 Proc. Tralles, also 156,9 Maßprocent, zahlen 40 Neukreuzer, folglich zahlt ein Maßprocent 0,255 Kr., und ein Eimer= procent Weingeist, im Lande producirt, 10,2 Kr., während für dieses nach dem dermaligen österreichischen Besteuerungsgesetze 7,2 Kr. Steuergebühr sammt Kriegszuschlag entfallen, d. i. 3 Fl. 60 Kr. für 1 Eimer Spiritus von 50 Proc. Tralles.

Bierbrauerei.

Brauereimaterialien. Ersatzmittel für Gerstenmalz und zwar Melasse, Reis, Weizenmalz, Hafermalz, Maismalz und roher Mais.

Die Verwendung des Maises bei der Bereitung von Bier und Ale ist in Nordamerika bei weitem nicht so ausgebreitet, so in die Praxis gedrungen, als ich aus vielen Gründen von vornherein anzunehmen mich berechtigt geglaubt hatte. Als solche Gründe galten mir:

A. Die Billigkeit des Maises im Verhältnisse zur Gerste: der Maispreis erreicht nur sehr ausnahmsweise den Gerstenpreis, steht im Westen gewöhnlich unter der halben Höhe des letzteren, in einzelnen Fällen ist Mais fast werthlos, wie z. B. im Frühjahre 1863 diese edle Frucht, Kolbenmais, an einigen Eisenbahnstationen des Staates Indiana billiger als Steinkohle war und zum Heizen der Locomotiven verwendet worden ist.

B. Die vortreffliche Qualität des amerikanischen Maises, wofern dessen Einheimsung und Aufbewahrung mit nur einiger Sorgfalt durchgeführt wird; besonders weiße Sorten sind so dünnhülfig, so reinschmeckend, mürbe und mehlig, „aufgelöst" im Mehlkörper, daß sie mehr an gutes Gerstenmalz als an unseren glasigen Mais erinnern. Aber auch der in den Oststaaten gewöhnlicher cultivirte gelbe Mais eignet sich, ob er schon etwas bitterlich schmeckt, vortrefflich zur Bierbrauerei.

C. Der Fortschrittsdrang der amerikanischen Industriellen. Es schien mir von Europa aus unbegreiflich, daß sich der Amerikaner einen so auf flacher Hand liegenden Vortheil, wie ihn die Maisbrauerei gewährt, entgehen lassen sollte.

Die nachherige gründliche Durchforschung des Landes gab mir aber die Ueberzeugung, daß auch in der Neuen Welt bei aller Freiheit und Ungebundenheit im Geschäftsleben Apathie, Schlendrian, Nachäffung und Nachbetung, Verzagtheit — sei es dem Publicum, sei es dem dort allgewaltigen Arbeitspersonale gegenüber — in Hülle und Fülle vorhanden sind, und daß solche und ähnliche niedere Bestimmungsgründe wohl bei keiner Frage schroffer hervortreten, als da, wo es sich um das Bier, um einen täglich allgemeinere Verbreitung sich verschaffenden Consumtionsartikel, handelt. Das „souveraine Volk“, resp. das biertrinkende Publicum, ist gar schwer zu behandeln; in den Seeplätzen zeigt es sich bei einer die persönliche Liebhaberei so direct berührenden Angelegenheit noch einsichtsvoller als in den großen Binnenstädten, weil in jenen wegen des starken Fremdenzuzugs die ganze Bevölkerung und der rohe Haufen zumal einen ungleichartigeren, daher weniger schroffen Charakter hat. In den Binnenstädten dagegen vorzugsweise ist, wie Büchele sich an einer Stelle seines Buches über Amerika treffend ausdrückt, der ungebildete Einwanderer oder sind dessen Abkömmlinge vom Selbstdünkel aufgebläht und glauben die Verachtung der höheren Bildung zur Schau tragen zu müssen, dieselben Menschen, welche jenseits des Oceans die Unterwürfigkeit gegen die höheren gesellschaftlichen Stände zu übertreiben pflegen. In Chicago versicherten mir mehrere kleinere Brauer mit eigenster Ueberzeugung, daß — wofern auch das Maisbier noch viel vortrefflicher wäre, als ausschließlich aus Malz bereitetes Bier — schon der Versuch solches zu brauen, sie in ihrer Existenz bedrohen könnte, so sehr würde dieser Fall von ihren Concurrenten und von scandalsüchtigen Baarkeepern ausgebeutet werden, um etwa durch Vermittelung einer käuflichen Schaar von Schreiern, Rowdies, welche sich zu solchem Dienste trefflich verwenden lassen, das auf die Neuerung eingehende Geschäft in Mißcredit zu bringen. Ganz Aehnliches erfuhr ich in allen Städten mehr oder weniger. Besonders ist es, wie gesagt, der von Selbstsucht und Uebermuth geschwellte deutsche und irische Pöbel der westlichen Städte, welcher derartigen Terrorismus, wo sich nur Anlaß findet, eifrigst ausübt. Der Deutsche will an sein geliebtes „Lagerbier“ Niemanden rühren lassen, er hat gehört — und einige Brauerabkömmlinge vom alten Stamme machen ihm weiß — daß nur Malz und Hopfen zum Biersieden genommen werden dürfen; der Irländer — wofern er sich schon über den Whisky erhebt — berauscht sich mit Vorliebe durch ein obergähriges Getränk, Common-Beer genannt, zu dessen Bereitung sehr viele Brauereien sich eines großen Melassenzusatzes bedienen; fehlt etwas an den „edlen“ Eigenschaften seines Common-Beers, sei es die dunkle, meist trübe Färbung, sei es der eigenthümliche Geruch, sei es der rauhe, kratzende Melassenbeigeschmack, so greift dies dem Sohne Erins ins Herz, und bald ist er bereit, mit der dem Heldensinne seiner Väter entsprechenden Thatkraft an den etwaigen Fürsprechern eines Fortschrittsgebräues, seien es Gäste, sei es die wichtige Person des Schankhalters selber, die Kraft seiner Fäuste zu manifestiren. Und glücklich ist der Verlauf einer solchen Demonstrirung, wenn nicht Messer und Revolver als ultima ratio mit in die Beweisführung hineingezogen werden. In Louisville sah ich mit an, daß bei Eröffnung eines neuen Biergartens, Lion-Garden, die vom nachbarlichen Gartencollegen bezahlten und betrunken gemachten Loosers (jugendliche Taugenichtse der Großstädte) eine

Schießaffaire — um den schonenden Ausdruck der deutsch=amerikanischen Zeitun=
gen zu gebrauchen — improvisirten, und dies veranstaltete der freundliche Nachbar=
Gartenwirth wiederholt zur Abschreckung des löblichen Publicums vom neuen
Locale, also zur Niederhaltung der ihm durch den neuen Gartenschank drohenden
Concurrenz. In selbiger Stadt begegnete es mir, daß, nachdem am Samstag
Vorbereitungen zu einem montägigen Maisgebräue gemacht worden waren,
schon am Sonntag ein Braugeselle dem Herrn den Dienst kündigte unter der
Vorwendung, daß er es für entwürdigend halte, in einem Hause, das sich auf
solche Dinge einlasse, fürder zu arbeiten. In einer Brauerei in Indiana erregte
der Vormann oder Werkführer, ein Deutscher aus Lothringen, wegen der Mais=
mitverwendung inmitten der Brauarbeit einen Aufruhr unter den Leuten, der
mich zum raschen Abzuge zwang, zunächst nach dem Geschäftszimmer und von
da, als der Besitzer dem souverainen Verlangen seiner Gesellen gegenüber sich
unmächtig fühlte, aus Haus und Stadt. Jener, der Brauereibesitzer, gehört zu
den in Amerika nach Legion zählenden Gewerbstreibenden, welche das Gewerbe,
das sie jetzt ausüben, keineswegs gelernt haben, sondern eben gerade betreiben,
weil es profitabel scheint, die also ganz in die Hand ihrer „Vormänner" gegeben
sind. Uebrigens fand ich solche Männer in vielen Fällen einer Verbesserung
im Braufache noch zugänglicher, als einen großen Theil der zünftig=gelernten
Brauer, deren mehrere das Beharren bei dem einstmals Erlernten und Alther=
gebrachten bis zum Unsinne treiben.

Ohne mir weitere Abschweifungen zu erlauben, wozu eben bei diesem
Thema die Versuchung so nahe liegt, gebe ich in Kürze einige Andeutungen
über das Terrain, welches die Maisbrauerei bis jetzt in Amerika erobert hat.

Es existiren bis nun (1864) vier Vereinigte=Staaten=Patente auf Mais=
bierbereitung, wovon zwei mein Eigenthum sind, das dritte ebenfalls von mir
angesuchte war schon vergeben; diese Privilegien umfassen so ziemlich sämmt=
liche Manipulationsarten des Braugeschäfts, welche in Nordamerika im Schwunge
sind, nämlich

    A. für obergährige Biere:
       1) die Alebrauerei nach rein englischem Vorbild,
       2) dieselbe nach schottischem Vorbild,
       3) die Common=Beer=Brauerei, mit einiger Modification auch als
          französische Brauart vorkommend, sehr ähnlich unserer einstigen
          Oberzeugbrauerei;
    B. für untergährige Biere:
       4) das Dickmaisch=Brauverfahren mit einem oder zwei Dickmaischen,
          mit oder ohne Lautermaischkochung,
       5) die Lautermaischbrauerei,
       6) die Wassermaischbrauerei, also die reine Infusionsmethode — heute

noch weitaus das in Amerika verbreitetste Verfahren nicht allein
für ober=, sondern auch für untergährige Biere.

Nach sämmtlichen genannten Verfahrungsarten, die Common=Beer=Brauerei
ausgenommen, werden Biere aufs Lager gebraut. Für Lagerung gebrautes
Ale nennt man Stock=Ale; während die Gährdauer für Common=Beer und ge=
wöhnliches Ale, welches sich vom letzteren durch Gehaltreichthum und Feinheit
unterscheidet, eine 2= bis 3tägige ist, steht Stock=Ale 4 bis 6 Tage, Schottisch=
Ale eine Woche lang in Gährung. Nach diesen obergährigen Methoden werden
Getränke von mehr als einjähriger Aufbewahrungsdauer geliefert und zwar muß
die lange Haltbarkeit nicht etwa in eiskalten Kellern, sondern in kühlen ober=
irdischen Räumen sich erproben; unter den Maßregeln, welche in dieser Absicht
durchgeführt werden, ist selbst die des directen Zusatzes von Weingeist, Whisky.

Ein weiteres Eingehen auf die amerikanischen Braumethoden mir für den
diesem wichtigen Gegenstande besonders gewidmeten Abschnitt vorbehaltend, ziehe
ich in den Bereich dieses Capitels nur diejenigen Beziehungen, in welche bisher
die Verwendung von Rohfrucht und insbesondere die des Maises zur amerika=
nischen Bierbereitung sich gestellt hat.

Als theilweise Ersatzmittel des Gerstenmalzes kamen mir in der amerikani=
schen Praxis vor:

> Melasse,
> Reis,
> Weizenmalz,
> Hafermalz,
> Maismalz,
> Ungemalzter Mais in Form von Schrot.

Ohne auf den theoretischen Werth dieser Ersatzmittel des Näheren einzu=
gehen, denn hierüber ist Ausführliches in den Lehrbüchern der Bierbrauerei, ins=
besondere in Habichs „Schule der Bierbrauerei“ angegeben, beschränke ich mich
auf die Mittheilung meiner einschlägigen Erfahrungen im amerikanischen und
europäischen Braubetrieb. Die Wichtigkeit dieses von mir seit anderthalb Jahr=
zehnten speciell bearbeiteten Gegenstandes dürfte in jetziger Zeit von jedem den=
kenden Brauer zugegeben werden.

Melasse, nämlich Rohzuckersyrup — denn von Rübenzuckermelasse, die
bis zu 40 Proc. Salzgehalt haben kann, ist ganz abzusehen — erfreut sich
besonders in Frankreich der Beachtung der Bierbrauer, der Ruf des französischen
Bieres im Allgemeinen steht in einem nahen Verhältnisse zu dem Werthe eines
solchen Materials und zu den Ergebnissen, die sich damit in der Brauerei erzie=
len lassen. Die Franzosen sind überhaupt in Bezug auf das Surrogiren nicht
sehr wählerisch; zum Braugewerbe gehört, so geneigt man sein mag dem Fort=
schritte zu huldigen, immerhin eine strenge Gewissenhaftigkeit. Selbst bis nach
Ungarn, dem Lande des billigen Getreides, hat in einzelnen Fällen der Gebrauch

der Melasse, als eines sehr einfachen Mittels zur Erhöhung des Würzegehaltes, den Weg gefunden: vor einigen Jahren wurde mir ein Bier vorgezeigt, das seines eigenthümlichen Geschmacks halber auffiel, und wirklich duftete schon beim Oeffnen der Flasche das Melassenparfüm entgegen; die Bestimmung (Wägung) der Asche des Bieres, beziehungsweise der Asche des durch Eindampfen erhaltenen Extracts ergab durch Vergleichung mit der durch die Analyse im Mais- und Gerstenmalzbiere festgestellten weit geringeren Aschenmenge einen ferneren Beweis für den stattgehabten Zusatz jenes salzreichen Verzuckerungsmittels — der Melasse.

Bei Bereitung des amerikanischen Common-Beer wird von Manchen ein Syrupzusatz von wenigstens einer halben Gallone pr. Barrel gegeben; 1³/₄ Gallonen kosteten in New-York 77 Cents und sollten 1 Bushel Malz im Werthe von 180 Cents ersetzen. Anläßlich dieses Surrogats drängte sich mir wiederholt die Bemerkung auf, wie so sehr schädlich das halbe Wissen ist: die englisch-amerikanischen Brauer arbeiten stets mit Thermometer und Senkwage in der Hand und gerade durch die letztere werden sie verführt, den Werth der Melasse höher zu tariren, als er in Wirklichkeit ist, indem sie, bei Mitmessung des durch die Melasse in die Würze gebrachten Salzgehaltes nicht allein die ursprüngliche Saccharometeranzeige zu hoch erhalten, sondern selbst noch auf die Vergährungs- fähigkeit ihres Erzeugnisses falsche Schlüsse machen. Uebrigens vergähren, wie ich in mehreren amerikanischen Brauereien feststellte, die Melassenbiere rascher als Mais- oder Malzbiere, die nach gleicher Methode erzeugt und unter gleichen Umständen aufbewahrt werden, und verderben in heißer Jahreszeit bald. Eine gute constante Hefe kann von einer stark mit Melasse versetzten Bierwürze wenig- stens in heißer Jahreszeit nicht erwartet werden. Ein solches Melassenbier sollte nach Allem eher in den Bereich des Arzneischatzes als in den Kreis der für täglichen Genuß gesunder Menschen in Verwendung stehenden Flüssigkeiten gezogen werden.

Reis verschafft sich im Süden der Vereinigten Staaten Eingang als Braumaterial. Gerstenmalzreisbier erwarb im Sommer 1863 in New-Orleans Anerkennung beim biertrinkenden Publicum. Es wird dem Reis für die unteren Mississippiländer eine noch weit größere Bedeutung prognosticirt, als diese Getreideart jetzt schon für jene Gegenden besitzt, noch näher liegt aber für süd- amerikanische Länder der Gedanke einer Verwerthung des Reises in dieser Rich- tung, wie er denn auch zur Arrakbereitung dient. Der Bierbedarf dieser Gegen- den wird jedoch vorherrschend durch die Einfuhr von englischem und nordameri- kanischem Ale gedeckt, doch ist die Thatsache immerhin staunenswerth, daß regel- mäßige Biergährungen unter solchen Himmelsstrichen, d. i. zwischen dem 20sten und 30sten Grade nördlicher sowohl als südlicher Breite, noch geführt werden.

Weizenmalz ist in Amerika besonders bei vielen deutschen Brauern sehr beliebt und tritt manchmal in berechtigte Concurrenz mit dem Mais selber, wenn es sich um theilweise Ersetzung des Gerstenmalzes handelt. Im Westen ist der Weizenpreis gewöhnlich nicht viel höher, zu Zeiten sogar niederer als der Gerstenpreis, so muß wohl der denkende Brauer, dem der alte Gerstenmalzzopf nicht zu lang hinunterhängt, auf die Mitverwendung dieses werthvollen Materials kommen.

Es gilt in Amerika allgemein als unerläßlich, den Weizen zu malzen; ob die Ausschließung von ungemalztem Weizen überall nur bloße Gewohnheitssache ist, oder ob sie sich da oder dort auf gemachte Erfahrungen stützt, das konnte ich nicht mit Sicherheit erfahren. Meine eigene amerikanische Praxis anlangend, so fand ich in allen Fällen einen Weizenmalzzusatz von 20 bis 25 Proc. des Gesammtmaterials bei obergährigen Wassermaischbieren von sehr guter Wirkung auf die Klärung der Würzen, auf einen regelmäßigen Verlauf der Hauptgäh- rung, die Erzeugung von schöner Hefe, den Glanz und Wohlgeschmack des Biers. Das Ablaufen der Würzen vom Seiheboden wird durch eine beträcht- liche Weizenmalzzugabe aber entschieden erschwert, deshalb nahm ich bei Fabri- kation von obergährigen Maisbieren dort, wo man an einen Weizenmalzzusatz schon gewöhnt war, nur eine geringe Beigabe — 10 bis 15 Proc., diese aber sehr gern und mit gutem Erfolge in Rücksicht auf den Glanz und Wohlgeschmack des Fabrikats. Untergährige Biere, aufs Lager bereitet, säuern, wie ich aus mehreren Beispielen entnahm, bei beträchtlichem Zusatze von Weizenmalz ge- wöhnlich in Bälde, und es ist deshalb in dieser Beziehung dem Brauer große Vorsicht zu empfehlen. Ja selbst Lager-Ale (Stock Ale), aus Weizenmalz und Gerstenmalz in einer ausgezeichneten Brauerei nach schottischer Methode her- gestellt, fand ich beim Durchkosten aller Biere der Fabrik als einzige Sorte mit ausgeprägt säuerlichem Beigeschmacke. Solche Uebereinstimmung in der Hin- neigung der Producte verschiedenartiger Fabrikationsmethoden zur Säuerung erhebt es zur Gewißheit, daß im Materiale, d. h. dem Weizenmalze, und nicht in anderen Umständen, der Grund des Fehlers liegt.

Die Ausbeute aus Weizenmalz fand ich, aufs Bushel, d. h. nach dem Getreidemaße berechnet, um 20 bis 30 Proc. höher als die aus Gerstenmalz. Wegen der oben erwähnten Schwierigkeit, welche beim Ablaufen der Würze vom Seiheboden leicht eintritt, wenn ein namhaftes Verhältniß von Weizenmalz genommen wird, kann man die Ausbeute aus letzterem leicht unterschätzen, denn es ist ein Erfahrungssatz, daß, wofern die Träbernmasse nicht locker im Maisch- bottiche liegt, das Material auch durch ein großes Quantum Nachgußwasser nicht mehr erschöpft wird.

Anlangend die in Amerika übliche Bereitung des Weizenmalzes, so wird nur ein kurzes Wachsen des Blattkeims gestattet, der Haufen sehr dünn geführt und deshalb oft 18 Stunden lang nicht gewendet; mit großer Sorgfalt wird das Zertreten von Körnern vermieden. Die Zeitdauer der Keimung ist annähernd dieselbe, welche Gerstenmalz in derselben Malztenne erfordert.

Gersten-, Weizen- und Roggenmalz, letzteres für die Brennerei, werden zumeist in großartigen Malzfabriken bereitet, doch trifft man auch viele Brauer, die sich ihr Malz selber machen.

Hafermalz aus schwarzem Hafer, der besonders im Staate New-York vielfach gebaut wird, kommt in einigen großen Geschäften zur Bereitung der billigsten Sorte Ale in bedeutendem Verhältnisse in Mitverwendung.

In einer von mir oft besuchten Brauerei in New-York ersetzt das Malz aus 48 Pfund rohem Hafer das aus 41 Pfund Gerste erhaltene Malzquantum oder 1½ Bushel Hafermalz ersetzen 1 Bushel Gerstenmalz, und es ergiebt sich nach den mittleren Preisverhältnissen ein bedeutender Gewinn durch die Hafermalz- verwendung: zu einem Gebräue kommen anstatt 225 Bushels Gerstenmalz

nur 150 Bushels Gerstenmalz,

und 150 Bushels Hafermalz = 105 „ „

_____

also im Gerstenmalzwerth angenommen zusammen 225 Bushels.

Die Ersparniß ist für jedes Bushel Gerstenmalz, welches durch (1½ Bushel) Hafermalz ersetzt wird, 60 Cents, also beim ganzen Gebräue für 105 Bushels so substituirten Gerstenmalzes 63 Dollars.

Bei dieser Ausbeuteberechnung stellt sich vielleicht der Effect des Hafer- malzes über den richtigen Vergleichswerth dieses Materials, weil wegen der träberlockernden Eigenschaft desselben die Würzen sehr leicht und vollkommen abfließen, das Extract also in der Gesammtheit vollkommener gewonnen werden kann, als aus nicht besonders gutem Gerstenmalze allein.

Das so erzeugte Ale ist auch bei den ärmeren Volksclassen ein sehr belieb- tes, durch starkes Moussiren ausgezeichnetes Getränk und jedenfalls dem Melassen- gebräue weit vorzuziehen. Daß durch das große Verhältniß, in welchem beim Hafer die Hülsen dem Mehlkerne gegenüber auftreten, dem Biere in reichlicher Menge Stoffe beigemischt werden, die weder dessen Wohlgeschmack noch dessen Haltbarkeit fördern, ist selbstverständlich, und es steht in dieser Beziehung der Hafer dem Weizen und Mais weit nach.

Als ein großer Mißstand erschien mir zur Sommerzeit das schnelle und starke Sauerwerden der Träber von Hafermalz, und ich habe Grund zu der Annahme, daß der betreffenden New-Yorker Brauerei aus diesem Umstande Schaden erwuchs.

Die „Abfälle" spielen in der Bierfabrikation eine so wichtige Rolle, daß in ihrer höchstmöglichen Verwerthung, die gerade in Großstädten durch den Verkauf an die Milchmeier geschieht, eine Hauptbedingung für die Rentabilität eines Geschäftes liegt. In dieser wichtigen Beziehung und in der Hauptfrage für die Existenz eines Braugeschäfts, der Sicherung des Bierabsatzes, sind städtische Brauereien ländlichen gegenüber in großem Vortheile, zumal solchen mit Großgrundbesitz verbundenen Landbrauereien, die als Futterlieferungsanstalten

betrachtet werden und eben dieses Futter, die Träber, zu einem unter dem Markt=
werthe festgestellten Preise an die Oekonomie abgeben müssen.

Maismalz und Mais als Rohfrucht.

Aus älteren englischen Schriften geht hervor, daß vielleicht seit Jahr=
hunderten in Amerika aus Maismalz Bier gebraut wird. Die Keimung des
Maises wurde durch Eingraben in die Erde bewerkstelligt, und nachdem dieser
Proceß genügend vorgeschritten, das Malz gedarrt. Heutigen Tags wird Mais=
malz, wie bei den Angaben über Weingeistbereitung bemerkt worden ist, nicht
selten für die Zwecke der letzteren verwendet; es kommt vor, daß der Brenner
sich dasselbe von einem benachbarten Brauer, der über Malztenne und Darre
disponirt (was keineswegs sehr gewöhnlich der Fall ist), zu einem Accordpreise,
15 bis 25 Cents pr. Bushel, bereiten läßt. Wegen des im Allgemeinen sehr
niederen Maispreises sind auch in neuerer Zeit von den amerikanischen Brauern
mannigfache Versuche gemacht worden, aus Maismalz Bier zu brauen, und es
wurden mir von den betreffenden Brauern zum Theil persönlich die Ergebnisse
solcher Experimente mitgetheilt, die in allen Fällen sehr unbefriedigend, zum
Theil sehr unglücklich genannt zu werden verdienen. Abgesehen von dem Um=
stande, daß durch den eigenthümlichen Geschmack des Maismalzbiers die beim
Bekanntwerden einer derartigen Neuerung ohnehin unvermeidliche Aufregung
des bierconsumirenden Publicums Nahrung erhielt, bewährte sich die Haltbarkeit
des Maismalzbiers durchaus nicht, und so hatten Brauer, die sich in größerem
Maßstabe in die Sache eingelassen, großen Schaden und große Kränkung davon.

Die Unregelmäßigkeit der Ernteweisen des Maises in Amerika, das nicht
selten übliche überwinterliche Stehenlassen der abgeschnittenen Maispflanzen
sammt Kolben auf dem Felde, das gelegentliche oft unter Schnee und Regen
bewerkstelligte Einbringen zur Farm und was Alles noch zum gewöhnlichen
Farmersbrauche gehört, alle diese Momente lassen ein gutes, gleichartiges Ver=
halten bei der Malzung, wenigstens bei dem nächstbesten im Handel vorkommen=
den Mais, nicht erwarten.

Die Fabrikation des Maismalzes anlangend, so muß selbst bei wärmerer
Jahreswitterung, wie ich in mit Maismalz arbeitenden Brennereien sah, dem
Mais eine Keimzeit von wenigstens zwei Wochen vergönnt werden, um ein
gutes Malz zu erzielen; für den Brennereizweck läßt man die Keimung so weit
vorschreiten, bis das Maismalz ein fast grünes Aussehen hat. Allerdings wird
nach englischer Methode annähernd so viel Zeit für das Wachsen der Gerste
verwendet; es kann jedoch diese lange Dauer bekanntlich, ohne die Qualität des
Malzes zu verschlechtern, etwa um die Hälfte abgekürzt werden. Die Leistungs=
fähigkeit einer Malztenne ist aus diesem Grunde und wegen der Nothwendigkeit
einer sehr dünnen Führung des Haufens beim Maismalzen eine weit geringere
als beim Gerstenmalzen.

Der Gedanke, ungemalzten Mais zu verwenden, lag bei weitem der
Mehrzahl der deutschamerikanischen in ihrer Heimath zünftig gelernten Brauer,
welche ich kennen lernte, so fern, daß sie durch denselben förmlich überrascht
wurden; dies mußte in gleichem Grade der Fall sein bei denjenigen Brauerei-
besitzern, die dieses Gewerbe nur aus Speculation, so zu sagen von heute auf
morgen, ohne die geringste frühere Kenntniß desselben, unter der Dictatur eines
oft gleich unwissenden und dafür umsomehr verschrobenen Vormanns betreiben.
Bei allen diesen Leuten konnte von dem Wagnisse eines Zusatzes von Rohfrucht
zu ihrem Gersten- oder auch Weizenmalze nicht wohl die Rede sein; dagegen
hatte einzelnen denkenden, und sei es durch genossenen höheren Unterricht oder
Selbstbelehrung intellectuell vorangeschrittenen, Brauern des Westens längst die
Hoffnung vorgeschwebt, daß aus der Hauptfrucht des Landes, dem köstlichen
Mais, noch Bier bereitet werden möge, während im Osten bereits Weiteres
geschehen und von Amerikanern, Deutschen, Franzosen die Maisbrauerei experi-
mentell und in sehr vereinzelten Fällen auch als regelmäßiger Betrieb durch-
gesetzt worden war.   Daß diese Experimente jedoch meistens auf unsicherer
Basis ausgeführt worden sind, und daß die Maisbrauerei, so wie sie betrieben
wurde, an großen Mißständen litt, davon mich vollkommen zu überzeugen ward
mir hinreichende Gelegenheit gegeben.

Empirisch ausgeführte Methoden, die in nichts Anderem bestanden, als in
dem Hineinwerfen des Maisschrots oder Mehls in den Maischbottich, gewöhnlich gegen den Schluß der Operation zu, lieferten — abgesehen von manchem
total fehlgeschlagenen Versuche — sehr ungenügende Ausbeute und leiblich zu
trinkende, doch ganz unhaltbare Biere resp. Ale; im günstigsten Falle aber über-
wanden selbst Verfahrungsarten, die auf richtige wissenschaftliche und praktische
Grundsätze sich stützten, nicht die Klippe der Abläuterung.   Nichtsdestoweniger
hat eine mit Intelligenz geleitete Brauerei im Staate Pennsylvanien seit drei-
zehn Jahren Maisbier nach dem Wassermaischverfahren, zum raschen Ausschanke
und aufs Lager, unter dem Siegel des Geheimnisses fabricirt, und dies mit sehr
großem finanziellen Erfolge.   Der betreffende aus Deutschland stammende
Brauherr hat sieben Söhne, welche die sämmtlichen Geschäftszweige des Hauses,
als Malzfabrik, Brauerei, Maisbrennerei, Sodawasserfabrik, Landwirthschaft,
selber leiten, und den im Verhältniß zur Geschäftsausdehnung wenigen Arbeitern
keinen tieferen Einblick in den Betrieb gestatten.

Auch in dieser Brauerei muß ein die Träber lockernder Zusatz gegeben
werden, um ein leichtes und vollkommenes Abfließen der Gerstenmalzmaiswürzen
zu erzielen.   Meinerseits hatte ich weitaus in der Mehrzahl der Fälle, in all'
denjenigen nämlich, wo die Qualität des Maises, des Malzes, und die Einrichtung des Seihebodens regelrecht waren, bei den in Ost, West, Nord und
Süd der Vereinigten Staaten zur Instruirung der Brauer gemachten Gebräuen
kein Auflockerungsmittel nöthig.   Bei der Dickmaischbrauerei kam mir dieser Fall

niemals vor. Auch während eines vieljährigen europäischen Betriebs der Mais=
brauerei habe ich, abgesehen von den ersten Versuchsgebräuen, eine solche Vor=
sichtsmaßregel nie zu beobachten nöthig gehabt.

Wofern Auflockerungsmittel unvermeidlich sind, so eignen sich ausgelaug=
tes Strohhäcksel, gequetschter Hafer oder Hafermalz; in denjenigen Brauereien,
wo für gewöhnlich eine ausschließliche Verwendung von Malz aus Sommergerste
statthatt, thut man gut, wofern die Abläuterung nicht befriedigend sein sollte,
einen Zusatz von Wintergerstenmalz als des nächstliegenden Lockerungsmittels
zu geben. Das wiederholte Heben der Masse durch unter den Seieboden ein=
tretendes Maisch= resp. Nachgußwasser und die Belassung einer gehörigen
Flüssigkeitsmenge im Maischbottich während des Abläuterns sind gleichfalls
praktisch bewährte Mittel zur Erzielung eines raschen und vollkommenen Ab=
fließens der Würze.

Wenige Tage nach meiner Ankunft auf dem amerikanischen Continent,
also noch im December 1862, gewannen meine Bestrebungen einen festen An=
halt durch ein ohne Schwierigkeit ausgeführtes und vollkommen gelungenes
Gerstenmalzmais=Gebräue nach der Dickmaischmethode, und zwar geschah dies
in der schönen Brauerei des Hrn. Biegen, eines ebenso intelligenten, als den
Fortschritt in jeder Richtung anstrebenden Brauherrn in Dobbs Ferry, einer
Station am herrlichen Hudson 18 Meilen oberhalb New=York gelegen. Zu
Highland, Staat Illinois, war schon im Frühling desselben Jahres in der
Brauerei des Hrn. M. Schott nach von mir gegebener schriftlicher Anleitung
ein Maisgebräue unter den Auspicien meines verehrten Freundes A. Rietmann
gemacht worden. Ebenso anstandslos wie bei Biegen geschah die Durchführung
meines Dickmaisch=Maisbrauverfahrens später bei den in Amerika mit Auszeich=
nung bekannten Brauherren Windisch u. Mörlein und bei den Gebrüdern
Kleinert in Cincinnati und an anderen Orten.

Mein erstes im Jahre 1862 in den Vereinigten Staaten erhaltenes Pri=
vilegium bezieht sich vorzugsweise auf die bei der Dickmaischbrauerei von mir
festgestellte Manipulation und begreift in sich die Aufschließung des Maisschrots
in der Pfanne, sei es, daß er vorher durch Dampfeinwirkung vorbereitet war
oder auch nicht.

Größere Schwierigkeit als bei der Dickmaischbrauerei bot in den Lauter=
maischbrauereien die Maismitverwendung, weil häufig der Braukessel zur Ein=
bringung einer dicken Masse nicht geeignet erschien, und so die Aufschließung des
Maises mittelst Dampfes oder die in meinem zweiten Privilegium inbegriffene
Manipulation gewählt werden mußte, über welche später (beim Wassermaischen)
Eingehenderes mitgetheilt wird.

Die schwersten Kämpfe waren zu bestehen in den großen, mit Dampf betrie=
benen Alefabriken. Ungeachtet des Gelingens von zwei zu Anfang des Jah=
res 1863 in Jersey City mit einem sehr nothbürftig hergerichteten Dampf=

aufschließungsapparate ausgeführten Alegebräuen ließen sich die Brauer zu Vorauslagen durchaus nicht herbei und schraubten überdies ihre Anforderungen an mich, d. h. an die Leistung meines Verfahrens, ins Lächerliche hinauf. Hierzu, d. h. zur Ueberforderung und spitzfindigen Stellung der Bedingnisse, ist der Yankeecharakter schon von Natur gut genug angelegt, zu meinem Unsterne trat aber noch ein französischer Brauer in New-York auf, der — bereitwilligst — den Herren Amerikanern Alles versprach, was sie haben wollten, dessen ganze Geschicklichkeit übrigens die Folgezeit — d. h. eine Erfahrung von wenigen Monaten — als Charlatanerie erwiesen hat und dem sonach das unbestreitbare Verdienst gebührt, den Mais, bei den New-Yorker Brauern zunächst, gründlich in Mißcredit gebracht zu haben.

Doch auch in dieser Richtung, der Anpassung des Maisbrauverfahrens für die großen Alefabriken, blieb meine amerikanische Reiseunternehmung keineswegs resultatlos; sobald sich nur der rechte Mann gefunden, um die Sache in die Hand zu nehmen, ward der vollkommenste Erfolg erreicht, und zwar geschah dies zuerst in der Brauerei der Herren Mac Kechnie in Canandaigua, Ontario County, im Norden des Staates New-York, Dank der Beharrlichkeit des geschäftstüchtigen Brauers dieser Gentlemen (dieses Wort im besten Sinne genommen), des Hrn. Butler. Die Ausbeute stellte sich wie folgt:

A. Ohne Maiszusatz lieferten

5000 Pfund Malz 70 Barrels von 19 Pfund „Gravity" nach Long entsprechend $19 \times 2{,}78 + 1000 = 1{,}053$ specif. Gewicht
$= 13$ Saccharometerprocenten.

In Wiener Gewicht und Maß

4050 Pfund Malz 160 Wiener Eimer von 13 Proc. Sacchar. an
$= 2080$ Eimerprocente Extract.

100 Pfund Malz also   51,4   „   „

B. 4500 Pfund Malz }
    1600   „   Mais } zusammen lieferten

70 Barrels Würze mit $23\frac{1}{2}$ Pfund Gravity
entsprechend $(23{,}5 \times 2{,}78 + 1000) = 1{,}065$ specif. Gewicht,
d. i. 160 Wiener Eimer von 16 Saccharometerprocenten
$= 2560$ Eimerprocente Extract.

Werden hiervon in Abzug gebracht
für 4500 amerik. Pfunde Malz $= 3645$ Wiener Pfund
$\left(\frac{3645 \times 51{,}4 =}{100} \right)$ 1874 Eimerprocente Extract,
so bleiben für 1300 Wiener Pfund Mais
$(2560 - 1874)$ 686 Eimerprocente Extract,
für 100 Pfund Mais also   52,8   „   „

Mein zweiterhaltenes Privilegium bezieht sich vorzugsweise auf die vierte Hauptgruppe der amerikanischen Brauereien, die zahllosen mittelgroßen und kleinen Wassermaischgeschäfte, welche selten Dampf zur Verfügung haben und statt der Braupfanne immer den tiefen, aus dünnem Kupferbleche gefertigten Braukessel benutzen. Die Frage ist, in welcher Weise beim Besitze einer solchen Werkvorrichtung die Mitverwendung von Mais eingeleitet werden soll, vorausgesetzt, daß man an dem Erfahrungssatze des Brennerei- und Braugeschäftes festhält, daß Mais eine längere Zeit andauernde, dem Siedepunkt nahe Wärme zur Erschließung seines Stärkegehaltes benöthigt. Wofern man freilich nach Habich's Vorschlag, welchen ich aber in der amerikanischen Brauindustrie nur in vereinzelten Fällen befolgt fand, das im Handel vorkommende Maismehl zum Brauen verwendet, mag eine sehr genügende Aufschließung, beziehungsweise Ausbeute an Würzeextract, durch rationelle Behandlung der Materialien, Mais- mehl und Malz, im Maischbottich allein — ohne Zuhülfenahme eines anderen Gefäßes — erreichbar sein. Dieser Benutzung von Maismehl steht aber nicht allein sein höherer Marktpreis entgegen, der die Vortheilhaftigkeit des Gersten- malzersatzes nur in selteneren Fällen noch recht in die Augen springen läßt, sondern es berechtigen mich auch die Erfahrungen, welche ich mit längere Zeit aufbewahrtem Maisschrot gemacht habe, zu dem Ausspruche, daß die Haltbarkeit eines unter Zusatz von Maismehl gemachten Bieres viel weniger gewährleistet sein wird, als die Haltbarkeit eines aus Gerstenmalz und frisch hergestelltem Maisschrot durch richtige Manipulation erhaltenen Getränkes. Die starke Er- hitzung, welche — wie ich mich überzeugte — beim Mahlen des Maises in den Handelsmühlen der Vereinigten Staaten vorkommt, veranlaßt unleugbar eine der Aufbewahrungsfähigkeit des aus dem Mehle bereiteten Bieres schädliche Disposition.

Das mir privilegirte Verfahren besteht also, auf die in Frage stehenden Wassermaischbrauereien angewendet, darin, die Maismasse unter Zusatz von wenig Malz einige Zeit hindurch bei 50 bis 60° R. zu erhalten, damit eine vorläufige Aufschließung des Stärkemehls und die möglichste Verflüssigung ein- treten möge, diese halbverzuckerte Masse sodann durch Zusatz von siedendem Wasser zu einer höheren Temperatur zu bringen, bei welcher der noch ungeöffnete Stärkeantheil sich erschließt, wonach die Umwandlung des verflüssigten Theils der Maische in Würzeextract durch die schließliche Einwirkung von einem größe- ren Quantum Malz bei regelrechter Temperatur bewerkstelligt wird (die diasta- tische Kraft des anfänglich zugesetzten ist längst durch höhere Wärme vernichtet).

Die erste technische Zeitschrift Amerikas, der Scientific American, sagt in Nro. 26, 1863, über mein privilegirtes Verfahren Folgendes: „Es ist bekannt, daß zum Zweck der Löslichmachung und Verzuckerung von Gerstenmalz eine Temperatur von 160 bis 168° F. erforderlich ist und daß bei einem über 170° F. gehenden Wärmegrade die zuckerbildende Eigenschaft des Malzes vernichtet und dasselbe wirkungslos gemacht wird. Die Stärke des Maises dagegen kann bei unterhalb dem Siedepunkt des Wassers liegenden Wärmegraden nicht vollständig in Lösung gebracht werden *), sonach mußten die Versuche scheitern, welche gemacht worden sind, Gerstenmalz und Mais im gleichen Maischbottich gemischt zu behandeln — die Temperatur, welche zur Verzuckerung des Malzes dient, ist ja nicht hoch genug zur Auflösung der Maisstärke — und es konnte so aus dem Mais nur eine sehr kleine Ausbeute gewonnen werden. Wenn man dagegen die Temperatur der Mischung hoch genug steigert, um das Stärkemehl des Maises vollständig zu erschließen, so wird die zuckerbildende Eigenschaft des Malzes zerstört und der ganze Proceß schlägt fehl. Diesen Schwierigkeiten ist durch die vorliegende Erfindung begegnet, welche darin besteht, daß in einem und demselben Gefäße die Stärke des Maises aufgeschlossen und das verzuckerte Extract aus der Mischung von Malz und Mais bereitet wird, einfach indem man ein kleines Quantum des Malzes (d. h. dessen verzuckernde Eigenschaft) opfert. Natürlich steht es frei, wenn dies verlangt wird, den Proceß in getrennten Gefäßen auszuführen. 40 bis 50 Proc. Mais lassen sich in solcher Weise der Gerste beimengen und also große Ersparnisse beim Brauen erzielen."

Herr Brauer Otto in Louisville, im Staate Kentucky, ein achtungswerther tüchtiger Geschäftsmann, setzte trotz aller Widersprüche Seitens seines eigenen Personals und trotz der Intriguen, welche mißgünstige Braucollegen und andere Subjecte der Stadt anzettelten, bereits im Mai 1863 die Maisbrauerei in seinem Wassermaischgeschäfte durch und beharrte dabei in Erkenntniß der Vortheile, welche in Bezug auf Qualität, Haltbarkeit und billige Herstellung des Bieres ihm erwuchsen.

Die Maismitverwendung nach den von mir befolgten Methoden hat sonach bei allen obigen Brauarten die Qualität und die Haltbarkeit der Biere nicht nur nicht beeinträchtigt, sondern wesentlich erhöht. Diese große Haltbarkeit erklärt sich aus dem langsameren Lebensverlaufe des Maisbiers. Um rein zu werden, braucht dieses in vielen doch keineswegs in allen Fällen längere Zeit als Bier, welches ausschließlich aus Gerstenmalz bereitet ist, Maisbier erreicht jedoch einen hohen Grad von Glanzhelle. Sowohl bei der Hauptgährung als auch bei der Lagerung hat die Vergleichung von Maisbieren und von aus bloßem Malz gemachten Bieren eine größere Tendenz zur Vergährung für letztere ergeben, und es ist mit Sicherheit anzunehmen, daß nach Maßgabe des Maiszusatzes die Tendenz zur Verjährung abnimmt — mit dieser Erfahrung stehen die vortrefflichen Eigenschaften des Maisbieres, Haltbarkeit, Vollmundigkeit, Transportfähigkeit, Frische beim langsamen Ausschanke u. s. w. im Einklange. Bei den nach meinen Methoden gebrauten und regelmäßig in

*) Wenigstens nicht in der beim Braugeschäft gegebenen kurzen Zeitfrist.

Gährung versetzten Maisbieren sind niemals Fuselöle störend aufgetreten, welche Andere vom Betriebe der Maisbrauerei abgeschreckt haben.

Das Verhältniß des Maiszusatzes richtet sich nach der verlangten Qualität des Bieres, nach dem jeweiligen Preisverhältnisse von Mais und Gerste, nach der Größe und Beschaffenheit der Werkvorrichtungen, besonders des Senkbodens und nach Umständen mancher Art. Im Allgemeinen erhalten Biere feiner Qualität, besonders wenn sie bald verkaufsmäßig sein sollen, einen geringeren Zusatz von Mais. Ordinaire Biere können dargestellt werden aus gleichen Gewichtstheilen Mais und Malz; bei Verwendung von Gerstenmalz minderer Qualität, wie es im Handel vorkommt, hat sich aber dieses Verhältniß nicht immer als praktisch herausgestellt. Für die ersten Gebräue ist es, schon um dem Publicum kleine Farbe- oder Geschmacksverschiedenheiten unmerkbar zu machen, empfehlenswerth, das Verhältniß von 20 bis 30 Gewichtsprocent Mais nicht zu überschreiten, sonst können Lagerbiere recht gut mit einer 33 bis 36 Proc., Schankbiere mit einer 36 bis 40 und mehr Procente Mais enthaltenden Schüttung hergestellt werden. Von großem Gewichte sind noch folgende Momente: daß durch die Maismitverwendung Ersparniß eintritt erstlich an Anlagecapital — Malztennen und Darren vermindern sich für gleiche Betriebsgröße der Brauerei, zweitens an Betriebscapital — trockener Mais kann sogleich benutzt werden, ohne die Umwandelungszeit in Malz zu beanspruchen, ein Punkt, welcher beim Sommerbrauen besonders in Betracht kommt; und drittens an Mälzerpersonal — für Amerika ist dies, insoweit als die Malzbereitung mit dem Braugeschäft combinirt ist, ein großer Vorzug der Maisbrauerei! Ohne des Näheren einzugehen auf eine in Ziffern durchgeführte Berechnung des aus den genannten drei Punkten, der Ersparniß von Anlage- und Betriebscapital und der Verringerung des Arbeiterstandes der Brauerei, resultirenden Vortheils, führe ich nur die Vergleichung der Kosten der Materialien an, wie sie sich in New-York zu Anfang des Jahres 1863 für ein Gebräue ohne und für ein solches mit Maiszusatz ergaben:

1 Bushel Mais = 56 Pfund kostete 90 Cents		Doll. 1. —
Hierzu Schrotlohn 10 „		
1 Bushel Malz 33 Pfund		„ 1. 75
Zu einem Gebräue wurden genommen statt 100 Bushel Malz = 3300 Pfund		„ 175. —
70 Bushel Malz, 2310 Pfund	122. 50	„ 142. 50
20 „ Maisschrot mit Rücksicht auf die Verstaubung, à 53 Pfd., 1060 Pfd.	3370 Pfd. 20. —	

Ersparniß sonach bei Verwendung von 32 Proc. Mais zu einem Gebräue von 65 Barrels . . . . Doll. 32. 50
oder bei jedem Barrel, circa 2⅓ Wiener Eimer, 50 Cts., O. W. fl. 1.

Noch viel höher kann aber der Vortheil, welchen die Maisbrauerei gewährt, sich steigern, wenn anstatt 32 Proc. Mais 40 und mehr Procente desselben zugesetzt werden, oder wenn, wie im Westen, der Maispreis ein viel niedrigerer ist, als im obigen Beispiele angenommen wurde.

Die Preisverhältnisse des Braujahrs 1863 bis 1864 waren in Nordamerika um gleicher Ursachen willen wie in Ungarn der Maisbrauerei in hohem Grade ungünstig; ein solches Ausnahmejahr drängt aber die wohlbegründete Aussicht nicht in den Hintergrund, daß in einer nahen Zukunft schon sich die Maisbrauerei ein weites Terrain auf dem amerikanischen Continent erobert haben wird zum Nutz und Frommen der Brauer, noch mehr aber zum Besten der ärmeren Classe der Bevölkerung, die durch ein gutes, gesundes und billiges Bier von dem Brandy und Whisky abgeleitet wird, und schließlich zur Mithülfe bei Wiederfüllung des jetzt so erschöpften Staatsschatzes durch ein massenhaftes Steuerergebniß.

Gerstenmalz.

An die vorstehende Skizzirung der für die Bierfabrikation in Amerika vorzugsweise gebräuchlichen Ersatzmittel des Gerstenmalzes reihe ich einige Bemerkungen über das letztere selber.

Die zweizeilige Gerste ist die in Nordamerika vorzugsweise cultivirte Varietät. Spielarten sind: die Hudsonsbai-Gerste, die sehr früh reift und einen reichen Ertrag gewährt, die Chevalier-, Providence-, die peruvianische, ägyptische Gerste u. a.

Gerste verlangt einen weniger schweren Boden als Weizen; die von dem letzteren so reiche Ernten gebende Prairie ist also für den Gerstenbau nicht besonders geeignet. Dasselbe gilt für den Haferbau. Als ein Durchschnittsertrag gelten für Gerste und Hafer 40 Bushels pr. Acre. Häufiger Samenwechsel gilt als besonders nothwendig zur Erzielung genügender Ernten von schöner Gerste.

Der im Vergleiche mit den Notirungen auf den Hauptplätzen verhältnißmäßig schlechte Preis, welchen die im Lande zerstreuten Brauer dem zumeist auf den Verkauf in nächster Umgebung angewiesenen Farmer gewähren, trägt mit Schuld an der geringen Vorliebe des letzteren für den Gerstenbau. Gerste kostet im Westen nicht selten das Doppelte vom Mais und annähernd so viel als Weizen. Selbst Hafer war im Winter 1862 bis 1863 in Illinois theurer als Weizen!

Die Nachfrage nach Braugerste ist eine jährlich steigende; Wintergerste wird im Norden der Vereinigten Staaten in Michigan, ferner in Canada, Sommergerste in den südlicheren Landestheilen gebaut und der Bedarf der Großstädte New-York, Cincinnati, St. Louis, vorzugsweise durch jene gedeckt.

Bei der Wahl zwischen Sommer= und Wintergerste, beziehungsweise Gerstenmalz, ist der bezügliche Preis keineswegs das vorzugsweise maßgebende Moment. Malz aus Wintergerste wird für einzulagernde, solches aus Sommer= gerste für rasch zu verbrauchende Biere vorgezogen; der ausschließliche Gebrauch von letzterem verursacht, wie in Früherem ausgeführt worden ist, leicht Schwierig= keit beim Abfließen der Würze, es ist daher unter allen Umständen zweckmäßig, dem Sommergerstenmalz einen Zusatz von dem dickhülsigeren Wintergersten= malz zu geben.

Die amerikanische Malzfabrikation ist der englischen ähnlich, sie wird eben= falls gewöhnlich als ein vom Braugeschäfte gesonderter, für sich bestehender Geschäftszweig betrieben und zwar zum Theil in großartigen Fabriken.

Um Einiges über die Einrichtung und Manipulation der Mälzereien zu sagen, so werden als Material für die Malztenne häufig große Steinplatten verwendet, wo diese fehlen, dient Cement. Die Herstellung solcher Cement= tennen sah ich in folgender Weise ausgeführt. Auf den Grund kommt lehmiger Sand, dann faustgroße Bruchsteine und Ziegeltrümmer mit Sand festgestampft; hierauf ein etwa 2 Zoll hoher Guß von mit Kies und Sand dick angemachtem Kalkmalter: für eine Fuhre Kies und Sand wird ein Schubkarren Kalk ge= nommen. Diese Masse wird sorgfältig gestampft und nach eingetretener Erhär= tung, d. h. nach mehreren Wochen kommt ein Guß Cement — mit grobem Sand angemacht — darauf. Auch der untere Theil der Tennenwände wird mit Cement verrieben.

Bezeichnend ist es für die amerikanische Geschäftspraxis, daß man dort niemals, wie dies so häufig noch hier zu Lande vorkommt, die Weiche so auf= gestellt sehen kann, daß die geweichte Gerste herausgeworfen werden muß; stets steht die Weiche höher als die Tenne und das zur Malzung kommende Material gelangt durch den eigenen Fall von der ersteren auf die letztere, wo der Haufen zunächst 24 Stunden liegen bleibt, bevor er ausgebreitet wird.

Die Zeitdauer des Keimens der Gerste beträgt gewöhnlich vierzehn Tage, der Keim darf nach der ganzen Länge des Korns hinwachsen, das Hervorschießen wird vermieden. Der Mälzer richtet sich theils nach der Temperatur des Haufens, theils nach dem Geruche des Malzes, theils nach dem An= sehen: die Würzelchen sollen sich als kurze Büschel entwickeln. Je nach der Gerstenvarietät dürfen diese aber in verschiedener Länge hervortreten. Zum Schlusse der Operation wird der Haufen höher zusammengesetzt und die Temperatur darin bis auf 21° R. steigen gelassen, um das Malz recht mürbe zu machen.

Die Malzdarren sind fast durchaus nach einem alten sehr einfachen Sy= steme construirte „Rauchbarren" — insofern als die Verbrennungsproducte

direct mit dem zu darrenden Malze in Berührung kommen, d. h. dasselbe durch=
streichen; nur in Ausnahmefällen traf ich Luftdarren oder auch Dampf=
darren an.

Die gewöhnliche Darre hat zwei in dem Verbrennungsraume sich gegen=
überliegende Feuerstellen; zu beiden Seiten des Verbrennungsraumes sind im
Gemäuer aufsteigende Canäle für den Luftzutritt. Die durch die Verbrennung
entstandenen heißen Gase gelangen vom Heizgewölbe weg durch einen seitlich
durchbrochenen Schlot, der oben zur Verhütung des Hineinfallens der Malz=
keime überdeckt ist, unter die Darrfläche. Dieser Raum, in welchem die Mischung
der kalten Luft mit den Verbrennungsgasen geschieht, ist mehrere Klafter hoch.
Als Darrfläche wird in neuester Zeit am häufigsten ein mit Schlitzen versehenes
Eisenblech benutzt; durchlöchertes Blech und Drahtgeflechthürden stehen, ersteres
in Bezug auf freie Fläche, letzteres in Rücksicht auf Dauerhaftigkeit, jenem nach.
Der Dachstuhl des Darrgebäudes ist aus Holz und hat mehrere Dunstkamine.

Die Darre ist in großen Etablissements so geräumig, daß bis 1000 Bushel,
also etwa 600 Wiener Metzen, Grünmalz auf einmal aufgetragen werden
können. Dasselbe liegt 1 bis 1½ Fuß hoch; das Abbarren dauert dann
drei Tage und drei Nächte. Als ein Grundsatz gilt hierbei, das Malz so lange
ungewendet liegen zu lassen, bis es nahezu trocken ist, dann erst durch zwei=
oder dreimaliges Umschlagen dessen gleichmäßige Trocknung zu erzielen. Auf
diese Weise wird ein durchaus mürbes Product erhalten; das mehrmalige
Wenden der hohen Grünmalzschicht wird vermieden, auf daß nicht das unterste
mehr oder weniger abgetrocknete Malz nach oben und das obere feuchte wieder
nach unten auf die heiße Darrfläche zu liegen komme. In diesem Falle würde
die entweichende Feuchtigkeit nochmals das theilweise abgetrocknete Malz bestrei=
chen, was eine Verlangsamung der Arbeit und Verschlechterung des Products,
die Entstehung von Glasmalz zur Folge haben müßte.

Als Brennmaterial werden für die Darrarbeit in den Großstädten Coaks,
wo diese nicht zu haben sind, aber Steinkohlen benutzt, die in den verschiedenen
Landesstrecken von verschiedener Qualität, im Osten der Vereinigten Staaten
selbst in Form von Anthracit massenhaft vorkommen. Die Verbrennung ist
in den meisten Fällen eine so gute, daß selbst bei Verwendung unreiner Sorten
von Kohle an dem Malze kein oder nur ein sehr geringer Rauchgeschmack wahr=
zunehmen ist.

Eine Dampfdarre, die jetzt Vortreffliches leistet, hat mit vielen Mühen
und Opfern der Brauereibesitzer Stiefel in St. Louis construirt, ein ebenso
tüchtiger Techniker als hochgeachteter Geschäftsmann und Bürger, dessen Geschäft
des Neuen und Interessanten so Vieles aufweist.

B. Brautechnik im engeren Sinne.

Nordamerika hat aus dem englischen Mutterlande nebst der Sprache auch den Grundstock des Volkscharakters, der Sitten, der Gesetzgebung, ferner die erste Richtschnur für den Betrieb von Landwirthschaft und Gewerben genommen. In dieser Weise kam die englische Alebrauerei unverändert nach Nordamerika, und heute noch sucht und findet die amerikanische Alefabrikation ihren Halt und den Ausgangspunkt zum Fortschritt in England. Untergähriges Bier, deutsches Lagerbier, kam erst nach dem Jahre 1840, und zwar zunächst in Philadelphia in Aufnahme. In anderthalb Jahrzehnten hat sich jetzt der Gebrauch desselben über das ganze Vereinigte-Staaten-Gebiet verbreitet, im Westen wird in San Francisco, im Süden in New-Orleans unter der heißen Sonne des Golfs von Mexiko untergähriges Lagerbier gemacht*).

So tritt jetzt allwärts in Nordamerika die Unterzeugbrauerei mit der Alefabrikation in die Schranken, selbst der Nationalamerikaner, der Native, findet mehr und mehr Geschmack an dem „Lagerbier", welche Bezeichnung ihm seither nur als ein Stichwort des Spottes auf die Deutschen gegolten hatte. Unter den Städten des Ostens steht heute noch Philadelphia als dominirend in der Lagerbierfabrikation da. So groß und stattlich zum Theil auch die Lagerbier-brauereien New-Yorks und seiner Nachbarstädte sind, so werden sie doch vor der Hand noch von den dortigen Alefabriken an Großartigkeit der Einrichtung und an Betriebsausdehnung überragt; noch mehr tritt die Ueberlegenheit der Ale-fabriken in anderen großen Städten des Ostens hervor, z. B. in Boston oder in Albany, dem Regierungssitze des Staates New-York, wo sich die größte Alefabrik der Vereinigten Staaten befindet. Im Westen aber hat, wegen der massenhaft auftretenden deutschen Bevölkerung, welche dem Getränk der Heimath, dem Lagerbier, treu bleibt, die untergährige Brauerei eine rapidere Entwickelung genommen als im Osten, so in Cincinnatt, in Chicago, dessen Lagerbierbrauereien zum Theil in der Frist eines Jahrzehnts sich aus winziger Anlage zu Groß-geschäften entwickelt haben, in St. Louis, dessen größte Lagerbierbrauerei in der Hauptbrauzeit ein monatliches Quantum von 9000 Barrels oder 20,600 Wiener Eimern Bier nach dem Wassermaischverfahren fabricirt, und zwar in Gebräuen von 300 Barrels, d. i. 687 Wiener Eimern. Der ganze Lagervorrath der betreffenden Brauerei beträgt am Schluß der Campagne 22,000 Barrels = 50,000 Wiener Eimer; der ganze Lagervorrath der größten Brauerei in Philadelphia ist 28,000 Barrels.

Heute ist das Verhältniß so, daß die nordamerikanischen Lagerbierbrauereien

---

*) Allerdings bezieht diese letztere Gegend den größten Theil des Bierbedarfs via Mississippi aus der Gegend von St. Louis.

erften Ranges etwa auf einer Höhe mit den Münchener Großgeschäften und mit
denen zweiten Ranges in Wien ſtehen.

Es war für mich ſehr anziehend, da und dort in Gegenden, welche im
erſten Stadium der Cultivirung begriffen ſind, zu ſehen, wie Brauereien entſtehen.

Längs der großen Seen durchzieht der Dampfwagen in raſender Eile end=
loſe Wälder, die Natur ruht noch unter der winterlichen Schneedecke, da und
dort auf gelichteter Waldſtelle ſteht ein einſames Blockhaus oder auch mehrere
in geringer Entfernung von einander zu Schutz und Trutz ſich in Sicht hal=
tend. Der Zug hält einen Augenblick auf einer Station; raſch dem Wagen
entſpringend finde ich mich in einem neu entſtandenen Town, unter deſſen
wenige Häuſer ein verhältnißmäßig ſtattliches, aus Brettern zuſammengezimmer=
tes Gaſthaus zählt. Nachdem ich mein Gepäck abgegeben habe (ein hülfreicher
Träger iſt hier nicht zur Stelle), durchgehe ich die ſein ſollende Straße —
einen Streifen ausgehauenen Waldes, von dem eine Wagenbreite mit Holz
gepflaſtert, der aber ſonſt noch mit Baumſtrünken verpalliſabirt iſt. Unter
den wenigen Häuſern befinden ſich ſchon ein paar Groceries, Kaufläden für
Alles, eine Dampfmühle und Dampfbrettſäge, eine Kirche. Ich frage nach der
Brauerei und treffe etwas abliegend im Walde an einer friſch ſprudelnden
Quelle ein kleines Haus mit einem einzigen Wohnraume und einem Bretter=
verſchlage, der den Miniatur=Braukeſſel und den entſprechend kleinen Maiſch=
bottich einſchließt; die Rauchdarre hat leidliche Backofengröße, die Hausflur
dient zugleich als Malztenne und der mit etlichen kleinen Fäſſern als Gähr=
gefäßen ausgerüſtete Keller mag eine Quadratklafter meſſen. Der Brauer
macht mit Hülfe ſeiner Frau alle Arbeit, das Pferd findet in nächſter Nähe
reichliche Waldweide.

Mag der verehrte Leſer bei dieſer Erzählung lächeln — Thatſache iſt es,
daß viele jetzt reiche Brauherren vor zehn bis zwanzig Jahren den gleichen
Anfang gemacht haben. Das iſt der Weg, welcher zur Selbſtſtändigkeit und
vielleicht zum Reichthume führt.

Als Gegenſatz zu dieſer primitiven Brauwirthſchaft möge die großgewachſene
Induſtrie durch ein anderes Beiſpiel vor Augen geführt werden. Ich habe
eines der bedeutendſten und rühmlichſt bekannten Braugeſchäfte des Landes im
Auge, die Brauerei in Dobbs Ferry, im Staate New=York, deren Beſitzer,
Herr Peter Biegen, vor weniger als zwei Jahrzehnten eine ſelbſtſtändige
Laufbahn in einem kleinen Geſchäfte eröffnet und ſein jetziges vor etwa acht Jah=
ren gegründet hat.

Unfern vom Bahnhofe und nur wenige Schritte vom majeſtätiſchen Hudſon=
ſtrome entfernt liegt das Etabliſſement am Ausgang einer Thalſchlucht. Dieſe
iſt in einen Park umgewandelt, deſſen kleine Seen mit Waſſervögeln bevölkert
ſind. Ein mehrfach überbrückter Bach ſtürzt ſich über die Felſen herab und
treibt, gebändigt, ein oberſchlächtiges Rad, den Motor der Brauereimaſchinen.

Hinter Baumgruppen versteckt sind die Vorhöfe der Felsenkeller. Nächst dem in geschmackvollem Villastil gebauten Wohnhause des Brauherrn steht ein Arbeiterhaus und einige Wirthschaftsgebäude, auf der entgegengesetzten Seite des weiten Hofraumes erhebt sich das stattliche massiv aufgeführte Fabrikgebäude.

Das Sudhaus ist licht und geräumig; zwei eiserne Pfannen von gleicher Dimension sind neben einander eingemauert und zwar in solcher Höhe, daß die Maische von selbst in den Maischbottich und die gehopfte Würze ebenso auf die Kühle fließt. Dieser weniger hohen Lage ungeachtet ist das Kühlhaus frei und luftig. Das volle Sudwerk beträgt 150 Barrels, 340 Wiener Eimer, welche in den zwei Pfannen mit nur Einem Maischbottich fertig gemacht werden. Die Pfannen sind ziemlich flach, von der hier zu Lande üblichen Form, im Gegensatz zu den in den Vereinigten Staaten auch in Lagerbierbrauereien, die nach der Lauter- und Wassermaischmethode arbeiten, gewöhnlichen Braukesseln. Eiserne Pfannen gehören in Amerika noch zu den selteneren Vorkommnissen; die lange Dauer der in mehreren Geschäften vorhandenen beweist auch dort, wie gut sie sich, bei richtiger Auswahl des Eisenbleches, für die Praxis eignen.

Als Heizmaterial dient Steinkohle; jede Pfannfeuerung ist untertheilt und sonach mit zwei Heizthürchen versehen.

Rührvorrichtungen, die das Anbrennen der Maische zu verhindern haben und die in geschlossenen Braukesseln schon des Hopfens wegen nicht fehlen dürfen, sind nicht selten auch bei offenen Braukesseln und selbst bei Pfannen angebracht. Eine solche Vorrichtung besteht aus einer senkrecht auf die Mitte der Pfanne herabgehenden eisernen Achse, und einem unten an letzterer befestigten Eisenkreuze sammt (bis zu 200 Pfund schwerer) Kette.

Was die Einrichtung des Maischbottichs anbelangt, so ist die Maisch-maschine in der Brauerei zu Dobbs Ferry von einer besonders in Brennereien üblichen einfachen Construction, deren sich in den Vereinigten Staaten viele Dickmaischbrauereien bedienen. Es ist, beiläufig gesagt, ein Beweis für das zähe Festhalten am Althergebrachten, welches die Mehrzahl der deutschamerikanischen Brauer kennzeichnet, daß selbst in diesem Fortschrittslande einzelne der größten Lagerbiergeschäfte noch die Handmaischarbeit beibehalten.

An einer entsprechend starken Achse, die bei der Maischmaschine in Dobbs Ferry von Eisen, andern Orts selbst von Holz ist und in diesem Falle bis zu drei Quadratfuß Querschnittfläche hat, und die sich im Mittelpunkte des Maischbottichs in einer Stahlpfanne dreht, befindet sich der mittelst eines Hebels aufziehbare Maischrechen. Dieser besteht aus einem eichenen Quer-baume und — in Dobbs Ferry — aus 14 in den Querbaum eingezapften Zähnen aus Eschen- oder Hickoryholz, welche bis sehr nahe zum Boden des Bottichs herabreichen. Der Querbaum hat einen Querschnitt von einem Quadratfuß — in großen Brennereien traf ich noch stärkere Constructionen die Zähne haben oben etwa 36 Quadratzoll Durchschnittsfläche und verjüngen sich nach unten auf 16 Quadratzoll.

Diese Maischmaschine macht, bei etlichen dreißig Umdrehungen pr. Minute, bessere Arbeit, als ich, ausgehend von den sehr vollkommenen, aber auch ziemlich complicirten, hierländischen eisernen Maschinen, von vornherein anzunehmen geneigt war. Bewältigt doch der einfache Maischrechen in den amerikanischen Brennereien bei sehr rascher Umdrehung dicke Maispasten. Man hat diese Vorrichtung dahin verbessert, daß die Zähne zweier Rechen, in entgegengesetzter Bewegung ineinandergreifend, die Maische durchschneiden.

Die Besprechung mehrerer anderen in Amerika vorkommenden Formen der Maischmaschine sowie der weiteren Maischbotticheinrichtung für den Abschnitt der Alefabrikation mir vorbehaltend, erwähne ich die in der Brauerei in Dobbs Ferry eingeführten Kettenpumpen fürs Schöpfen des Dick- und Lautermaischs, mit deren Leistung der Besitzer vollkommen zufrieden ist. Ihre Vorzüge bestehen in vergleichsweiser Billigkeit, großer Leistungsfähigkeit, seltener Reparaturvorkommniß, leichter Möglichkeit der Reparatur, die im eintretenden Falle durch jeden Feuerarbeiter geschehen kann, leichter Reinhaltung und schließlich in der Eigenthümlichkeit, daß die Kettenpumpe die Maischmaschinenarbeit thatsächlich fortsetzt.

Im touristischen Theile der „Reiseskizzen" habe ich anläßlich der Kentucky-Ausstellung erwähnt, daß Kettenpumpen im Westen der Vereinigten Staaten auf den Farmen sehr gewöhnlich angetroffen werden, in den obgenannten Vorzügen liegt auch eine genügende Erklärung für diese Verbreitung in Gegenden, wo man Tagereisen zu machen hätte, um einen Brunnenmeister oder Pumpenarzt aufzufinden.

Durch die Räume schreitend gelangt der Besucher Dobbs Ferrys ins Kühlhaus, das gerade über den Gährkellern steht; er findet auch dieses nach besten europäischen Vorbildern eingerichtet, allseitig mit großen Jalousien versehen. Die Kühlschiffe sind aus Schwarzeisenblech mit sehr niederen Rändern, die Nieten sind nicht versenkt.

Auffallend war mir zu sehen, daß die Mehrzahl der amerikanischen Brauereien sich immer noch hölzerner Kühlen oder solcher, die aus Weißblech gefertigt sind, bedient. Die Nachtheile der ersteren sind bekannt, und sie sind in Amerika um so größer, als bei der Verbreitetheit holzbewüstirender Insecten ganz gesunde für diesen Zweck geeignete Pfosten schwer zu haben sind. Die Weißblechkühlschiffe sind in Folge ihrer leichten Zerstörbarkeit durch atmosphärische Einflüsse und durch den Gebrauch selber und in Folge der Zusammensetzung aus sehr vielen Theilen von äußerst kurzer Dauer, so daß ihre Verbreitung nur aus dem amerikanischen bei jeder Fabrikeinrichtung maßgebenden Grundsatze der „Billigkeit vor Allem" einigermaßen erklärlich wird. Ein würdiges Ende dieser Geräthe ist gewöhnlich das, daß sie in der Umgebung der Brauerei als durchlöcherte Seitenwände irgend eines Schoppens oder Schweineſtalls fungiren.

Kühlapparate ſind in der Brauerei in Dobbs Ferry zwei vorhanden: der von Baudelot auf dem Wege der Bierwürze zum Gährkeller ſtehend und ein zweiter Eiskühler im Gährkeller ſelber. Dieſer hat die Aufgabe, die Keller= temperatur ſo niederzuhalten, daß die Anwendung von Schwimmern, welche zu ſo mancherlei Bedenken Anlaß giebt, unterbleiben kann. Für den Gährkeller= Kühlapparat, deſſen Einrichtung den Schutz eines Privilegiums genießt, hat der für fachlichen Fortſchritt in liberalſter Weiſe einſtehende Beſitzer eine bedeutende Summe verwendet, zur Zeit meiner Anweſenheit war das Urtheil über dieſe Neuerung noch nicht feſtgeſtellt. In New=York ſind Beſtrebungen in ähnlicher Richtung gemacht worden, dahin gehend, durch Verdunſtungskälte den Gährkeller auf niederer Temperatur zu erhalten und zwar vermittelſt eines ſehr feinen Waſſerregens unter gleichzeitiger ſtarker Ventilirung des Locals.

Ueber die in amerikaniſchen Brauereien üblichen Kühlvorrichtungen wird bei Skizzirung der Alefabrikation Eingehenderes geſagt, insbeſondere über Bau= delot's Kühler, welchen ich in mehreren Brauereien ſowie in der Kupferſchmied= waarenfabrik des Herrn J. Trageſer in New=York (aus welcher dieſe vor= trefflichen Apparate hervorgehen) genau kennen lernte.

Die Einrichtung des Gähr= und Lagerkellers, wie ich ſie in Dobbs Ferry und in amerikaniſchen Lagerbierbrauereien überhaupt antraf, bietet, mit in Bayern und Oeſterreich vorkommenden großartigen und zweckentſprechenden Objecten verglichen, kaum Bemerkenswürdiges dar. Wohl exiſtiren ſtattliche, ratio= nell eingerichtete Lagerkellerbauten, doch wird im Allgemeinen die Wirkung mehr den von der Natur gegebenen günſtigen Verhältniſſen überlaſſen, als künſtlich regulirt. Die Lagerkeller werden häufig gar nicht oder doch weniger ſorgſam mit Eis aus= geſtattet, als dies hier zu Lande geſchieht, deshalb traf ich auch im Auguſt und September Temperaturen von 8 bis 10° R. darin an und Biere, in welchen — wenn ſie überhaupt noch trinkbar waren — die Vergährung ſich aufs Weiteſte fortgeſchritten zeigte, und die abgeſehen vom vollkommenſten Glanze in keiner Eigenſchaft mehr excellirten. Die Beſchaffung des Eiſes iſt — und hierin liegt die Erklärung für die Unvollkommenheit der amerikaniſchen Lagerkeller= einrichtung — in einem großen Theile des Vereinigten=Staaten=Gebietes eine ungeſicherte, in der Mehrzahl der Jahre zu koſtſpielige, um, ſo wie es bei uns geſchieht, den Braubetrieb ganz und gar darauf baſiren zu können. Die Winter= kälte dauert beiſpielsweiſe im Breitegrade von New=York gewöhnlich nicht an; ſo ſchnell wechſelt die Witterung, daß zuweilen auf eine Kälte von — 8 bis 10° R. in wenig Stunden ſchon ein Regenguß folgt. Wie ich ſchon im touriſtiſchen Theile meiner Reiſeſkizzen anführte, pflegen in ſüdlicheren Gegenden die Brauer das nöthige Eisquantum Tag für Tag von der Eiscompagnie zu beziehen: eine Brauerei in St. Louis verbrauchte im September 1863 bei ſchwachem

Betriebe täglich 900 bis 1400 Pfund Eis im Kaufpreise von 3 Cents pr. Pfund, die tägliche Ausgabe betrug sonach 27 bis 42 Dollars, im Mittel 70 Gulden österr. Währung.

Kaltes Quellwasser für die Kühlung der Bierwürze und durch ihre natürliche Beschaffenheit geeignete Keller — dies sind sonach zwei Grundbedingungen des Braubetriebs in südlicheren Gegenden. Im Norden freilich besitzt die amerikanische Lagerbierbrauerei in den Eishäusern eine Errungenschaft, welche mit den schönsten Ergebnissen unserer Bierindustrie sich vergleichen kann. (Siehe im touristischen Theile „Eisindustrie Chicagos".)

Brauverfahren.

Eine Uebersicht über die in Nordamerika vorkommenden Braumethoden ist schon im Abschnitt Braumaterialien gegeben worden. (Seite 140.)

Während München und Wien, als Brennpunkte der Untergährbrauerei, kaum irgend welche Bestrebungen aufzuweisen haben, die darauf abzielen, sei es das an beiden Orten eingebürgerte Dickmaischverfahren wesentlich abzuändern oder gar über Bord zu werfen, sei es die Dampfkochung einzuführen (ich ignorire in dieser Beziehung nicht die älteren Versuche in München und die neueren in Schwechat), und während die böhmischen Dampfbrausysteme, mögen sie auch nicht sämmtlich vom Schauplatze wieder abgetreten sein, doch nicht durchgegriffen haben — macht in Amerika bald schon jeder Brauer sich auf eigene Faust ein anderes System von Braumethoden und Werkvorrichtungen zurecht. Lagerbierbrauereien, welche den Dampf als Temperatursteigerungsmittel beim Maischen und als Vermittler der Würzekochung nehmen, gehören dabei immerhin noch zu den seltenen Fällen.

Freilich kann nicht zugleich gesagt werden, daß alle die vorkommenden Variationen der Dick-, Lauter- und Wassermaischbrauerei ebensoviele Fortschritte in Beziehung auf die Qualität des Products und auf die Geschäftsökonomie sind.

Ich beginne die Aufzählung der Brausysteme mit dem Dickmaischverfahren. Selten trifft man das vollständige Münchener Verfahren mit zwei Dick- und einer Lautermaischkochung, es ist gewöhnlich vereinfacht durch Wegfallen eines Dickmaischs oder selbst des Lautermaischs.

Der Maischarbeit wird weniger Zeit vergönnt als beim eigentlichen bayerischen und österreichischen Brauverfahren.

Die Maischtemperaturen sind annähernd so wie im Mutterlande, die Dick- und Lautermaischkochungen dauern gewöhnlich nur kurz, die schließliche Kochung — der Hopfensud — noch länger als hier zu Lande gewöhnlich ist, nämlich fünf und mehr Stunden. In Dobbs Ferry kommt zum ersten Würzantheil sofort etwas Hopfen in die Pfanne, in anderen Dickmaischbrauereien wird so manipulirt wie in Wassermaischbrauereien, daß nämlich vor dem Hopfenzusatz die

Würze unter Abschöpfen des Schaums so lange sieden gelassen wird, bis sie sich gut gebrochen zeigt, dann zunächst ein Antheil des Hopfens und erst zum Schlusse des Siedens die Hauptmasse desselben zugesetzt wird. Der Hopfen= zusatz beträgt bei Schankbieren nur ½ bis 1 Pfund pr. Barrel, bei Lager= bieren nach obwaltenden Umständen bis zu 3 Pfund. Die zur Einleitung der Gährung in Verwendung kommende Hefenmenge ist eine geringe, sie beträgt für 40 Barrels etwa 1 Gallone, für 100 Wiener Eimer 7 bis 10 Wiener Maß, trotzdem ist die Vergährung eine sehr starke. Gewöhnlich sind die Gähr= bottiche zwei= bis dreimal so groß als in Wiener Großgeschäften, sie halten nämlich 40 Barrels Würze und darüber.

Das Drauflassen, die Mischung zweier Gebräue im Gährbottich, kommt ebenfalls vor, so auch die Vertheilung jedes Gebräues auf eine gewisse Anzahl von Lagerfässern. Eine sehr langsame Hauptgährung von vierzehn= bis zwanzig= tägiger Dauer wird bei nach jeder Braumethode gemachten untergäh= rigen Bieren als unerläßlich für die Haltbarkeit des Products erachtet. In südlicheren Gegenden pflegt man im Frühjahre und Herbste, also bei wärmerem Wetter, nach der Kräusenperiode die Gährflüssigkeit von der Hefe abzuziehen und in einen andern Bottich zu bringen, wo der Proceß der Hauptgährung zu Ende kommt. Nur aus letzterem Bottich wird die Anstellhefe genommen; diese besteht also aus den kleinsten Hefenzellen, die sich am langsamsten absetzen. Selbst eigentliche Lagerbiere unterliegen zuweilen noch einem Schönungsprocesse vor dem Ausschanke. Bei Bieren, welche den sogenannten Winterbieren entsprechen, ist eine solche Manipulation die Regel. Sie kommen vom Gährbottich weg auf das sogenannte Ruhfaß, wo sie leicht gespundet liegen bleiben bis kurze Zeit vor der Verwendung. Nun kommen sie unter Kräusenzusatz auf Spanfässer, die einige Tage offen und sodann nur kurze Zeit gespundet liegen. In manchen Braue= reien dauert diese Manipulation eine Woche, in anderen viel kürzer. Schließ= lich geschieht die Abzapfung auf die Kleingebinde. Diese werden stets in mehr= tägigem Vorrathe entweder in den Schanklocalen selber oder in nicht ganz kalten anstoßenden Räumen niedergelegt. Nachdem durch solche Behandlung das Freiwerden von reichlichen Mengen Kohlensäure eingetreten, kommt das Gebinde, während der Zeit als es selber im Ausschanke steht, in den Eiskasten (Refrige= rator) zu liegen, und so erhält das Publicum, seinem Geschmacke entsprechend, das Bier zwar weniger kalt als z. B. der Wiener Biertrinker es verlangt, aber in hohem Grade glänzend und moussirend.

Diese Behandlungsweisen sind übrigens je nach dem Geschäftsgebrauche eines jeden Brauers sehr verschieden.

Das Lautermaischverfahren ist diejenige Brauart, deren Ausführung, wie sie in vielen amerikanischen Brauereien angetroffen wird, unter allen übli= chen Methoden am mangelhaftesten erscheint, sowohl bezüglich des Effects auf Verzuckerung des Stärkemehls als auf Ausbeutung des Materials. Damit spreche ich nur aus, was ich auf meiner Rundreise sah und vorfand, nicht etwa meine Ansicht über das, was mittelst der Lautermaischbrauerei geleistet werden kann. Das folgende Beispiel aus der üblichen Praxis möge hier Platz finden und zwar ist dies ein Lautermaischverfahren mit klar abgeläuterter Würze, das also dem Culmbacher sich nähert.

Im Maischbottich wird zunächst ein „Salat" gemacht, d. h. das Malz=schrot wird mit Wasser durchfeuchtet und zwar kommt hiervon auf je 10 Bushels = 330 Pfund Malz etwa 1 Barrel = 310 Pfund Wasser. Die Zugabe des Wassers geschieht entweder durch Uebersprengen des im Maischbottiche aus=gebreiteten Schrotes oder so, daß es langsam durch den Pfaff, beziehungsweise unter den Läuterboden eintritt. Es soll gerade so viel Benetzung stattfinden, daß die Malzmasse sich in der Hand ballt und das aufgesogene Wasser nur tropfweise abfließen läßt. Zwei Braugesellen steigen mit entblößten Füßen in den Maischbottich und schaufeln die Masse regelrecht durch. Das befeuchtete Malzschrot wird sodann — und dies ist der erste Verstoß gegen die in der Wassermaischbrauerei geltenden Grundsätze — mit „siedendem" durch den Pfaff zutretendem Wasser aufgeschlossen, d. i. gemaischt und zwar mit so viel, daß eine Temperatur von etwa 45° R. entsteht.

Um für die Verzuckerung das Mögliche zu thun, wäre es besser, hierbei wenigstens 48° R. zu erreichen. Jetzt wird der Lautermaisch gezogen und zwar in der Art, daß man die gesammte Würze, so lange sie nämlich rasch abfließt, wegnimmt; durch das Kochen wird nun jede fernere Wirksamkeit der Eiweiß=stoffe auf die Verzuckerung darin aufgehoben und das Stärkemehl, welches das zweite Maischen und die Nachgüsse in Aufschließung bringen, bleibt in den ersten Uebergangsstadien, der Zweck des Maischprocesses ist also verfehlt. Das Sieden des Lautermaischs währt ³/₄ Stunde; durch das Zurückbringen desselben in den Maischbottich sollte nach einer Grundregel der Braukunde (welche nur bei gewissen Malzsorten eine Ausnahme zuläßt), eine Temperatur der Masse von 60° R. nicht überschritten werden, statt dessen wird aber die Erhitzung auf 64 und mehr Grade getrieben. Zum Ueberfluß der Widersinnigkeit wird in manchen Lautermaischbrauereien, angeblich um schlechten Beigeschmack und Säuerung des Bieres zu vermeiden, gar kein Nachguß gemacht!

Das Ergebniß solcher Verfahrensweisen fand ich ganz entsprechend der Reihe der darin involvirten Irrthümer — eine schlechte Verzuckerung (die sich durch eine Jodprobe in erschreckender Weise zu erkennen gab) und schlechte Aus=nutzung des Materials — und doch sollen untergährige, in eislosen Kellern aufzubewahrende Lagerbiere daraus hervorgehen, und doch ist mancher Brau=künstler auch bei einem solchen Gewerbsbetrieb binnen eines Jahrzehnts ein wohlhabender Mann geworden!

Es liegt nahe, daß dieses Lautermaischverfahren sich so einrichten läßt, daß es ganz ersprießliche Dienste leisten muß.

11*

Die Wassermaischbrauerei oder Infusionsmethode wird nicht allein bei der Alefabrikation befolgt und in zahllosen kleinen und mittelgroßen Braugeschäften, die meist deutsche Eigenthümer haben, bei Bereitung des obergährigen sogenannten Common-Beers, sondern auch für die Fabrikation untergähriger Lagerbiere ist dieses Verfahren mit mannigfachen Modificationen verbreitet und beliebt. Die Anhänger der Dickmaischbrauerei einerseits und des Wassermaischverfahrens andererseits stehen in eifriger Rivalität auf dem amerikanischen Continent. Wenn auch der Ausgang des hierüber entbrannten gewerblichen und wissenschaftlichen Streites nicht zu prognosticiren ist, so scheint es doch für den jetzigen Augenblick, daß die Wassermaischbrauerei die Oberhand, d. h. die weitaus größere Verbreitung, nicht verlieren wird. Zur Orientirung in dieser wichtigen Frage mögen folgende Momente beachtet werden:

1) Ausnutzung des Materials. So unvollkommen auch vom deutschamerikanischen Brauer (nicht dem eigentlichen Alefabrikanten) das Wassermaischverfahren durchgeführt zu werden pflegt, so muß es der Natur der Sache nach doch noch mehr Extractausbeute liefern als ein Dickmaischbrauen, bei dem die Vertheilung des Wassers für Vor- und Nachwürze so fehlerhaft ist, daß die allerletzte Würze noch mit 7 oder 8 Procent Extractgehalt abfließt. Den aus solcher Mißarbeit erwachsenden Schaden habe ich anderweitig detaillirt nachgewiesen, eine derartige Manipulation kann man aber gar leicht noch in amerikanischen Brauereien finden. Ja noch mehr, ich habe — wie beim „Lautermaisch" angegeben wurde — Brauer besucht, welche vom Anschwänzen ganz und gar nichts wissen wollen und sich noch etwas darauf einbilden, eine solche „die Haltbarkeit und die Feinheit des Bieres beeinträchtigende Maßregel" von ihrem Geschäfte fern zu halten. Andere giebt es, die wohl einen Nachguß machen, aber ja nicht mit heißem, sondern mit kaltem Wasser. Daß so viel Aberglaube im Braugeschäfte Wurzel fassen konnte, dazu scheint ein förmlich systematisches Verbreiten von Irrthümern gehört zu haben, wenn man bedenkt, daß dies in Amerika geschieht, wo doch die Herrschaft des Dollars noch gewaltiger ist, als die des souveränen Volkes selbst, daß in solchem Lande zünftig und nicht zünftig gelernte Brauer Tag für Tag mit den Trägern in Form von concentrirter Würze Dutzende von Dollars vor die Thüre werfen. So wie diesseits des Oceans gar gern jedweder vorkommende Anstand aufs Wasser, so wird er jenseits von Schablonenbrauern auf das „Anschwänzen" geschoben. Intelligente amerikanische Brauer hörte ich die Dickmaischbrauerei wegen der schlechten Ausbeute im Vergleiche mit der Infusionsmethode (Wassermaisch) verdammen, weil sie nicht ahnten, daß der Fehler nicht an der Methode, sondern am Schlendrian liegt, daß bei gehöriger Eintheilung des Wassers auf Haupt- und Nebenwürze das Malz gerade durchs Dickmaischbrauen genügend zu erschöpfen ist. Zum Glück fand ich auch verständige Männer, die sowohl nach dem Decoctions- als nach dem Infusionsverfahren arbeiten, und die bei Verwendung

gleicher Sorgfalt auf Nachgüsse die größere Ausbeute vom Dickmaischverfahren erzielen.

2) **Schnelligkeit der Arbeit.** Das Wassermaischbrauen erfordert allerdings weniger Arbeit und, wofern die Rastdauer nach dem ersten und dem zweiten Aufgusse nicht, wie meistentheils in Alebrauereien geschieht, unnöthig verlängert wird, kürzere Zeit zur Fertigbringung eines Sudes als die Dickmaischmethode. Hierbei muß ich des Umstandes erwähnen, daß die Maischarbeit in Amerika auch dort, wo man mit Maschinen arbeitet, viel kürzer — ich darf wohl sagen — oberflächlicher abgemacht wird als in Deutschland. Es möge bei diesem Anlasse auch die Bemerkung gestattet sein, daß ich mich nur in einem gewissen Sinne von der Wahrheit des oft gehörten Ausspruches überzeugen konnte, daß der Arbeiter in Amerika — sei er Brauer, Feuerarbeiter, Handwerksmann, Farmer — so viel mehr leiste, als in Deutschland. Die Anzahl der Arbeitsstunden ist in Amerika durchschnittlich eine geringere, der amerikanische Arbeiter verbindet aber mit energischem, selbstständigem Angreifen die lobenswerthe Praktik, sich Alles bequemer einzurichten. Uebrigens ist auch die Kost danach angethan, eine große Arbeitsleistung zu ermöglichen. Der Amerikaner ißt im Allgemeinen täglich dreimal Fleischspeise, die Brauereiarbeiter erhalten solche wenigstens viermal, in manchen Geschäften selbst fünfmal im Tage von 24 Stunden.

3) **Feinheit des Geschmacks, Glanzhelle, Haltbarkeit, Kohlensäurereichthum.** Londoner Ale und Wiener Biere erster Classe halten sich in Bezug auf die Feinheit des Geschmacks die Wage, es kann sonach in dieser Hinsicht weder dem Wasser- noch dem Dickmaischverfahren der Vorrang eingeräumt werden. Den Glanz anlangend, so können die im amerikanischen Westen, besonders in St. Louis fabricirten Infusionsbiere nicht überboten werden. In Bezug auf Kohlensäurereichthum ist sowohl das Maisch- als das Gährverfahren einflußnehmend, die amerikanischen Biere stehen auch in diesem Punkte sehr hoch.

Aus einer der renommirtesten Brauereien stammendes Wassermaischlagerbier stellte aber, nachdem im September und October dessen Kohlensäuregehalt sehr gering geworden, eine wenn auch noch glanzhelle, so doch dünne Hopfenflüssigkeit dar, die für den Trinker keinen Reiz mehr bot und gegen ein Dickmaischlagerbier weit zurückstand. Ich untersuchte die Producte mehrerer der renommirtesten Wassermaischbrauereien und fand schon in den ersten Sommermonaten die Vergährung auf eine Anzeige von nur mehr 2 bis 2½ Procenten Saccharometeranzeige vorgeschritten.

Bei Verarbeitung der sehr dickhülsigen amerikanischen Wintergerste wird die Befürchtung eine gegründete sein, daß durch die Dickmaischkochungen dem Geschmack und der Haltbarkeit nachtheilige Bestandtheile ins Bier kommen.

4) In Einem Punkte muß die theoretische Vorzüglichkeit des Infusionsverfahrens unbedingt zugestanden werden, d. i. in der Schonung der ver-

zuckernden Wirksamkeit des Malzes, mit welcher bei der Dickmaisch=
brauerei so verschwenderisch gewirthschaftet wird. Dagegen stellt sich in der
Praxis heraus, daß sorgfältig hergestellte Dickmaischbiere selbst bei einem Zusatz
von Rohfrucht, in meinem Falle von Mais, der sich bis über 40 Procente
erheben kann, sich in jeder Beziehung zufriedenstellend zeigen — in Geschmack,
Glanzhelle, Bindung der Kohlensäure und ganz besonders in Bezug auf ihre
Haltbarkeit.

Was die Manipulation anbelangt, so hat der Maischproceß der deutschen
beziehungsweise deutschamerikanischen Common=Beer= oder Pale=Alebrauereien und
der die Wassermaischmethode befolgenden Unterzeugbrauereien zunächst die Aehn=
lichkeit mit der beschriebenen Lautermaischbrauerei, daß in der Regel ein „Salat“
und zwar ein möglichst trockener gemacht wird. Das Verhältniß des Wasserzusatzes
ist das oben angegebene von 1 Barrel auf je 10 Bushels Malz; viele Brauer halten
mit Aengstlichkeit eine Temperatur dieses Wassers von etlichen dreißig Graden ein,
eine Vorsicht, welche wegen der je nach Localität und Jahreszeit veränderlichen Aus=
kühlung der Masse und in Hinsicht auf das geringe zum Durchfeuchten nöthige
Wasserquantum kaum von Werth ist. Der Salat bleibt nicht selten eine halbe
Stunde lang (während der Frühstückszeit) zum Behufe einer gründlichen Durchdrin=
gung des Malzschrots mit Wasser liegen. Das „Aufschließen“ geschieht nun mit
Wasser von etwa 60° R. und zwar gewöhnlich in dem Verhältniß, daß auf je
10 Bushels Malz ca. 4 Barrels Wasser langsam und in Absätzen durch den
Pfaff eintreten. Das Maischen pflegt nur wenige Minuten länger fortgesetzt
zu werden, als das Zufließen des Wassers dauert. Gewöhnlich werden kaum
die zur Zuckerbildung wünschenswerthen 48° R. durch diese Operation erreicht,
danach folgt eine Rast von einer, in einzelnen Geschäften selbst von zwei Stunden.
Die erste Würze fließt, wofern gutes Material verwendet ward, leicht und ziem=
lich rein, wenn auch nicht glänzend, ab: Beigabe von einem größeren Quantum
Weizenmalz macht die Abläuterung etwas schwieriger. Diese Hauptwürze wird
in einen über der Pfanne aufgestellten Behälter aufgeschöpft, der, weit entfernt
die in dem großen geschlossenen Würzebehälter der nach englischem Vorbilde arbei=
tenden Alefabriken zur Erhaltung der Temperatur vermittelst durchströmenden
Dampfes vorhandene Schlangenrohrvorrichtung zu besitzen, in kleinen Brau=
geschäften gewöhnlich nur einen offenen Holzkasten (ein förmliches Kühlschiff!)
darstellt. Inzwischen wird in dem Kessel Wasser zum zweiten Gusse auf 60 bis
70 Grad erwärmt. Sobald die erste Würze vollständig abgelaufen ist, wird
dieses Wasser durch den Pfaff unter Maischen eingelassen, oder aber es wird
in manchen Geschäften das 60 bis 70 Grad warme Wasser ohne weiteres
Maischen nur über die Träber gegossen und nach kurzer Rast die zweite Würze
abgeläutert, welche gewöhnlich die halbe Concentration der ersten besitzt. Eine
dritte Würze wird in kleinen Brauereien häufig gar nicht gezogen — über die
Wichtigkeit der Ausnutzung des Materials durch zweckmäßig bereitete Nachwürzen

herrschen dort eben so unklare Begriffe, als in guten Alefabriken Kunst und Sorgfalt auf diesen Gegenstand verwendet wird.

Mit Rücksicht auf die ungenügende Verzuckerung, welche in sehr vielen Fällen bei dieser Maischart von mir beobachtet wurde, erzielte ich eine wesentliche Vervollkommnung dadurch, daß ich nicht erlaubte, die Temperatur der in den Kessel gebrachten Hauptwürze über 60 Grad zu steigern, ehe denn alle zweite Würze und selbst die dritte mit der ersten in der Pfanne vermischt ward! Diese Maßregel fand bei intelligenten Brauern allen Anklang: die überschüssige Diastase (wenn ich dieses jetzt unmodernen Ausdrucks mich bedienen darf) der ersten Würze hilft auf diese Weise das in die zweite und dritte durch die heißeren Aufgüsse noch eintretende neue Material verzuckern.

Der Zweck, welcher bei der Dickmaisch- und Lautermaischbrauerei durch das Kochen des Lautermaischs und bei ersterer überdies durch die lange Dauer des Hopfensuds erreicht wird: die Klärung durch Ausscheidungen und Stoffumwandlungen, wird bei dem Wassermaischverfahren durch mehrstündiges Kochen der nicht gehopften Würzen unter fleißigem Abnehmen des Gerinnsels erreicht. Der Hopfensud dauert gewöhnlich dann nicht mehr lange, je nach dem Gebrauche des Braugeschäfts selbst nur eine Stunde, oder noch kürzere Frist, und er wird so eingerichtet, daß etwa zwei Drittheile des Hopfenquantums sofort, der Rest aber erst eine halbe Stunde vor dem Ausschlagen (Kühleschöpfen) zugegeben werden.

Der amerikanische Hopfen, so unansehnlich er gewöhnlich ist, und so widerstrebend er sich anfänglich gegen unseren Geruchs- und Geschmackssinn verhält, hat mich durch die schnelle und kräftige Wirkung, welche er beim Hopfensud auf die Würzen ausübt, überrascht, und in einigen Fällen auch dann noch vollkommen befriedigt, wenn sein Ansehen nichts Gutes mehr erwarten ließ. Wenn bei einem Gebräue Unregelmäßigkeiten unterlaufen, wenn z. B. beim Hopfensude kein vollständiges Brechen erfolgt, so ist dies bei der Bereitung von Obergährbieren viel bedenklicher als bei der von untergährigen Bieren, bei welch' letzteren eine regelrechte, kräftige Gährung häufig im Stande ist, in solchen Fällen noch ein recht leidliches Product zu Stande zu bringen.

Klärmittel. Kurze Zeit vor Beendigung des Hopfensudes wird irländisches Moos, Carraghen, in den Braukessel zugesetzt und zwar auf die Würze von 25 bis 30 Bushels Malz etwa 1 Pfund desselben. Dieser Beisatz geschieht ohne Unterschied für unter- und für obergährige Biere; zur Bereitung der letzteren wird sowohl in eigentlichen Alefabriken als in den kleineren Common-Beerbrauereien auch ein kleiner Kochsalzzusatz beim Hopfensude für nöthig erachtet, ja selbst vor Alaun schrecken Alefabriken nicht zurück. Endlich fand ich auch in einer der berühmtesten Alefabriken des Westens Kalbsfüße zur Klärung angewendet; nach sorgfältiger mechanischer Reinigung und nach Abwaschung mit heißem Wasser gab man dieses in der europäischen Braupraxis für so anrüchig geltende Läuterungsmaterial kurze Zeit vor Einwerfen des Hopfens zur siedenden Würze in den Kessel.

Was die Menge und Vertheilung des zum Gebräue kommenden Wassers anbelangt, so gilt als ein normales Verhältniß in Alefabriken die Verwendung von 1 Barrel Wasser auf jedes Bushel Malz, entsprechend 7 bis 8 Wiener Eimern auf 100 Wiener Pfunde Malz.

Die Vertheilung ist folgende: für je 10 Bushels Malz

zum Durchfeuchten	1 Barr. Wasser
zum ersten Maisch	3 bis 4 „
zum zweiten Maisch und zur Nachwürze	6 bis 5 „
	Summa 10 Barrels.

In den kleineren Geschäften, den Common-Beerbrauereien, wird gewöhnlich ein geringeres Verhältniß von Wasser zum Guß genommen, als das genannte, und es kommen etwa 3/5 desselben zum ersten Maisch und 2/5 zum zweiten Maisch und dem etwaigen Nachgusse.

Die Kühlung der Bierwürzen in den Wassermaischbrauereien anlangend, so findet sich in den kleineren Geschäften kaum irgend ein anderer Apparat vor, als das System parallel laufender Röhren, welches in der im Kühlschiffe ruhenden Würze selber liegt, während kaltes Wasser durch die Röhren fließt. Diese Vorrichtung ist vermittelst eines einfachen Rahmenwerks über dem Kühlschiffe aufgehängt und vermittelst Rollen aufziehbar; sie ist wohl jedem Brauer bekannt.

Bei der Obergährbrauerei, wo einen großen Theil des Jahres hindurch die Bierwürze nicht unter die nächtliche Lufttemperatur abgekühlt zu werden braucht, leistet dieser einfache Hülfsapparat in dieser Zeit gute Dienste; verlangt man mehr von demselben, stellt man also die Aufgabe, die auf dem Kühlschiffe weit ausgebreitete Würze durch die in den Röhren unterhaltene Wasserdurchströmung unter die äußere Temperatur herabzukühlen — und diese Anforderung habe ich mehr als einen amerikanischen Brauer machen sehen — so ist dies theoretisch widersinnig. Für einen solchen Zweck hat man sich einer in einem kühlen Raume in möglichster Unabhängigkeit von den äußeren Temperatureinflüssen befindlichen Vorrichtung zu bedienen, und als solche hat, unter zahllosen Formen, die für Kühlapparate ausgesonnen worden sind, in unseren Gegenden die doppelte Schlange einzölliger Kupferröhren (die in ein cylindrisches Holzgefäß gestellt ist) sich am besten bewährt. In einer der ersten Brauereien Münchens war schon vor mehr als anderthalb Jahrzehnten ein solcher Schlangenapparat in Thätigkeit und heute stehen in der berühmten Dreher'schen Brauerei in Schwechat bei Wien etwa zwölf solche Vorrichtungen. In neuerer und neuester Zeit haben andere Wiener Großgeschäfte diesen Eiskühler ebenfalls angenommen, der sich durch seine Billigkeit empfiehlt, und mit Rücksicht auf den geringen Raum, welchen er einnimmt, eine große Kühlfläche besitzt, sonach sehr eissparend ist und der ferner eine leichte und sichere Reinigung gestattet, indem man vermittelst einer Druckpumpe eine Bürste durch das Rohrsystem treibt. In Amerika scheint sich der Schlangenkühler noch wenig Eingang verschafft zu haben, auch auf dem Kühlschiffe angebrachte Windflügel, die in England eifrige Anhänger finden, kommen selten vor. Kühlvorrichtungen nach dem Principe der für die Zuckerfabrikation hochwichtigen Robert'schen Apparate, welche ebenfalls von England aus empfohlen werden und an welche sich Habich's sinnreiche Einrichtung anschließt, ferner Kühler, die dem in chemischen Laboratorien gebräuchlichen Liebig'schen Apparate nachgebildet sind und deren Constructionsprincip sich längst Eingang in die Spiritusindustrie verschafft hat *) — all' diese Systeme scheinen jenseits des atlantischen Oceans vom Baudelot'schen Kühlapparat überholt, verdunkelt worden zu sein. Die Würdigung und rasche Verbreitung dieses sinnreichen Apparates, dem ich einen späteren Abschnitt widmen werde, gereicht der amerikanischen Bierindustrie zu großem Ruhme.

Die über amerikanische Gähr- und Lagerkellermanipulation bei den Notizen über Dickmaischbrauerei gegebenen Bemerkungen beziehen sich auch auf die Untergährung der Wassermaischbiere.

Anlangend die Obergährung der durch die Wassermaischmethode gewonnenen Bierwürze, so ist die höchste Temperatur, bei welcher man sie in Gährung zu bringen liebt, 17° R., die niederste 8° R. Von der Kühle beziehungsweise dem Kühlapparate weg gelangt die Bierwürze in den die gewöhnlichste Manipulation befolgenden Brauereien in eine mit einem gutpassenden Deckel verschlossene Bütte, die in einem abgeschlossenen Raume steht, welcher die Regulirung der Temperatur möglichst gestattet, also auch heizbar ist. Hier wird die Hefe, Stock, zugesetzt und zwar in einem Mittelverhältnisse von 1 Pfund Hefe auf 3 und mehr Bushels, also auf 100 und mehr Pfunde Malz, mehr oder weniger mit der auf die anderweitig gegebenen Factoren des Gährprocesses gebotenen Rücksicht. Diese dickbreiige Hefe wird von Vielen in zwei Antheilen zugesetzt, die eine Hälfte sofort beim Beginne des Einfließenlassens der Würze in den Gährbottich, die andere zum Schlusse dieser Operation oder etliche Stunden später.

Der hier verlaufende erste Gährungsabschnitt dauert je nach den einflußnehmenden Umständen 18 bis 30 Stunden. Die Erscheinungen dabei sind folgende: Trübung, schöne Kräusenerhebung unter Entwickelung eines sehr angenehmen Geruchs, Steigerung der Temperatur. Diese letztere, die Erwärmung der Gährflüssigkeit, trachtet man aufs Genaueste zu reguliren durch das Quantum der zugesetzten Hefe, die Anstellwärme, die Erhöhung oder Erniedrigung der Temperatur des Gährlocals und selbst der gährenden Flüssigkeit ver-

*) Ein solcher dem Hrn. V. Prick in Wien privilegirter Kühler ist in der großen Brauerei in Hütteldorf bei Wien in Verwendung und giebt eine vortreffliche Leistung. Die Prick'sche Brauapparatfabrik liefert jede Art von Bierkühlern.

mittelſt einer ſpäter zu beſchreibenden Gährbotticheinrichtung. Während in ſol=
chen Alebrauereien Englands, die eine kurze Gährdauer lieben, der Hefenzuſatz
in der Art regulirt wird, daß für jeden Grad Fahrenheit = 4/9 Grad R.,
um welchen die Temperatur in der Gährflüſſigkeit ſteigt, 1 Pfund Würzeextract=
gehalt nach Long oder 2,78 nach Bates attenuiren und hierbei Temperatur=
erhöhungen um 26 und mehr Grade Fahrenheit = 11½° R. vorkommen
dürfen, beobachtete ich in amerikaniſchen Braugeſchäften bei dieſem erſten Gähr=
ſtadium nie mehr als 5° R., häufig etwa nur 1° R. Temperaturerhöhung.

Sobald die rechten Anzeichen zum Abſchluſſe dieſes erſten Gährſtadiums
eingetreten ſind, wobei zugleich eine Pauſe im Verlaufe der äußeren Erſchei=
nungen bemerkbar iſt, wird die Flüſſigkeit auf Fäſſer abgelaſſen, deren Inhalt
2 Barrels, 1 Barrel, ½ Barrel — je nach dem Geſchäftsbrauche — zu ſein
pflegt. Dieſe Fäſſer liegen auf einer Holzrinne, dem Grand, und zwar, zum
Behufe des leichteren Abfluſſes der ausgeſtoßenen Flüſſigkeiten, gegeneinander
geneigt. Sie werden mit der aufgeſammelten Bierwürze voll erhalten. Als
das Zeichen zur geeigneten Abſchließung dieſes zweiten Gährſtadiums gilt
die in dem Probgläschen erſichtliche ſchnelle Klärung des Bieres und die Beob=
achtung, welche ſich beim Wegblaſen des Schaumes in der Spundöffnung des
Faſſes machen läßt, daß die Gährthätigkeit in entſchiedener Abnahme begriffen
iſt. Die Zeitdauer dieſes Gährabſchnittes iſt in der Regel zwiſchen 30 und
48 Stunden.

Die Ausbeute an Hefe beträgt bei dieſem Gährverfahren etwa 4½ Bar=
rels von 100 Barrels Bier mit 11 bis 12 Procent urſprünglichem Extract=
gehalte.

Die nun folgende Operation des Verſpundens der vollgemachten Gebinde
geſchieht mit großer Energie, denn es kommt bei Beurtheilung des Erzeugniſſes
nebſt dem Glanze — der Trieb, „Steam“, in erſter Linie in Betracht. Die
Spundzapfen ſind fabrikmäßig aus wohlgeeignetem Holze ausgeſchnitten (gepreßt)
und zwar laufen die Faſern eines ſolchen Spundzapfens nicht ſeiner Längen=
dimenſion nach, ſondern nach der Breite, Quere deſſelben, durch welche Vorſicht
dem Austreten der Kohlenſäure durch den Spund, welches längs der Holzfaſer
leicht ſtatthaben kann, entgegengetreten wird. Zum Verſchluſſe des Zapfloches
werden in Alefabriken Korkſtöpſel benutzt, welche mittelſt einer beſonderen Vor=
richtung ins Zapfloch gepreßt werden.

Das verſpundete Common=Beer oder Ale wird im Nothfalle ſofort, in der
Regel nach etwa 24 Stunden in den Verkauf gegeben. Aus gutem Materiale
gut bereitet iſt ſelbſt das Common=Beer ein klares, in hohem Grade mouſſirendes,
leibliches Getränk. Mit einem Zuſatze von Mais bereitet erhält es die Eigen=
ſchaft, die Kohlenſäure lange Zeit zurückzuhalten und der Säuerung viel länger
zu widerſtehen: ein angezapftes Faß mit Maismalz=Ale von nur 12 Procent
urſprünglichem Würzegehalt blieb in meinem Geſchäftslocale in New=York im

geheizten Raume drei Wochen hindurch klar und reinschmeckend, bis der letzte Tropfen verzapft war.

Wenn man sieht, daß nur zu gewöhnlich dieses Getränk der arbeitenden Classe eine trübe Mixtur ist, zusammengesetzt aus Hefen- und Melassengeschmack, schal und sauer, so erscheint die Ausbreitung meiner Maisbraumethode für die ostamerikanischen Großstädte aus humanitätischen Rücksichten sehr wünschenswerth, und sie ist nebenbei für solche Brauer am meisten gewinnbringend, welche sich diesen Fortschritt am frühesten zu Nutze machen.

Dem eben beschriebenen Brauprocesse ähnlich ist das später noch näher zu erörternde Vorgehen der eigentlichen Alefabriken bei der Bereitung der verschiedenartig benannten feineren Alesorten. Die Auswahl und Quantität der Materialien, der Grad der Gedarrtheit oder selbst der Röstung des Malzes, die ausschließliche Benutzung der Vorderwürze und anderweitige Sorgfalt beim Brauproceß, die Gährdauer, das Alter des Products, sind alles Momente, welche auf die handelsgerechte Beschaffenheit solcher Luxusgetränke Einfluß nehmen.

Sehr verbreitet ist der Brauch beim amerikanischen Publicum, das Ale „gemischt" zu trinken: im Schanklocale selber wird das Glas halb aus einem Fasse mit altem, halb aus einem Gebinde mit jungem Ale gefüllt.

Schüttung. In England, wo bei der großen Vervollkommnung der Agricultur ausgezeichnete Gerste producirt wird, ist Malz, welches pr. Bushel 40 Pfund wiegt, nichts Außerordentliches. Man verlangt dort vom Bushel, d. i. also von 40 Pfund Malz, ein Barrel Würze von 10 bis 10½ Pfund Gehalt, in runder Zahl von 100 Pfund Malz 900 Pfund Würze von 1,030 specif. Gewicht oder 7 bis 8 Sacchar.-Procenten. Das amerikanische Malz ist durchschnittlich von viel geringerer Qualität als das englische und wiegt nur etwa 33 Pfund pr. Bushel. Uebrigens wird in gut eingerichteten und geleiteten, mit gutem Materiale arbeitenden Braustätten Amerikas die genannte Ausbeute ebenfalls verlangt.

Aus folgenden Beispielen, die sämmtlich solchen Brauereien entnommen sind, in welchen ich kürzere oder längere Zeit verweilte, ist ersichtlich, wie sehr wechselnd das Verhältniß der Schüttung ist je nach den Anforderungen des Publicums und noch mehr nach der Zweckmäßigkeit der Einrichtung und Manipulation der Brauerei.

1. Beispiel. Für Common-Beer, und zwar für ein Gebräue von 40 Barrels = 91½ Wiener Eimern — eine Schüttung von 84 Bushels = 2800 Pfund Malz,

auf 100 Barrels entfallen sonach 210 Bushels.

Der Hopfenzusatz beträgt 2 Pfund pr. Barrel.

Für Pale-Ale, d. h. das auf kurze Lagerung berechnete blasse Ale wird die Schüttung um ⅙ größer genommen.

2. Beispiel. Ebenfalls für 40 Barrels fertige Würze von Common-Beer 72 Bushels = 2400 Pfund Malz,

también für 100 Barrels 180 Bushels Malz.

2 Pfund Hopfen pr. Barrel.

3. Beispiel. In einer kleinen Brauerei für 33 Barrels fertige Würze 51½ Bushels = 1700 Pfund Malz,

sonach für 100 Barrels Common-Beer 155 Bushels.

Zum selben Gebräue kommen in Verwendung 36 Pfund Hopfen, 2 Pfund Carraghen, 16 Pfund Stellhefe.

4. Beispiel. In einer sehr renommirten Pale-Alefabrik werden für 50 Barrels fertige Würze genommen 80 Bushels = 2600 Pfund Malz,

sonach entfallen für 100 Barrels 160 Bushels Malz.

Der Hopfenzusatz beträgt fürs Gebräue von 50 Barrels 90 Pfund.

Im Ganzen wechselt das Verhältniß des Hopfenzusatzes bei Common-Beer und Pale-Ale von 1 bis 3 Pfund aufs Barrel.

In gut eingerichteten Fabrikgeschäften werden für 100 Barrels dieser leichteren Biersorten 150 Bushels Malz berechnet.

Common-Beer hat einen ursprünglichen Extractgehalt von 11 bis 13 Proc.

Pale-Ale   „   „   „   „   12 bis 14   „

Stock-Ale   „   „   „   „   14 Proc. aufwärts.

In Amerika steht nur ausnahmsweise das Procent-Saccharometer im Gebrauche; solche Instrumente nach Balling, Kaiser, sah ich in den Händen gebildeter deutscher Brauer, die dem heimathlichen Brauche treu bleiben. Fast allgemein bedient man sich englischer Bierwagen, da jedoch zwischen den gleichbenannten Maßeinheiten, d. h. zwischen der Größenannahme eines englischen und eines amerikanischen Barrels Unterschiede obwalten, so entstehen leicht Mißverständnisse in der Ausbeutebemessung. Die englischen Saccharometer beziehen sich nämlich auf das zu 36 Imperial Gallons angenommene Barrel, das amerikanische Bierbarrel aber ist von der Steuerbehörde auf 31 Gallonen, und zwar altenglische, festgestellt.

Das von der englischen Regierung approbirte Instrument ist das von Bates oder Allan, welches einfach die specifischen Gewichte der Würzen, Wasser = 1000 angenommen, angiebt; es zeigt bis zum specifischen Gewichte von 1140.

Richardson's von Long angefertigtes Instrument zeigt die Gewichtszunahme von 1 Barrel Würze durch die in Lösung befindlichen Extractpfunde. Um die Angaben des letzteren mit denen des ersteren, d. h. mit dem specifischen Gewichte der Würze, zu vergleichen, muß beachtet werden, daß ein englisches Barrel Wasser, nämlich 36 Gallonen à 10 Pfund, bei 62° F. oder 13⅛° R. 360 Pfunde wiegt. Setzt man nun das specifische Gewicht des

Wassers gleich 1000, so erhält man $\frac{1000}{360} = 2{,}78$ als Factor für die Verwandlung der Bates'schen Angaben in die Long'schen. Beispielsweise hat also eine Würze von 20 Pfund Würzegehalt (Gravity) nach Long ein specifisches Gewicht oder eine Anzeige nach Bates von $(20 \times 2{,}78) + 1000 = 1055$, entsprechend $13\frac{1}{2}$ Saccharometerprocenten.

Eine Alefabrik neuester Errichtung hat folgende Aufstellung der Werkvorrichtungen von oben nach unten aufgezählt:

A. Kaltwasserbehälter,

B. der Behälter für die Bierwürze zur Speisung des Kühlapparats,

C. der Baudelot'sche Kühlapparat,

D. der Behälter für das durch den Kühlapparat gelieferte heiße Wasser,

E. der Maischbottich,

F. der Grand oder der dessen Stelle vertretende Behälter, welcher zum Behufe der Richtigstellung der Temperatur mit einer Dampfschlange versehen ist,

G. der Braukessel,

H. der Hopfenseiher oder auch das Absatzgefäß für die schon im Braukessel geseihte Würze.

Die Förderung der Bierwürze vom Hopfenseiher zum Bierwürzebehälter wird durch eine Druckpumpe vermittelt, bei allen übrigen Leitungen bis zum Bierkeller oder richtiger Biermagazin folgen die Flüssigkeiten dem eigenen Falle.

Anlangend die Manipulation und Einrichtung der Alefabriken mögen folgende Notizen das bereits Gesagte ergänzen:

Die Größe des Gebräues, beziehungsweise die Masse der Schüttung, die auf 300 und mehr Bushels geht, verbietet von selbst die Manipulation der Durchfeuchtung des Malzschrots im Maischbottich — des „Salatmachens" —; es kommt daher zunächst heißes Wasser in den Maischbottich und wird darin durch Zufluß von kaltem bis auf etwa 52° R. abgekühlt. In dieses immerhin sehr warme Einteigwasser wird das Malz unter halbstündigem Maischen eingerührt und die Temperatur der Masse durch weiteren Zufluß von 66gradigem Wasser auf 55 bis 56° R. gebracht, wonach eine zweistündige Zuckerbildungsruhe eintritt. Beim Beginn der Rast wird aber sogleich ein trüber Abzug gemacht, der im Grand (Underbak) vermittelst der dort liegenden Dampfschlange auf 60 bis 62 Grad erwärmt und wieder aufgeschöpft wird. Sobald beim Abläutern der Würzespiegel unter die Träberoberfläche sinkt, wird der Nachguß mit 70gradigem Wasser begonnen, die abfließende zweite Würze muß 60° R. warm sein. Gegen das Ende der Operation wird das Nachgußwasser mit 75° R. angewendet. Weil man laut Angabe auf Seite 168 nur ein Drittel bis zwei Fünftel des zum Guß dienenden Wassers zum Einteigen und Maischen, den größeren Theil desselben aber zum Nachguß verwendet, sinkt von einem

anfänglichen Gehalte der Würze von 18 bis 19 Proc. beim Schluß die Saccha=
rometeranzeige auf 2 Proc. herab.

Selbst bei diesem Brauverfahren, welches auf Innehaltung der Zucker=
bildungstemperaturen so strenge Rücksicht nimmt, fand sich bei den Jodproben
in den Nachwürzen noch viel Stärkemehl, zu Stock=Ale, d. h. aufs Lager, wird
deshalb mit Recht nur die Hauptwürze verwendet. Nur indem man, wie im
Früheren angeführt wurde, die Hauptwürze im Braukessel nicht mehr als
60° R. warm werden läßt, bis sämmtliche Nachwärmen dazu gekommen sind,
kann die Verzuckerung des schließlichen Würzeproducts eine vollständige sein: in
sehr intelligent geleiteten Brauereien fand ich aber diese Regel nicht oder nur
insoweit beachtet, daß man die Hauptwürze bis dahin zwar vom Sieden zurück=
hielt, die Grenze aber von 60 Graden, oder auch die von 64 Graden, bei wel=
cher manche Malzsorten für die Verzuckerung noch wirksam bleiben, keineswegs
einhielt. Ich habe die Ueberzeugung gewonnen, daß die Dickmaischbrauerei,
wenn schon bei nicht sehr sorgsamem Vorgehen die letzten Würzen durch die
Jodreaction auch einen geringen Stärkegehalt andeuten, in der Praxis im All=
gemeinen viel besser verzuckerte Nachwürzen liefert, als das Infusionsverfahren,
so wie es eben in den meisten Brauereien betrieben wird, und diesen wichtigen
Umstand habe ich nirgends unter den Vortheilen angeführt gefunden, welche mit
Rücksicht auf die Haltbarkeit des Bieres das Dickmaisch= vor dem Infusions=
verfahren voraus hat.

Das Abschäumen der ungehopften Würze während des Kochens, welches
in den kleineren Wassermaischbrauereien aufs Gewissenhafteste ausgeführt wird,
entfällt in den mit dem geschlossenen Braukessel, Domkessel, arbeitenden Ale=
fabriken von selbst.

Vom Hopfen wird der Alewürze im Kessel anfangs nur ein ganz kleiner
Antheil zugegeben, und erst nach eingetretener vollständiger Klärung kommt
sämmtlicher Hopfen in den Kessel und wird nunmehr kaum eine Stunde lang —
unter schließlichem Zusatz von Carraghenmoos und Kochsalz — gekocht. Ein
sehr verlängerter Hopfensud wird als den Geschmack des Ale beeinträchtigend
angesehen und befördert in nichts die Haltbarkeit und Verschiffungsfähigkeit des
Fabrikats. Gegen die Anwendung gespannter Dämpfe, beziehungsweise einer
höheren Hitze beim Hopfensude werden folgende Gründe geltend gemacht:

1) dieselbe theilt dem Ale einen höchst unangenehmen adstringirenden
   Hopfengeschmack mit;
2) übt sie einen störenden Einfluß auf die Gährung, welche dadurch
   „wild“ wird.

Der bereits auf Seite 157 beschriebene einfache Rührapparat, welcher die
Vertheilung des Hopfens vermittelt und ihn suspendirt erhält, also in dem
tiefen Kessel das Anbrennen verhütet, wird durch Dampfkraft in Bewegung
gesetzt.

Der Braukeſſel ſelber dient häufig auch als Hopfenſeiher in der Art, daß ein durchlöchertes einer Brauſe ähnliches Kupfermundſtück von innen in das Ablaßrohr der Würze eingeſteckt wird. In großen Alefabriken ſcheint man jedoch auf ein raſches Ablaſſen der gehopften Würze einen beſonderen Werth zu legen, dieſe gelangt in einen Bottich, in welchem ein mittelſt Charnieren aus= einanderzuſchlagender Lattencylinder als Seiher fungirt. In dieſem Falle kann der Braukeſſel anſtatt mit dem koſtſpieligen Ablaßhahn nur mit einem guß= eiſernen Ventil von 4, 6 und mehr Zollen Durchmeſſer verſehen ſein, das mit= telſt einer an der Seite des Keſſels heraufgeführten Kette, oder, bei kleineren Einrichtungen, mit Hülfe einer mit einem Haken verſehenen Stange zu öffnen iſt.

Der von den Hopfenrückſtänden zurückgehaltene Würzeantheil wird zu einem Barrel für je 60 Pfund Hopfen angenommen. Zur Verminderung dieſes Verluſtes werden die Rückſtände in manchen Brauereien im Hopfenſeiher mit Waſſer übergoſſen, beziehungsweiſe erſchöpft. Auch das Abpreſſen iſt da und dort üblich; die Preſſe iſt ein mit zwei Spindeln verſehener Holz= kaſten. Bei einem Gebräue von 100 Barrels, dem ich anwohnte, lieferte eine ſolche Vorrichtung 2 Barrels ausgepreßte Flüſſigkeit. Uebrigens wird durch deren Zuſatz — beſonders wenn er nicht unverzögert gemacht wird — die Gährung leicht geſtört.

Die amerikaniſchen Alefabriken beſitzen gewöhnlich nur einen Braukeſſel, deshalb kommt die Aufbewahrung der Nachwürze für das Gebräue des anderen Tages nicht ſelten vor. Ich ſah die Sache in der Art ausgeführt, daß die aufzubewahrende Nachwürze in einem hierzu beſtimmten Keſſel zum Sieden gebracht und die Nacht über in demſelben bei Unterhaltung des Feuers belaſſen wurde. Am anderen Tage fand ich das Anſehen dieſer Flüſſigkeit gut, der Geſchmack derſelben aber hatte etwas Fremdartiges. Dieſe Manipulation — welche zu empfehlen ich eben nicht wage — wird auch nur dann befolgt, wenn concentrirte Bierwürzen, d. i. ſtarke Biere fabricirt werden, um das Malz hin= reichend erſchöpfen zu können, ohne dabei gar zu große Flüſſigkeitsmengen ver= dampfen zu müſſen. Bei der Bereitung von leichteren Getränken können ſämmt= liche Nachwürzen ſofort beim Gebräue zugeſetzt werden. Eine Hauptregel bei Verwendung ſolcher übernächtigen Würze „Raw Wort“ iſt die, ſie durchaus nicht zur erſten Würze des andertägigen Gebräues zu benutzen, ſondern höch= ſtens der zweiten Würze oder dem Nachguſſe zuzuſetzen.

In kleineren amerikaniſchen Alefabriken und in Common=Beerbrauereien hörte ich die Brauer häufig den Wunſch ausſprechen, die Obergährung aus den zwei Proceſſen, in welche ſie in den Vereinigten Staaten meiſt getrennt wird, der Gährung im Bottich und der in den Ausſtoßfäſſern, in Einen Act zuſammen= zuziehen. Dadurch ſoll die unreinliche, zeitraubende, die Gährflüſſigkeit zur Verderbniß diſponirende Manipulation mit den Ausſtoßfäſſern wegfallen, und es ſollen Erſparniſſe in Bezug auf Arbeit, Raum und Geräthe erzielt werden.

Die Ausführung dieses vereinfachten Verfahrens, welches wir im Gegensatze zu der im Früheren beschriebenen „Faßgährung" als die „Bottichgährung" kennen, hat in mehreren amerikanischen Brauereien angeblich wegen unvollständiger Sammlung der Hefe unbefriedigt gelassen; abgesehen von diesem Punkte handelt es sich aber hierbei um einen zweiten nicht minder wichtigen, nämlich um die Regulirung der Temperatur. Das Vertheilen der gährenden Würze auf Kleingebinde nach durchlaufenem ersten Gährstadium ist eine so energische Unterbrechung der Gährung, daß beim Wegfalle dieser Operation, wofern ähnliche Gährresultate erzielt werden sollen, wenigstens eine Einwirkung auf den Gang des Processes durch Regulirung der Temperatur ermöglicht sein muß.

In England existirt schon seit längerer Zeit eine sinnreiche Vorrichtung, welche erstlich die Selbstabsonderung der Hefe und zweitens die Regulirung der Gährtemperatur gestattet, und diese Gährbotticheinrichtung hat den Weg auch nach Amerika gefunden. Sie möge durch folgende Beschreibung veranschaulicht werden: senkrecht auf die Oberfläche der Gährflüssigkeit geht von der Decke des Locals eine lange Eisenschraube herab, die am unteren Ende einen Trichter mit einer sehr flachen Kupferschale hält, die den größeren Theil der Gährbottichoberfläche überdeckt. Die Schraubenmutter liegt in einem oben gezogenen Querbalken; die Schraube kann genau so gestellt werden, daß beim ersten Gährstadium der Schaum und beim zweiten die Hefe in den Trichter gelangt und durch dessen Rohr abfließt. Vermittelst einer Holzkrücke schiebt man die Hefe vom Rande des Bottichs weg in das Becken hinein.

Zu der fürs zweite Gährstadium nöthigen Abkühlung der Flüssigkeit, beziehungsweise der Unterbrechung des Gährungsverlaufes, die man bei der gewöhnlichen Obergährmanipulation durch die Vertheilung des halbgegohrenen Bieres auf Kleingebinde erreicht, ist im Gährbottich eine Kupferschlange von sehr kleinem Rohrdurchmesser vorhanden, durch welche kaltes Wasser circulirt. Tritt anderseits die Nothwendigkeit einer Erhöhung der Temperatur ein, um den Proceß im Gährbottich in gewünschter Weise zu Ende zu führen, so läßt man warmes Wasser durch das Rohrsystem gehen.

So eingerichtete Gährgefäße werden benutzt für das Schottisch Ale. Der Hefenzusatz bei der schottischen Gährmethode ist ein äußerst geringer, zur Anregung der Gährung wird etwas Würze von 25 bis 26° R. mit der Hefe vorgestellt. Die Gährung verläuft bis zum Schluß in diesem Bottich und dauert im Winter und Sommer gleich lang, d. h. 5 Tage, es bleibt aber im Winter das Jungbier in einem „Absatzbottich" noch eine Woche lang stehen, in welcher Zeit es sehr rein wird. Im Sommer bleibt das Jungbier nur 24 Stunden lang im Absatzbottich.

Ein Bild von dieser 5- bis 6tägigen Schottisch-Ale-Gährung aus dem Monate Juli sei in Folgendem gegeben.

Anstelltemperatur 12½° R.   Würzegehalt 24 Pfund.

Nach 1 Tag, Temperatur 14° R.   Würzeanzeige 18 Pfund.

Nach 1½ bis 3 Tagen, Temperatur bei Wasserkühlung 16° R.   Würzean=
zeige 13 Pfund.

Nach 5 Tagen, 16° R.   Würzeanzeige 8 Pfund.

Schon nach 18 Stunden, also noch vor dem Hefentrieb, zeigte sich die
Flüssigkeit fast hell; am fünften Tage ist das Bier „durchgefallen", schön von
Ansehen, und so rein von Geschmack, daß es schon als Getränk dienen könnte.
Es kommt jetzt (bei Sommerszeit) 24 Stunden lang in die Absatzbütte und
von hier je nach seiner Bestimmung, ob Pale= oder Stock=Ale, d. h. Lager=Ale,
bereitet wird, entweder auf kleine Gebinde oder auf Lagerfässer, die alle in ober=
irdischen kühlen Räumen aufgestellt und von sehr mäßigen Dimensionen sind.
Lager=Ale bekommt einen Zusatz von Whisky, besonders in dem Falle, daß es
zum Export bestimmt ist.   Exquisite Sorten sind für mehrjährige Aufbewahrung
geeignet.

Noch sind einige Notizen über Braueinrichtung nachzutragen, mit deren
früherer Einschaltung ich die Uebersichtlichkeit der Darstellung des amerikanischen
Brauwesens zu stören fürchtete.

Maischmaschinen.   Bei Besprechung der Dickmaischbrauerei wurde die
in Amerika gewöhnlichste Art der Maischmaschine in Erwähnung gebracht, deren
Flügel ein hölzernes Gabel= oder Rechensystem darstellen, oder die auch so ein=
gerichtet ist, daß zwei Flügel mit ineinander greifenden Zähnen sich entgegen=
arbeiten.

Es giebt in England und Amerika privilegirte Maischmaschinen, in deren
Quirl= oder Rechensystem ein Dampfstrom circuliren kann, durch welches Mittel
eine gleichmäßige Steigerung der Maischtemperatur und die Erhaltung der Masse
bei dem gewünschten Wärmegrade erzielbar ist — und dies ist bei der Besorgt=
heit der Alefabrikanten für Erhaltung der verzuckernden Eigenschaft des Malzes
eine willkommene Errungenschaft.   (Vergleiche auch das bei der „Weingeist=
fabrikation" Gesagte.)

Anstatt unserer zweiflügeligen eisernen Maischmaschine mit Quirl= und
Rechensystem, die der in neuerer Zeit durchgeführten bedeutenden Gewichts=
verminderung ungeachtet immerhin noch stark ins Gewicht fällt, haben die
Amerikaner meistentheils Maschinen mit nur Einem Flügelsystem.   Die Lei=
stung ist, wie mir der Augenschein zeigte, ebenfalls eine befriedigende.   Dagegen
fand ich die älteren aus massivem Eisengusse gefertigten Maschinen, wie sie in
den großen englischen Alefabriken früher gebraucht worden sind, in Brauereien
Amerikas ebenda, wo ich sie auch in Ungarn schon angetroffen habe — beim
alten Eisen.   Die originellste hierher gehörige Vorrichtung, die in Europa und
in Amerika sich Geltung verschafft, ist die Einteigmaschine von Steele, in
Amerika gewöhnlich kurzweg „Pony" genannt.   Sie stellt einen liegenden

Cylinder von Eisenblech dar, der außerhalb des Bottichs, mit der Mündung über dem Rande desselben, angebracht ist. Je nach der Leistung, welche verlangt wird, ist eine Steele'sche Maschine 2½ bis 4 Fuß lang. Durch den Cylinder geht eine Achse, in welcher bis nahe an die Wandung reichende Eisenstäbe, einen Quirl bildend, angebracht sind. Der Cylinder ist an einem Ende ganz geschlossen und hier ist das Getriebe angebracht, anderseitig mündet er über dem Maischbottich aus und ist hier halb offen. Das trockene Malzschrot gelangt von oben durch ein Trichterrohr in den Cylinder, unmittelbar vor der Einmündung dieser Schrotzuleitung in den Einteigapparat tritt das auf die rechte Temperatur gestellte Einteigwasser ein, und die Mengung und Durchfeuchtung geht bei der schnellen Umdrehung der mit dem Quirl versehenen Achse, die circa 500 Touren pr. Minute macht, fast momentan vor sich. Die breiige Maischmasse wird in den Bottich geschleudert. Wenn alles Malz durch den Apparat heruntergemaischt ist, wird die Masse im Maischbottich selber noch mit Maischscheiten umgerührt bis zur gleichförmigen Mengung des Ganzen.

Bei Verwendung von gutem Malze und bei anderweitiger rationeller Arbeit fand ich, daß diese einfache und ein Minimum von Zeit beanspruchende Manipulation eine zufriedenstellende Ausnutzung des Malzes gewährte, die sich schon aus dem Ansehen der Träber, noch sicherer aber aus der Ausbeuteberechnung erwies.

In 15 bis 20 Minuten sah ich in einer amerikanischen Alefabrik die Einteigung von 5000 Pfund Malzschrot bewerkstelligt, die darauf folgende gleichförmige Mischung der Masse mit dem gesammten Maischwasser, welche wie gesagt durch Maischscheite im Maischbottich ausgeführt wurde, nahm höchstens 10 Minuten in Anspruch.

Kaum fehlt je in dem Maischbottich einer Alefabrik das schottische Drehkreuz, der Sparger, der mit zwei, drei oder vier Armen versehen ist. Auch in vielen Lagerbierbrauereien traf ich diese vortreffliche Vorrichtung. Mit dem Drehkreuz ist häufig ein anderer Aussüßapparat combinirt, der darin besteht, daß an der Innenseite des Maischbottichs, oben am Rande desselben, ein mit feinen Oeffnungen versehenes Kupferrohr herumgeführt ist; das unter einem Drucke ausströmende Aussüßwasser bildet einen auf den zu erschöpfenden Maischbottichinhalt gleichmäßig herabfallenden Regen.

Die Operationen des Maischens, Abläuterns und Aussüßens sind in den Alefabriken ganz gewöhnlich in dem Einen Gefäße, dem Maischbottich, vereinigt. Diese Zusammenfassung gilt hier zu Lande für große Lagerbierfabriken nicht als zweckmäßig, weshalb ein besonderer „Läuterbottich" vorhanden ist, in welchen sofort nach beendigter Maischung die Masse gelangt, und wo die Rast, die Abläuterung und Aussüßung folgen. Die Leistungsfähigkeit des Werkes allerdings wird durch eine solche Einrichtung erhöht, indem im Maischbottich schon wieder ein neues Gebräue in Angriff genommen werden kann,

während der Läuterbottich noch die Trübermasse enthält. Für kleine oder mittelgroße Braugeschäfte fällt aber dieser Grund weg.

Die Bedeckung des Maischbottichs während der Rast ist eine in
amerikanischen Brauereien gewöhnliche sehr lobenswerthe Maßregel. Während
in unvollkommen eingerichteten Geschäften flache in zwei oder drei Stücken
abnehmbare Holzdeckel hierzu benutzt werden, ist in eigentlichen Alefabriken die
Einrichtung so, daß der Deckel — eine der Maischbottichoberfläche entsprechende
Scheibe — auf zwei bis drei Fuß hohen Säulen liegt, die auf dem Maisch-
bottichrande befestigt sind, ähnlich einem Thronhimmel oder Betthimmel; Läden,
die man ineinanderschieben oder auch einzeln herausnehmen kann, bilden die
Seitenwandung. Auch Kautschuktuch eignet sich hiezu.

Eine solche Abschließung des Maischbottichs ist gewiß eine sehr rationelle
Maßregel zu Gunsten einer accuraten durch die Einflüsse der jeweiligen äußeren
Temperatur und Windesströmungen möglichst wenig beeinflußten Führung des
Maischprocesses. In dem nach dem Dache offenen Sudhause der erzherzoglichen
Brauerei in Ungarisch Altenburg ist diese Maischbottichbedeckung mit dem besten
Erfolge für eine regelmäßige Maischarbeit ausgeführt worden; auch bei stärkster
Winterkälte bietet die genaue Erreichung der Maischtemperaturen keine Schwierig-
keit mehr dar und die Nachwürzen erhalten sich beim richtigen Wärmegrade bis
zum letzt abfließenden Tropfen. Außer diesem den Alefabriken entnommenen
Deckel besitzt der Maischbottich in der erzherzoglichen Brauerei noch drei andere
empfehlenswerthe Einrichtungstheile, und zwar

1) Ein schottisches Drehkreuz, welches die Welle der Maischmaschine um-
    schließt, und in dessen cylindrisches Wassergefäß zum Behuf einer
    leichteren Umdrehung nach dem Vorbilde der Turbine gewundene
    Flügel eingesetzt sind.

2) Das Leitungsrohr, welches die Maische von der Pfanne in den Bottich
    führt, mündet unten am Boden des Maischbottichs ein, woselbst ein
    Schieberverschluß ist. Zum Ablassen der während der Maisch-
    operation im Rohre stehenbleibenden Maische ist ein Ventil außen
    am untersten Punkte des Rohrs angebracht. Durch den Eintritt der
    von der Pfanne abströmenden Maischen oder Würzen in den unter-
    sten Theil des Maischbottichs findet eine schnelle und vollkommene
    Mengung der Massen, beziehungsweise ein rascher Temperaturaus-
    gleich statt, welcher Vortheil durch die beste Maischmaschine für sich
    nicht in demselben Grade da zu erreichen ist, wo Maischwasser oder
    Maische oben auf die im Bottich befindliche Masse gelangt.

3) Der Maischbottich hat ein gußeisernes Thürchen mit Bügelverschrau-
    bung zum leichten Herausbringen der Träber. Eine solche Ent-
    leerungsthür hat ihre geeignetste Stelle am Boden des Maischbottichs,
    wofern dieser so hoch steht, daß die Träberabfuhr von unten weg

stattfinden kann. Wenn dieser Fall nicht vorliegt, gewährt auch eine seitlich angebrachte Entleerungsöffnung wesentliche Arbeitsersparung.

Ueber die Läuterböden machte ich schon der Maisbrauerei halber eingehende Beobachtungen und Vergleiche. Gar nicht selten sind in amerikanischen Brauereien hölzerne Senkböden, und meistens hatte ich mich bei Maisgebräuen über deren Wirkung in Betreff des schnellen Würzeabflusses nicht zu beklagen, mit diesem Ausspruche mache ich jedoch nicht den Fürsprecher für ihre Geeignetheit in anderer Rücksicht. So wie das Vorurtheil gegen Eisen als Material zur Braupfanne noch gepflegt wird, so existirt auch gegen eiserne Läuterböden noch mannigfache Voreingenommenheit, während doch die vieljährige Dauer derselben constatirt ist. Seit einem Jahrzehnt thut ein und derselbe eiserne Senkboden in der erzherzoglichen Brauerei gleich gute Dienste.

Vortreffliche Dienste leistet eine in Amerika zu findende Einrichtung des Senkbodens sowie auch des Darrbleches, bei welcher etwa ³/₄ Zoll lange Schlitze statt der kreisrunden Löcher die Oeffnungen, die freie Fläche, bilden. Mehr und mehr wird anerkannt, wie wichtig es ist, die ganze Bodenfläche des Maischbottichs mit Läuterblechen zu bedecken, und wie unökonomisch, einer kleinen Ersparung bei Einrichtung des Maischbottichs wegen auf den großen Vortheil in Bezug auf Materialausnutzung und Schnelligkeit der Arbeit zu verzichten, welchen eine gute Abläuterungsvorrichtung gewährt.

Eine vorzügliche Anordnung ist die, wobei, beispielsweise für einen unteren Durchmesser des Maischbottichs von 16 Fuß, der Senkboden aus 12 Radialtheilen besteht. Ein Blechvorsprung an der Bottichseitenwand, unter welchen die Theile eingeschoben werden, und ein zweitheiliger Eisenring, der die Maischmaschinenwelle umgiebt, und der nach dem Einsetzen des Senkbodens festgeschraubt wird, halten den letzteren nieder.

Eine leider oft angetroffene Verschlechterung der Seihebodenform ist die, statt der Streifen, welche strahlenförmig über nahebei den ganzen Durchmesser des Maischbottichbodens reichen, dem Senkboden die Form einer Scheibe zu geben, welche nur das Centrum des Bottichbodens bedeckt, einen breiten Ring des letzteren am Umkreise aber unbedeckt läßt. Die Folge dieser Anordnung ist, daß die Maischmasse, wenn aus irgend welchen Ursachen die Würze nicht gern abfließen will, sich vom Bottichrande absondert und gegen den Mittelpunkt zu in einen immer dichter werdenden Kloß, Pudding, zusammenzieht.

Der Baudelot'sche Bierkühlapparat*).

In seiner neuesten Gestaltung steht dieser Kühler erst seit wenigen Jahren

---

*) Diese Skizze wurde in Dingler's polytechnischem Journal, Jahrgang 1864, aufgenommen.

in den Vereinigten Staaten im Gebrauche und ist Hr. Turell der Patent-
träger; unter hundert für gleichen Zweck geschaffenen Vorrichtungen ist diese
wahrhaft hervorragend durch das sinnreiche Princip, welches ihr zu Grunde
liegt, und demgemäß durch Einfachheit und Billigkeit; durch große und schnelle
Leistung bei leichter Handhabung und leichter Reinhaltung; durch den geringen
Raum, welchen sie einnimmt; durch Gewinnung von großen Massen heißen
Wassers für weitere Brauzwecke.

Für Alebrauereien macht der Baudelot'sche Apparat das Kühlschiff
ganz entbehrlich und gewährt also eine sehr große Ersparniß an Gebäude-
und Einrichtungscapital und an Raum bei erleichterter Uebersichtlichkeit des
Geschäfts und außerordentlicher Verkürzung der Manipulation.

Baudelot's Kühler besteht in der Hauptsache aus einem Systeme von vielen
mit Belassung eines kleinen Zwischenraumes übereinander gelegten, parallelen
Kupferröhren, die an den Enden durch Verschraubungsstücke mit einander verbunden sind und durch zwei Pfostensäulen getragen werden. Sowohl über als
unter dieser Röhrenwand ist eine Rinne angebracht, die obere um die heiße, die
untere um die bereits gekühlte Würze aufzunehmen, beziehungsweise zu vertheilen
und weiterzuleiten. In das unterste Rohr tritt das kalte, unter Umständen mit
Eis gekühlte Wasser ein und begegnet von Rohr zu Rohr nach oben steigend
der außen herabfließenden heißen Würze. Diese dringt durch die vielen kleinen
Löcher der V förmigen Zuleitungsrinne und vertheilt sich als äußerst dünne
Schicht über die Röhren; um die zu kühlende Bierwürze von einer Röhre zur
anderen tropfweise zu vertheilen, hat jede an der Unterseite eine Zahnlinie, einen
gekerbten schmalen Kupferstreifen. Eine neueste Construction behält diese Zahnlinie nur als Vermittlerin des Abflusses von der Vertheilungsrinne auf das
oberste Rohr bei: sind die obersten Röhren einmal von der Flüssigkeit überströmt, so wird mit einem Pinsel zum Behuf der gleichförmigen Benetzung darüber gefahren und sofort gestaltet sich die abfließende Würze in den Zwischen-
räumen eben so gut als auf der Rohrfläche zur dünnen Schicht.

Baudelot's Apparate werden je nach dem Bedürfnisse des Braugeschäfts,
für welches sie bestimmt sind, für eine Kühlung von 12 bis 60 Barrels Würze
per Stunde angefertigt; die kleinste Dimension ist die von 8 Fuß Röhrenlänge
und 4 Fuß Höhe, bei 20 übereinander liegenden Röhren, die größten derzeit
üblichen Apparate haben 17 Fuß lange Röhren und das ganze System hat
eine Höhe von 7 Fuß; die erstere Art ist für die Leistung von 12, die letztere
für eine Kühlung von 60 Barrels in der Stunde angenommen. Vor vier Jahren noch, ehe das mit dem Kriegsglücke der Nordstaaten wechselnde Goldagio
die Preise aller Artikel der Schwankung unterwarf, kosteten Baudelot's Kühler
innerhalb der oben erwähnten Grenzen der Leistung 275 bis 1100 Dollars,
Ansätze, die im Vergleiche mit den Kosten der in Mitteleuropa üblichen Kühlapparate für gleiche Leistung klein sind.

Alefabriken ersparen sich, wie bereits angeführt, bei Benutzung dieser Vorrichtung das Kühlschiff, somit auch das Kühlhaus, vollständig. Der Apparat
wird in einem kühlen, nach Bedürfniß den freien Luftzug gestattenden Locale
wenn möglich so aufgestellt, daß die Würze aus dem Braukessel, beziehungsweise aus dem den Dienst des Hopfenseihers versehenden Behälter, durch den
eigenen Fall darauf gelangt und nach der Kühlung von selbst in das Gähr-
local abfließt. Die Manipulation ist äußerst einfach; Zu- und Abfluß sowohl
von Würze als von Kühlwasser werden durch Hähne regulirt, das heiß gewordene
Kühlwasser im Heißwasserbehälter oder auch im Braukessel zum weiteren Dienst
gesammelt.

Das Kühlwasser wird besonders in kalter Jahreszeit sehr gut ausgenutzt
und dessen Temperatur, wofern die Bierwürze, wie dies in Alefabriken gewöhnlich ist, nahezu siedend auf den Apparat kommt, auf circa 60° R. erhöhet;
im Allgemeinen erreicht das Kühlwasser bis auf 2 bis 3 Grade Differenz die
Wärme der gekühlten abfließenden Würze. Dieses Verhältniß wechselt begreiflicher Weise je nach der Lufttemperatur, der gewünschten geringeren oder größeren Beschleunigung der Operation des Kühlens (im ersteren Falle wird das
Kühlwasser besser, im letzteren weniger gut ausgenutzt), oder, was dasselbe ist,
nach dem Verbrauche eines kleineren oder größeren Wasserquantums. Im
Winter wird, um im Allgemeinen zu sprechen, ein der Würze etwa gleiches
Maß von Wasser für die Abkühlung derselben verwendet, im Sommer das
doppelte. In den heißen Julitagen des Jahres 1863 beobachtete ich in einer
gut geleiteten Brauerei im Staate New-York folgende Wirkung dieser sinnreichen Kühlvorrichtung: Die abendliche Lufttemperatur war $21\frac{1}{3}$° R.; das
für die Kühlung zu Gebot stehende Wasser hatte $11\frac{2}{3}$ Grad und erwärmte sich
beim Aufsteigen durch den Apparat auf 39 Grad; die mit einer der Siedehitze
nahen Temperatur von dem Seihebehälter zuströmende Alewürze wurde heruntergekühlt auf $13\frac{1}{3}$ Grad. Bei einer anderen Operation hatte das benutzte Kühlwasser anfänglich $9\frac{3}{4}$ Grad, und die Würze kam auf $12\frac{1}{2}$ Grad herunter.
Die mir mitgetheilte Erfahrung, daß in derselbigen Fabrik in kalter Jahreszeit
das Kühlwasser gewöhnlich 57 Grad erreicht, kann mit folgender Berechnung
in Einklang gebracht werden:

100 Barrel der gehopften Würze sollen in Anbetracht der bei der kurzen
Rast zum Absetzen und auf dem Wege von dem Braukessel bis zum Apparat
stattfindenden Abkühlung mit einer Temperatur von 70 Grad auf den Apparat
fließen und ihn mit 12 Grad verlassen, so betrüge die anfängliche Wärmemenge

$$100 \times 70 = 7000 \text{ Barrelgrade,}$$

die schließliche Wärmemenge $100 \times 12 = 1200$

und die Wärmeaufnahme Seitens des Kühlwassers 5800 Barrelgrade.

Da das Kühlwasser sich auf 57 Grad erwärmt hat und — im Winter —

mit annähernd 7 Grad zur Verwendung kam, so wären $\frac{5800}{50}$ = also nur 116 Barrels Waſſer nöthig geweſen, wofern die Verdunſtung gar keine Rolle bei der Operation ſpielen würde. Aber das eigentlich Geniale des Baudelot'ſchen Apparates liegt darin, daß er die Verdunſtung ſich eben ſo gut dienſtbar macht als die Wärmeableitung durchs Kühlwaſſer, es können daher mit Rückſicht auf jenen wichtigen Factor der Abkühlung 100 Barrels Kühlwaſſer zur Abkühlung von 100 Barrels Würze auf die für die Gährung des ſchottiſchen Ale erforderliche Temperatur von circa 12° R. zur Winterszeit wohl genügen. Erſichtlicher Weiſe iſt ferner der Baudelot'ſche Apparat — anſtatt gleich den ſonſt gewöhnlich gebrauchten Kühlern ein Zerſtreuer der Wärme zu ſein — ein Wärmeſammler. Bei unſerem praktiſch gültigen Beiſpiele wird ein dem Gebräue gleich großes Quantum 60gradigen reinen Waſſers für die weiteren Brauzwecke gewonnen und hierin liegt eine willkommene Geſchäftsannehmlichkeit und eine weſentliche Brennmaterialerſparniß. Ein Gebräue von 100 Barrels entſpricht der Geſchäftsausdehnung einer mittelgroßen Alefabrik, bei einem ſolchen ergeben ſich, wenn man der Abrundung der Ziffer halber 100 Barrels gleich 250 Wiener Eimern annimmt, 250 Wiener Eimer Kühlwaſſer, welches von 7 auf 57 Grade erwärmt wurde, der Wärmegewinn iſt daher = 50 × 250 = 12500 Eimer- oder Centnergraden, denn im öſterreichiſchen Maße bedeutet dies nahebei daſſelbe. Da 1 Centner Steinkohle durch Verbrennung 60 Centner Waſſer von 0 auf 80 Grad erhitzt, alſo 4800 Centnergrade werth iſt, ſo entſpricht die Erſparniß in unſerem Beiſpiele $\frac{12500}{4800}$ = 2,6 Centnern Steinkohle pro Gebräue von 100 Barrels oder annähernd 250 Wiener Eimer.

Die Niederſchläge und Ausſcheidungen des Hopfenſuds, welche ſonſt als Kühlgeläger entfernt zu werden pflegen, kommen in Alebrauereien, die ohne Kühlſchiff arbeiten, großentheils mit auf die Gährgefäße, da ſie in dem öfters erwähnten Speiſebehälter des Kühlers ſich nur zum geringen Theile abſetzen können. Durch den energiſchen Obergährproceß werden jene Stoffe übrigens ſo vollſtändig ausgeſtoßen und abgeſchieden, daß die Reinheit, der Glanz und Wohlgeſchmack des Ales erfahrungsgemäß durch eine ſolche Manipulation nicht leidet. Bei der Lagerbierbereitung dagegen kann der Baudelot'ſche Apparat die Kühlſchiffe nicht ganz überflüſſig machen; man läßt die Würze ſo lange auf dem Kühlſchiffe ruhen, bis ſich das Geläger abgeſetzt hat, und ſchreitet jetzt erſt zur Abkühlung durch Apparatshülfe.

Noch erlaube ich mir folgende wichtige Frage zu berühren: Erſichtlicher Weiſe wirkt der Baudelot'ſche Apparat durch die vollkommene Berührung, in welche äußerſt dünne Würzeſchichten mit der ganzen äußeren Fläche der das Kühlwaſſer führenden Röhren kommen einestheils, und anderntheils durch das

Mittel der Verdunstung der Flüssigkeit selber, welche eben durch diese weitest gehende Vertheilung sehr befördert wird. Aber eben diese Ausbreitung hat auch eine eingehende Berührung mit der Atmosphäre im Gefolge, welche, d. h. deren Sauerstoff, gewisse Wirkungen auf die Bierwürze ausüben muß. Daß nun dieser Einfluß kein solcher ist, welcher die Qualität und die Haltbarkeit des Products beeinträchtigt, das steht für Ale ganz fest und wurde mir auch in Anbelang des Lagerbiers von gewichtiger Seite beglaubigt. Dennoch ist es Pflicht anzuführen, daß sich in Betreff der Wirkung der Baudelot'schen Kühlung auf Lagerbier auch gegnerische Stimmen in Nordamerika hören lassen: möge im Interesse der Braukunst die Praxis hierüber baldigst ein endgültiges Urtheil fällen! Wenn man die Manipulation mit dem Baudelot'schen Kühler mit dem gewöhnlichen Verfahren vergleicht, wobei die Würze oft eine Nacht hindurch auf der Kühle liegt und mehrere Stunden lang „aufgekühlt" zu werden pflegt, so wird der Schluß gerechtfertigt sein, daß, wofern ein Uebermaß der Berührung mit der Luft der Würze nachtheilbringende Eigenschaften mittheilt, solche noch eher aus der so viel Zeit in Anspruch nehmenden Kühlschiffmanipulation, als aus der rasch verlaufenden Operation bei Anwendung des Baudelot'schen Kühlers entspringen können.

Nach einer Notiz in der „Schule der Bierbrauerei" ist Hr. Habich in Wiesbaden, als Vorkämpfer für den Fortschritt im Braufache, bereit, Aufstellungen des Baudelot'schen Apparates in Besorgung zu nehmen. Auch die Fabrik des Hrn. Oskar Kropf in Nordhausen liefert Baudelot'sche Kühler, die sich bereits Anerkennung verschafft haben.

Zur Abschließung meiner Skizze über das amerikanische Brauwesen gebe ich einige Verhältnißzahlen aus dem dortigen Geschäftsbetriebe.

Bierpreise im Sommer 1863:

In Cincinnati kostete im Sommer 1863 1 Barrel = 2,289 Wiener Biereimer Bier von etwa 13procentigem ursprünglichen Würzegehalt 9 Dollars. Wenn im Spätsommer die Lagerbiere rar werden, was besonders in solchen Gegenden des Westens vorkommt, aus denen Bier dem Mississippi abwärts geliefert wird, z. B. in St. Louis, so steigt der Barrelpreis bis auf 14 Dollars und höher.

In Madison kostete eine Flasche Ale 50 Cents.

In Louisville 1 Barrel Common-Beer 6 Dollars.

In Canandaigua, Staat New-York, 1 Barrel Ale 8 Dollars.

In New-York kostete im März 1863

1 Barrel Lagerbier 8 Dollars.

1 dito 12procentiges Schenkbier 7 Dollars 50 Cents.

1 dito Common-Ale nur 4 Dollars.

1 dito Stock-Ale 4 Dollars 50 Cents bis 4 Dollars 75 Cents.

Träber werden in der Nähe von New-York pr. Bushel mit 30 und mehr

Cents verwerthet, in Louisville zu 12½ Cents, in Landbrauereien des Westens dagegen sinkt deren Kaufpreis herab bis auf nur wenige Cents. Zum Behufe der regelmäßigen Verwerthung im eigenen Geschäfte werden sie in Gruben eingeschlagen. — Der Bierverkauf geschieht in New-York an die besseren Schenker größtentheils mit monatlichem Credit. An einem bestimmten Tage kommt der Brauer zur Eincassirung und muß dann alle in der Schenke anwesenden Gäste freihalten, treat, so daß ein solcher Tag dem Herrn Brauer leicht auf 30 Dollars zu stehen kommen kann — abgesehen von der Selbst=aufopferung der Magenverschlemmung. Im Westen ist theilweise nur ein wöchentlicher Credit üblich, häufiger findet Comptant=Zahlung statt.

Die Preise der Braugeschäfte sind nach mannigfachen Umständen zu variabel, als daß sich darüber Zutreffendes im Allgemeinen sagen ließe. Ein niedliches Common=Beer=Geschäft im Staate Indiana im Besitze eines Sud=werks von 40 Barrels kostete nur 4000 Dollars; ein Lagerbiergeschäft da=gegen in Illinois mit einem jährlichen Bierverkauf von 2000 bis 3000 Barrels und einem Arbeitspersonale von 5 bis 6 Mann, sammt leidlichem Lagerkeller auf circa 1000 Barrels war zu 8000 Dollars angeschlagen. Ein Felsen=Lagerkeller für 4000 Barrels in der Nähe von New-York kam auf 20,000 Dollars zu stehen.

Ein Dollar Nutzen vom Barrel gilt als zufriedenstellend; ebenso kommt bei der jetzt allgemeiner werdenden Concurrenz eine Capitalverzinsung von 14 Procent nur in den rentabelsten Geschäften vor.

Löhne.

In New-York, wo der Andrang von Arbeitsuchenden fortwährend ein großer ist, erhielt im Sommer 1863 ein Braugeselle nur 32 Dollars pr. Monat ohne Kost. In Dobbs Ferry waren 30 Dollars sammt Kost die übliche Monatlöhnung gelernter Brauer, der Tagelohn für andere Arbeiter in der Brauerei betrug 1½ Dollars. In westlichen Städten wurde gewöhnlichen Braugesellen 32 Dollars, dem Vormann wenigstens 40 Dollars pr. Monat gezahlt und die ganze Kost gegeben und zwar täglich, d. i. binnen Tag und Nacht 4=, ja 5mal Fleischspeise.

Ein Bierführer, driver, welcher als Eincassirer eine wichtige Rolle spielt, erhielt 36 Dollars monatlich nebst Kost.

Ein Maurer, der in einer Brauerei in Cincinnati Reparaturarbeit besorgte, erhielt 3 Dollars Tagelohn; in Alton ein gewöhnlicher Tagwerker 2 Dollars.

Ein Buchhalter bezieht in Brauereien einen Gehalt von 1000 Dollars auf=wärts pr. Jahr. In Großgeschäften besonders des Südens gehen solche Gehalte bis zu 4000 Dollars.

In New-York betrug die Wohnmiethe für einen Braugesellen sammt Frau und zwei Kindern, d. h. zwei Wohnräume und eine Küche, monatlich

4½ Dollars, in St. Louis war die Wohnmiethe eben so theuer, der Haushalt in letzterer Stadt ist aber billiger als in New-York.

Es läßt sich bei Vergleichung der Löhne mit den Lebensmittelpreisen entnehmen, daß ein solcher Arbeiter wohl in der Lage ist, Ersparnisse zu machen. Bekleidungsgegenstände sind wohl theurer als allwärts in Europa, doch nicht in solchem Verhältnisse, um diesen Ausspruch umzustoßen.

Materialienpreise.

Der Preis von

1 Bushel Malz war in New-York 1 Dollar 75 Cents,

1 Bushel Mais in New-York 80 Cents bis 1 Dollar,

im Westen 30 bis 60 Cents,

100 Pfund Hopfen 20 bis 60 Dollars;

je westlicher der Verbrauchsort ist, desto theurer ist der Hopfen, welcher besonders massenhaft im Staate New-York cultivirt wird.

Der Preis von einem Pfund Kupferblech zur Braupfanne betrug im Westen etliche 40 Cents, was mit Rücksicht auf das damalige Goldagio von circa 30 Proc. zu verstehen ist. Guß- und Schmiedeeisen, beziehungsweise die daraus gefertigten Gegenstände, haben in allen dem Verkehr erschlossenen Gegenden niedere Preise. Gewöhnlicher Guß kostete vor dem Kriege in der Gegend von St. Louis 4 Cts. pr. Pfund, während des Krieges stieg der Preis von gebohrten und gedrehten Eisengußtheilen bis auf 25 Cts.

Brennholz, welches in den vom ursprünglichen Walde bedeckten Gegenden fast werthlos ist, hat in der Nähe der Großstädte längst aufgehört als Heizmaterial zu dienen; dagegen ist Mineralkohle, so weit Eisenbahnen und Dampfschifffahrtlinien sich erstrecken, sehr billig.

Notizen über das Besteuerungswesen in den Vereinigten Staaten von Nordamerika.

———

Die Wichtigkeit der Accise- und Steuerfrage im Allgemeinen, der Einfluß, welchen deren Behandlung auf die Entwickelung der Industrie nimmt, und das besondere Interesse, welches die Auffassung des Besteuerungswesens in einem Lande darbietet, in welchem in den letzten drei Jahren erst ein System erfunden und aufgebaut wurde, geeignet, Hunderte von Millionen den Cassen des Staates zuzuführen und das dennoch bis zu einem gewissen Grade vereinbar sein mußte mit den Grundanschauungen des Volkes — diese Verhältnisse luden mich ein, die während meines Aufenthaltes in Amerika verfaßte Skizze über Spiritus- und Bierbesteuerung durch einen Abriß über das Steuerwesen im Allgemeinen zu erweitern, welcher in der „Austria" 1865 bereits veröffentlicht worden ist.

Steuerbeamte. Das jetzige Vereinigte-Staaten-Steuergesetz — Internal Revenue Law — d. h. Gesetz der inneren Einkünfte, stammt erst vom Jahre 1862 und ist seitdem durch Zusätze vermehrt worden, die entweder vom Congresse sanctionirt sind, oder nur als Entscheidungen des höchsten Steuerbeamten, Commissioner of Internal Revenue, provisorische Gesetzeskraft besitzen. Unter diesem Commissioner als Bureauchef fungiren, als zum Department der inneren Einkünfte gehörige Beamte, sein Stellvertreter, der Cassirer, Assessoren, Collectoren und Inspectoren.

Das Land ist in Collectionsdistricte eingetheilt, die meist mit den Wahldistricten, Congressional Districts, zusammenfallen, und für deren jeden ein Assessor und ein Collector vom Präsidenten der Republik ernannt werden; für engere Bezirke werden Assistenten vom Assessor angestellt. Der Collector hat eine vom obersten Beamten festzustellende Schuldverschreibung mit fünffacher Sicherheit auszustellen; er stellt sich so viele Stellvertreter an, als ihm beliebt, er selbst hat diese zu lohnen und bleibt für ihre Handlungen verantwortlich, kann aber Cautionsleistung von ihnen verlangen. Der Gehalt des Collectors besteht in einem Antheile von 4 Procent aus den ersten 100,000 Dollars und von 2 Procent aus jeder darüber an Steuereinkommen entfallenden Summe, doch dürfen diese Bezüge niemals 10,000 Dollars in einem Jahre überschreiten, wofern der District des Collectors nicht größer ist als ein Wahldistrict.

Im Falle einer Erpressung oder wissentlichen Ueberforderung, die sich der Collector zu Schulden kommen läßt, hat er der beschädigten Partei eine Entschädigung zu leisten bis zum doppelten Betrage der Schädigungssumme und verliert sein Amt. Die gerichtliche Verfolgung des Collectors wegen des Ersatzes ist Sache der Partei.

Die Collectoren sind ermächtigt, Spiritusinspectoren anzustellen, deren Bezahlung durch die Eigenthümer der inspicirten Fabriken zu geschehen hat. Dasselbe Verhältniß findet in Bezug auf Tabackinspectoren statt.

Schließlich ernennt der Schatzsecretair noch drei Agenten, welche die Aufgabe haben, zur Verhütung, Entdeckung und Bestrafung von Vergehen gegen die Einkommensteuer mitzuwirken.

Steuerlisten. Jede Person, Geschäftsgesellschaft und Genossenschaft, die nach dem Gesetze zu irgend einer Taxe verbindlich ist, hat dem Steuerassistenten des betreffenden Districts einen jährlichen Ausweis zu machen über den Betrag des jährlichen Einkommens, über die mit besonderer Taxe belegten Steuergegenstände und die Menge solcher fabricirten und verkauften Waaren, welche mit der gewöhnlichen Werthsteuer belegt sind. Verschiedene Steuerpflichtige haben die Steuerliste öfter als einmal im Jahre einzureichen, z. B. Brenner dreimonatlich, Brauer einmonatlich. Die Steuerassistenten bereisen die ihnen angewiesenen Districte und tragen die Schätzung in das Steuerbuch ein; hier ist sie mit der Unterschrift der Partei zu versehen, wodurch erst die Eintragung für letztere bindend wird. Die beschworenen Listen der Fabrikanten ꝛc. werden in das Steuerbuch ohne Unterschrift der letzteren eingetragen. Die von den Steuerpflichtigen verfaßten Listen sind aber nicht endgültig; jährlich einmal bereist der Steuerassistent seinen District, sucht alle Besitzer von Eigenthum oder von Gewerbescheinen auf und schätzt die einzelnen Steuerobjecte ab und zwar mit besonderer Rücksicht auf die vom Eigenthümer eingegebenen Listen. Jeder Steuerbeamte ist befugt, zur Tageszeit in jede Brauerei, Brennerei, Fabrik oder jeden sonstigen in seinem Districte gelegenen Ort einzutreten, wo Gegenstände der Besteuerung aufbewahrt oder geschaffen werden, insoweit als der Dienst des betreffenden Beamten dies erheischt.

Steuerzahlung. Die Steuerzahlung geschieht in unmittelbarer Weise ohne Vermittelung der Amtscasse, sei es einer Ortsgemeinde, sei es eines Kantons, County. Der Assessor hat die richtiggestellten Steuerlisten zur Einsicht jeder Person, die darum ansucht, offen zu halten; der Collector muß nach

Empfang derselben durch einen Aufruf in einem öffentlichen Blatte, das im selben County erscheint, und durch Anschlag an wenigstens vier öffentlichen Plätzen die Steuerpflichtigen zur Zahlung auffordern, unter Angabe der Zeit und eines im County selbst gelegenen Ortes, wo er die Steuer in Empfang nehmen will; ebenso ist die Strafe für Unterlassung der Einzahlung im Voraus bekannt zu geben. Anlangend alle in die Jahresliste nicht eingeschlossenen Gebühren, z. B. die auf öffentliche Verkäufe, auf geistige Flüssigkeiten, Dividenden u. s. w. gelegten, so läßt der Collector zunächst an die Person des Pflichtigen eine directe Aufforderung zum Steuerbekenntniß ergehen und geht, wenn dieser binnen zehn Tagen nicht entsprochen ist, in der gleichen Weise vor, wie bei Eintreibung der in den Jahreslisten ausgeschriebenen Steuern, d. i. er erhebt sie durch Einziehung und Verkauf der Güter der Partei. Wenn das vorgefundene persönliche Eigenthum der zu exequirenden Partei nicht zur Deckung der Steuerschuld genügt, so kann der Collector den Betrag durch den Verkauf des Realitätenbesitzes decken; Werkzeuge und Geräthe für den Handel oder die Profession, eine Kuh, die Waffen, Vorräthe und Haushalteinrichtung für den eigenen Gebrauch und für die Familie sind aber ausgenommen von der Confiscation wegen Nichtzahlung der Steuer. Die Eigner des der Steuereintreibung halber verkauften Landes oder deren Erben oder andere Betheiligte haben das Recht, das so verkaufte Land binnen einem Jahre nach Bekanntmachung des Verkaufsactes wieder zu kaufen, sei es, daß schon ein Käufer oder daß der Collector es noch in Händen hat, wofern die Berechtigten den früheren Verkaufspreis mit 20 Procent Jahresinteressen dafür erlegen.

Strafen. Auf die Eingabe einer Steuerliste mit falschem Bekenntnisse ist, wenn eine betrügerische Absicht dabei nachgewiesen werden kann, eine Pönalsumme bis zu 500 Dollars festgesetzt, die von dem im selben Districte gelegenen Gerichtshofe bemessen wird; ferner hat der Steuerpflichtige die gesammten Gerichtskosten zu tragen. In allen Fällen von zu gering befundenem Steuerbekenntniß haben die Steuerassistenten nach der besten Information, welche sie erhalten können, die Listen anzufertigen und sind dabei ermächtigt, die vorhandenen Grundlagen der Steuerbemessung in jeder Einzelnheit zu benutzen. Gegen eine so gemachte Schätzung giebt es keinen Appell. In ähnlicher Weise wird vorgegangen gegen Parteien, welche die rechtzeitige Einreichung der Listen verweigern oder versäumen, und es wird, den Fall von Erkrankung des Steuerpflichtigen ausgenommen, zu der von den Steuerassessoren bemessenen Summe ein Strafzuschlag von 50 Procent gemacht, überdies steht auf einer solchen Weigerung eine Strafe von 100 Dollars.

Rückvergütung. Wenn irgend ein Artikel, rohe Baumwolle ausgenommen, exportirt wird, so findet Steuererlaß oder Rückvergütung statt; diese, beziehungsweise die bezahlte Steuer, darf jedoch nicht geringer sein als 20 Dollars für eine einzelne Sendung oder Verschiffung.

Um den geehrten Leser näher mit dem Geiste dieser Gesetzgebung bekannt zu machen, führe ich die hauptsächlichsten Bestimmungen an, betreffend die Besteuerungsart solcher Beschäftigungen, zu deren Ausübung ein Erlaubniß- oder Gewerbeschein gehört, dann der Industrieerzeugnisse und anderen Gegenstände, die einer Werthtaxe unterliegen, und gebe schließlich einige Notizen über die Einkommensteuer und die Stempelgebühr.

Erlaubnißschein. Ein Erlaubniß- oder Gewerbeschein (License) berechtigt den Inhaber von Seiten der Vereinigte-Staaten-Regierung zu einer solchen Beschäftigung, auf welche die Licenz ausgestellt ist; es bleibt aber der Gesetzgebung jedes Staates anheimgestellt, auf das so bewilligte Geschäft noch eine Staatentaxe zu legen oder auch dessen Ausübung ganz zu verbieten.

Alle Licenzen sind vom Ersten des Monats datirt, in welchem sie ausgegeben worden und erlöschen ein Jahr danach.

Apotheker, Architekten, Civilingenieure, Aerzte, Advocaten, Gewerbsleute im Allgemeinen, Detailwaaren-, Taback- und Viehhändler zahlen für ihren Erlaubnißschein 10 Dollars, Brauer von 23 bis 50 Dollars, Destillateure von Aepfeln und Pflaumen 12 bis 50 Dollars, Weingeistfabrikanten von 25 bis 50 Dollars, Rectificanten von 25 Dollars aufwärts, Hotelbesitzer von 5 bis 200 Dollars, Lotteriebillet-Verkäufer 1000 Dollars; Großhändler von 25 Dollars aufwärts bis 500 Dollars bei 2 Millionen Umsatz, und dann für jede weitere Million 250 Dollars.

Werthtaxe (Specific or ad valorem duty). Einer Werthtaxe unterliegende Industrieerzeugnisse sind unter anderen folgende:

Rohe im Lande erzeugte Baumwolle zahlt ½ Cent pr. Pfund; eingeführte zahlt seit 1864 2 Cents. Für rohes Baumwollen- und Wollenzeug (ungebleicht, ungefärbt, unbedruckt) werden 3 Procent seines Werthes an Taxe bezahlt; nachdem der Stoff vollständig hergerichtet ist, werden weitere 3 Procent, jedoch nur von der Werthvermehrung, erhoben; schließlich zahlt der Kleidermacher, wofern sich der Werth seiner Fabrikation im Jahre über 1000 Dollars erhebt, noch 1 Procent Taxe davon.

Leder, rohes, ist nach den verschiedenen Gattungen, die es giebt, sehr verschieden besteuert, pr. Pfund mit ½ bis 6 Cents; diejenigen Sorten, für welche keine namentliche Bestimmung getroffen ist, zahlen 1 Cent pr. Pfund.

Die Fabrikation des Leders (das Gerben) und die Anfertigung von Schuhen sind getrennte Industriezweige, und das Erzeugniß von jedem dieser Zweige muß besteuert werden, wenn auch eine und dieselbe Person beide betreibt. Außerdem unterliegt der Gerber als Fabrikant der Einlösung eines Gewerbescheines von 10 Dollars, vorausgesetzt, daß sein Geschäftserlös 1000 Dollars im Jahre ausmacht, und daß er das Leder nicht im fremden Auftrage nach Pfund oder Stückzahl gerbt. Pelzwerk zahlt 3 Procent des Werthes.

Mineralkohle zahlt pr. Tonne 3½ Cents; raffinirtes Kohlöl 10 Cents pr. Gallone, annähernd pr. Pfund 1 Cent; für Ausfuhr findet Steuerbefreiung statt. Gas zahlt pr. 1000 Cubikfuß 5 Cent, wenn die monatliche Erzeugung nicht über 500,000 Cubikfuß beträgt; bei einer Monatserzeugung bis zu 5 Millionen Cubikfuß ist die Taxe pr. 1000 Cubikfuß 10 Cents und bei darüber hinausgehender Production 15 Cents. Gas macht eine Ausnahme von der allgemeinen Regel, indem der Erzeuger auch eine Taxe für das zum eigenen Gebrauch dienende zu zahlen hat.

Schießpulver zahlt je nach der Qualität von ½ bis 6 Cent Steuer pr. Pfund.

Metalle. Eisen zahlt im Allgemeinen 3 Procent seines Werthes; zu den Ausnahmen gehören folgende Eisenmaterialien, und diese zahlen pr. Tonne*):

Eisengußstücke, über 10 Pfund schwer	1½	Dollar.
„ für Bauten	1	„
Hufeisen	2	„
Eisenbahnschienen	1½	„
Nieten über ¼ Zoll Durchm.	2	„
Stahl	4 bis 10	„
Oefen und Hohlwaare	1½	„
Gas= und Wasserleitungsröhren	1½	„

Eisengußstücke, welche nicht als eigener Handelsartikel gelten, sondern nur zur Anfertigung anderer Artikel dienen, zahlen nur die auf die letzteren entfallende Taxe.

Metallwaaren, als Kupfer=, Messing=, Blei=, Zinn= und Zinkerzeugnisse zahlen die 3procentige Werthauflage.

Galanteriewaaren zahlen 3 Procent ihres Werthes; Diamanten und Smaragde gelten als Industrieerzeugnisse.

Silbermanufacturwaaren zahlen 3 Procent des Werthes.

Im Gebrauche stehendes Gold= und Silbergeschirr zahlt Taxe und zwar Gold 50 Cents, Silber 3 Cent pr. Unze.

Von Oelen zahlen nur einige Sorten Taxe, Firnisse sind mit einer 5procentigen Werthtaxe belegt.

Papier von allen Sorten hat eine Steuerauflage von 3 Procent des Werthes.

Ein Paß zahlt 3 Dollars, selbst in dem Falle, wenn ihn ein fremder Consul ausstellt, welch' letzterer dem Staatsschatze diese Summe zu verrechnen hat.

Salz zahlt 4 Cents von 100 Pfund.

Schlachtvieh zahlt folgende Taxen, und zwar Hornvieh 20 Cents pr. Stück, Kälber und Rinder unter 18 Monat 5 Cents, Schweine über 100 Pfund im

*) Nach Bestimmung des Treasury=Department ist die Tonne mit 2240 Pfund anzunehmen, wenn nicht ausdrücklich eine andere Ziffer festgestellt ist.

Gewichte 6 Cents, Schafe und Lämmer 3 Cents. — Schlachtvieh für den eigenen Gebrauch ist bis zu 6 Stück von jeder Sorte von der Taxe befreit.

Seidenmanufacturwaaren zahlen 3 Procent des Werthes.

Seife zahlt, je nach den verschiedenen Sorten, von $^1/_{10}$ bis 2 Cents pr. Pfund.

Stärke, von $^1/_{10}$ bis $^4/_{10}$ Cents pr. Pfund.

Taback. Die Auflage auf Tabackfabrikate aller Art ist 15 Cents pr. Pfund; ausgenommen sind Cigarren, Schnupftaback und solcher Rauchtaback, zu dessen Bereitung alle Stiele kommen. Letzterer zahlt nur 5 Cents pr. Pfund; Schnupftaback jeder Sorte zahlt 20 Cents. Cigarren sind nach ihrer Qualität pr. 1000 Stück mit $1^1/_2$ bis $3^1/_2$ Dollars besteuert, diese Gebühr ist monatlich zu bezahlen für die Anzahl, welche gemacht und verkauft worden ist; außerdem hat der Cigarrenfabrikant sich einen Gewerbeschein zu lösen.

Für die Tabackmanufactur gilt ebensowenig als für die Fabrikation von Spirituosen die Vergünstigung, daß Fabrikanten, deren Jahresproduction sich nicht auf den Werth von 600 Dollars beläuft, die 3procentige Auflage auf ihr Erzeugniß nicht zu zahlen brauchen.

Töpfereiwaaren zahlen 3 Procent des Werthes.

Wagen, gehalten zum eigenen Gebrauche oder zum Vermiethen, zahlen, je nachdem sie ein- oder mehrspännig sind, und je nach ihrem Werthe 1 bis 2 Dollars, abgesehen von der Taxe, die der Fabrikant mit 3 Procent des Werthes zu leisten hat.

Wein aus Trauben zahlt 5 Cents pr. Gallone.

Zucker. Die Auflage auf unraffinirten Zucker ist 2 Cents pr. Pfund. Raffineure zahlen $1^1/_2$ Procent von ihrem Verkaufserlöse als Steuer. Taxfrei ist aller Zucker, der aus Sorghum gewonnen wird, ebenso der für die Familie des Erzeugers auf welche Art immer bereitete.

Zu den taxfreien Gegenständen gehören folgende: Alle Artikel, die für den eigenen Gebrauch und Verbrauch und nicht für den Verkauf angefertigt werden; alle Gegenstände, obschon für den Verkauf angefertigt, von denen der Werth der Jahresproduction 600 Dollars nicht übersteigt (spirituose Flüssigkeiten, sowie verarbeiteten Taback ausgenommen). Ferner Bücher, Journale, Flugschriften, Zeitungen, Karten, Druckerschwärze; Fischthran; Flachs; Holz: Bau-, Werk-, Faßholz und alles Binderholz, Reife, Faßdauben, Felgen und Wagnerhölzer überhaupt, Hammerstiele, Schaufelstiele, Schindeln, Spindeln, Obstwein und Essig. Milchproducte: Butter, Käse, concentrirte Milch. Milch von Farmersküchen wird als Farmproduct betrachtet, und es ist für deren Verkauf kein Erlaubnißschein zu lösen, wohl aber für den Handel mit Milch, Butter, Käse, aus deren Gewinnung ein besonderer Geschäftsbetrieb gemacht wird.

Mehl aus jeder Getreideart, Brot und Brotstoffe, Rollgerste, Malz.

Mineralkohlenabfälle, Kleinkohle, Kohlenstaub, Holzkohle, rohes Kohlenöl.

Rohmetalle: Roheisenguß, Silberbarren, Blockblei, Barrenkupfer.

Steinmaterialien: Mühlsteine, Gips, Kalk, Marmor, Schiefer, Ziegelsteine, Drainröhren.

Schlachtvieh: für den eigenen Gebrauch geschlachtet, bis zu 6 Stück, wie oben bemerkt wurde.

Weingeistbesteuerung. Ein Fabrikant geistiger Flüssigkeiten aus den üblichen Materialien, Obst ausgenommen, welcher weniger als 300 Barrels destillirte Flüssigkeiten im Jahre fabricirt, bezahlt die Licenz mit 25 Dollars; einer der mehr macht, mit 50 Dollars. Aepfel= und Pfirsichbrennereien, die weniger als 150 Barrels im Jahre destilliren, zahlen eine Gebühr von 12½ Dollars; solche, die mehr machen, fallen in die Kategorie der gewöhnlichen Spiritusfabrikanten.

Um eine Licenz zu erhalten, ist ein schriftliches Gesuch nöthig mit Angabe des Ortes der Brennerei, der Zahl und des Rauminhaltes der Brennblasen und der Dampfkessel, des Namens der das Gesuch stellenden Person oder Gesellschaft. Ehe die Licenz ausgegeben wird, hat der Gesuchsteller eine Verschreibung auf einen Betrag, welchen der Collector festsetzt, mit ein= oder mehrfacher Sicherheitsleistung an die Vereinigten Staaten auszustellen, wodurch er folgende Verpflichtungen auf sich nimmt:

1) Im Falle einer Vermehrung oder Vergrößerung der Werksvorrichtungen diese zur Anzeige zu bringen;

2) von Tag zu Tag die Gallonenanzahl und Grädigkeit des Destillates und die Art und Menge des verwendeten Rohmaterials unter eidlicher Verbürgung der Richtigkeit in ein Buch einzutragen, welches alle Zeit, Sonntage ausgenommen, zur Einsicht des Collectors offen liegt;

3) je am 1sten, 10ten und 20sten jeden Monats einen beschworenen Auszug hiervon dem Collector zu geben mit Angabe des in der einschlägigen Periode zum Behuf der Magazinirung oder des Verkaufs weggeführten Quantums von Spirituosen;

4) keinerlei destillirte Flüssigkeit zu verkaufen oder zum Verkaufe aus der Brennerei wegzubringen, bevor sie inspicirt, gemessen und gewogen und davon eine richtige Bertragung in die Bücher gemacht ist; und

5) zur richtigen Zeit die gesetzliche Auflage zu entrichten.

Die Auflage auf Spirituosen beträgt 20 Cents pr. Gallone (3,138 Wiener Maß) für Flüssigkeiten von einem Weingeistgehalte bis zu 50 Proc. Tralles, für höhergrädige Flüssigkeiten wird die Taxe nach diesem Verhältnisse höher bemessen. Dieser Industriezweig und die Tabackmanufactur erfreuen sich, wie früher erwähnt wurde, nicht der allen anderen zu gute kommenden Vergünstigung, daß Geschäfte, deren jährliche Production den Werth von 600 Dollars nicht übersteigt, taxfrei sind. (Die Uebersetzung der nordamerikanischen Spiritussteuer-Berechnung in österreichische Maße und Münzen siehe S. 138.)

In jedem Steuerdistricte wird von dem Collector ein Inspector angestellt, welcher die Aufgabe hat, alle fabricirten Spirituosen zu inspiciren, zu messen (aichen) und zu wägen, bevor sie gebraucht oder zum Verkaufe entfernt werden; er hat auf jedem Fasse oder jedem anderen Packzeug die Menge und Gradhaltigkeit des Inhalts mit dem Datum der Einsichtnahme und seinem eigenen Namen anzumerken.

Die Gebühren des Inspectors hat der Eigenthümer der inspicirten Spirituosen zu zahlen. Für wissentlich falsche Markirung ist dem Inspector eine Strafe von 500 Dollars ausgesetzt, eben so viel dem Fabrikanten für eine Aenderung an der vom Inspector gemachten Bezeichnung.

Bei Verschiffung von Quantitäten über 50 Barrels kann eine Steuerborgung bis zur Uebergabefrist an den Empfänger eintreten. Für den Export von Spirituosen in einem Quantum, wofür nicht unter 300 Dollars Taxe gezahlt wurde, ist die Erleichterung gewährt, daß die Taxe nicht vor der Ausfuhr erlegt zu werden braucht, wenn folgende Bedingnisse erfüllt werden:

1) Die Quantität derselben muß zunächst vom Inspector erhoben sein;
2) die Erlaubniß des Collectors hat voranzugehen;
3) beim Gesuch (um diese Erlaubniß) hat der Fabrikant zu schwören, daß er wirklich den Export der Spirituosen beabsichtigt;
4) der Fabrikant hat eine Verschreibung mit wenigstens der doppelten Sicherheit vom Betrage der Spirituosensteuer auszustellen, worin er sich verbindlich macht, entweder die Spirituosen auszuführen oder die Taxe in der festgestellten Zeit (von 90 Tagen) zu bezahlen.

Aehnlich sind die Bedingnisse, unter welchen Erleichterungen für den Zweck der Rectificirung von Spiritus gewährt werden. Besitzt der Spiritusfabrikant ein Magazinsgebäude, so wird dies unter Aufsicht des Collectors als ein Regierungsdepot (bonded warehouse of the United States) erklärt. Spirituosen können dorthin gebracht werden und erst bei deren Verkauf ist die Steuerzahlung fällig.

Strafen. Für das Unterlassen der Eintragung oder die Nichtbeachtung irgend eines durch das Gesetz bestimmten Verhaltens verwirkt der Brenner allen von ihm fabricirten Spiritus, alle für diesen Zweck benutzten Gefäße, die Blasen, Dampfkessel und andere Destillirvorrichtungen, außerdem hat er 500 Dollars Strafe zu zahlen und die Gerichtskosten zu tragen. In diesem Falle können Fabrikat und Werkvorrichtungen vom Collector mit Beschlag belegt werden bis eine gesetzliche Entschädigung erfolgt; dies hat binnen 30 Tagen nach dem Vorkommen des beanstandeten Falles zu geschehen, und das gerichtliche Verfahren zur Durchführung der Wegnahme des Eigenthums muß bei einem competenten Vereinigten-Staaten-Gerichtshofe 20 Tage nach der Beschlagnahme eingeleitet sein.

Die Buße für Versäumniß der Steuerzahlung zur Zeit der dreimonatlichen

Rechnungsablegung besteht in einem Zuschlage von 10 Procent auf den dem Betreffenden zukommenden Steuerbetrag; bis zur geleisteten Bezahlung bleibt die Steuerschuld auf die Brennerei und die Werkvorrichtungen derselben vorgemerkt; wenn dieselbe 10 Tage nach der Fälligkeit nicht gezahlt ist, kann der Betrag durch Wegnahme und Verkauf des persönlichen Eigenthums des Delinquenten aufgetrieben werden.

Bierbesteuerung. Die über die Bierbesteuerung im Folgenden noch beizufügenden Angaben und die voranstehenden für die Weingeistfabrikation geltenden mögen als sich gegenseitig ergänzend betrachtet werden.

Die Biertaxe wurde vom 1. April 1864 ab auf 1 Dollar für jedes Barrel Bier, zu 31 Gallonen gerechnet, festgesetzt.

Ein Bierbrauer, welcher 500 und mehr Barrels Bier im Jahre braut, zahlt 50 Dollars für die Licenz, einer der weniger als 500 Barrels fabricirt, 25 Dollars.

Unter Brauer ist verstanden jede Person, die — ganz oder theilweise aus Malz — gegohrene Flüssigkeiten irgend einer Art zum Verkaufe macht. Die Licenz ermächtigt den Brauer zur Fabrikation und zum Großverkaufe von Quantitäten über 3 Gallonen. Brauer und Brenner brauchen keine weitere Licenz als Großhändler mit geistigen Flüssigkeiten zu lösen.

Die Anforderungen des Statuts bezüglich der Brauer-Licenz sind viel weniger bindend als die auf Brenner-Licenzen sich beziehenden. Für Brauer ist keine besondere Form des Licenz-Gesuches vorgeschrieben, deshalb wäre eigentlich von vornherein anzunehmen, daß das Gesetz von Brauern nicht wie von Brennern bei Einreichung eines Licenz-Gesuches die Ausstellung einer Schuldverschreibung verlangt; indessen hat der Commissioner die Weisung gegeben, daß die Brauer den Brennern hierin analog zu behandeln seien, ebenso im Falle der Wegbringung des Bieres aus dem Fabrikationsorte, bevor die Taxe gezahlt ist.

Die Taxe ist monatlich zu zahlen; der Brauer hat dem Collector am ersten jeden Monats einen beschworenen Ausweis über das Gebahren des vorangegangenen Monats einzureichen. Der Steuerbeamte hat das Recht der Einsicht in die Bücher, um sich von der Richtigkeit des Auszuges zu überzeugen.

Früher war der Brauer noch zur Führung eines Tagsregisters verhalten, welches die Quantität der gegohrenen Flüssigkeit angab, die gemacht und verkauft, oder zum Verbrauch und Verkauf ausgegeben worden ist. Dieses ebenfalls beschworene Register hatte, Sonntage ausgenommen, stets von Sonnenaufgang bis Sonnenuntergang zur Einsichtnahme des Collectors bereit zu liegen. Hiervon, sowie von der Forderung an den Brauer, einen Ausweis über die zum Maischen verwendeten Materialien zu geben, wurde durch das Amendement des Gesetzes Umgang genommen.

Die Strafart für Nichtbeobachtung der gesetzlichen Vorschriften ist bei der

13*

Bierfabrikation genau die bei der Bereitung von Spirituosen angeführte. Das amerikanische Gesetz charakterisirt sich auch hier durch die Forderung einer Beschwörung der Angaben, wie sie bei jeder die Besteuerung betreffenden Erklärung verlangt wird (diejenige ausgenommen, welche sich auf die gewöhnliche Einkommensteuer bezieht), und durch die empfindliche Höhe des Strafausmaßes für ungesetzliche Handlungen. Durch Abnahme des Eides auf die Angaben, welche der Fabrikant selber zu machen hat, will die Vereinigte-Staaten-Gesetzgebung das erreichen, was man in europäischen Ländern durch ein in die Geschäftsmanipulation oft in lästiger Weise eingreifendes und kostspieliges Controlsystem anstrebt — die Hintanhaltung der Steuerdefraudation. Daß man diese Absicht bei dem uncontrolirten amerikanischen Gebahren vollständiger erreiche, glaube ich durchaus nicht, denn das Vertrauen auf die Heilighaltung des Eides gewährt in jenem Lande, in welchem die extravagantesten religiösen und moralischen Grundsätze vertreten sind, keine volle Bürgschaft. Anderseits möchte ich annehmen, daß die Mehrkosten der Controle in europäischen Ländern den Mehrgewinn an Steuer, d. h. die Verringerung der Defraudation im Vergleiche mit Amerika, nicht allerwärts aufwägen.

Einkommensteuer. Die Einkommensteuer ist im Allgemeinen nach folgender, bis 31. December 1866 giltiger Norm bemessen:

Auf ein Einkommen unter 600 Dollars entfällt keine Auflage; über 600 und nicht über 10,000 Dollars entfallen 3 Procent, über 10,000 (600 abgerechnet) entfallen 5 Procent Taxe.

Vom rohen Einkommen eines Steuerpflichtigen werden folgende Abzüge genommen, und die Steuer sodann auf die übrigbleibende Summe berechnet:

1) Staats- und Localtaxen, wie sie im vorangegangenen Kalenderjahre aufgenommen worden sind.

2) Officiersgagen oder überhaupt Löhnungen von im Vereinigten-Staaten-Dienste stehenden Personen, von welchen bereits eine Taxe von 3 Procent bezahlt ist.

3) Interessen oder Dividenden von Capitalien oder Depositen bei irgend einer Bank, Anstalt, Corporation ꝛc., auf welche bereits Taxen bezahlt worden sind.

4) Die wirklich gezahlte Miethe für das Wohnhaus oder den Landsitz des Steuerpflichtigen.

5) Der Betrag, den irgend ein Farmer oder Pflanzer für gemiethete Arbeit und auf der Farm oder Pflanzung nöthige Reparaturen zahlt, einschließlich des Unterhalts der Arbeiter.

6) Schließlich die Summe von 600 Dollars, mit Berücksichtigung der sub 2 angegebenen Norm in Betreff von Staatsdienern.

Wofern das Gesammteinkommen einer Person 10,000 Dollars überschreitet und Abzüge davon gemacht werden, weil ein Theil dieses Einkommens der 3procentigen Auflage auf Dividenden und Interessen (nach sub 3) unterlag, so hat der Steuerpflichtige für den betreffenden Einkommensantheil noch eine 2procentige Taxe zu entrichten. Personen, die Miethzins einnehmen, dürfen davon den Belauf nothwendiger Reparaturen, der Feuerversicherung und die Interessen der auf dem vermietheten Eigenthum haftenden Schuld in Abzug bringen. Die Kosten neuer Bauten oder von Meliorationen an Gebäuden können nicht vom Einkommen abgezogen werden.

Der Gewinn des Fabrikanten ist in das der Besteuerung unterliegende Einkommen einzuschließen, wenngleich bereits die Auflage auf das Fabrikat gezahlt wurde.

Einkommen aus den Interessen der Vereinigten-Staaten-Schulden ist nur mit 1½ Procent Taxe belegt. Durch einen Act des Congresses sind jeder Art Schuldverschreibungen der Vereinigten Staaten, die im Besitze von Individuen oder Corporationen sind, von der Besteuerung durch die einzelnen Staaten frei.

Bei der gewöhnlichen Einkommensteuer wird eine eidliche Bekräftigung der von Steuerpflichtigen gemachten Angaben nicht unbedingt gefordert; die steuerpflichtige Partei kann aber, wenn sie will, auch in diesem Falle die Angabe ihres der Besteuerung unterworfenen Einkommens beschwören, wodurch der betreffende Betrag zur Versteuerung sofort angenommen wird. Dieser freiwillige Eid ist des leichtern Uebereinkommens halber gestattet. Insbesondere ist es gestattet, daß eine Person im eigenen Interesse oder in der Eigenschaft eines Pflegers oder Bevollmächtigten einen Eid (als Quäker eine Wahrheitsbekräftigung) darauf ablege, daß das steuerpflichtige Einkommen den Betrag von 600 Dollars nicht erreicht, oder daß sie anderswo im gleichen Jahre zu einer Einkommensteuer unter Autorität der Vereinigten Staaten verhalten worden ist.

Die Einkommensteuer wird jedes Jahr am 1. Mai für das nächstvorangegangene Jahr ausgeschrieben und eingefordert, und muß am oder vor dem 30. Juni gezahlt sein. Wofern die Steuer 30 Tage nach diesem Termine und 10 Tage nach der nachträglichen Forderung des Collectors nicht gezahlt ist, werden 5 Procent als Strafe zugeschlagen, den Fall ausgenommen, daß es sich um Besitzungen Verstorbener oder Insolventer handelt.

Die ungezahlten Abgaben sammt etwaigen Interessen, verfallenen Strafen und Unkosten, welche daran haften, geben den Vereinigten Staaten ein entsprechendes Retentionsrecht auf alles Besitzthum, alle Capitalien, Werthpapiere und auf die Besitztitel jeder Art, von denen das besteuerte Einkommen herkam oder hätte erwachsen sollen.

Stempelgebühr. Die Stempelgebühr ist seit dem Jahre 1862 in den Vereinigten Staaten eingeführt.

Auf die Nichtstempelung irgend einer Urkunde, eines Documents, eines Schriftstückes ist eine Strafe von 50 Dollars gesetzt, und der betreffende Act wird als ungültig erklärt. Die Strafe für Anfertigung und Ausgabe, Annahme oder Zahlung eines ungestempelten Wechselbriefes, einer Tratte, Zahlungsanweisung, Promesse, auf welche ein Stempel gehört, beträgt 200 Dollars in Fällen, wobei es auf Umgehung der Auflage abgesehen war.

Durch Anführung weniger Beispiele möge die Art und Weise, wie die Stempelsteuer Seitens der Vereinigten-Staaten-Gesetzgebung aufgefaßt wird, näher bezeichnet werden.

Gesetzliche Urkunden, Klageschriften oder andere Acte, durch welche ein Proceß bei irgend einem Gerichtshofe eingeleitet wird, haben einen Stempel von 50 Cents.

Aber kein vom Gerichte oder von der Unions- oder einer Staatsregierung selbst ausgehender Act irgend welcher Art unterliegt der Stempelgebühr. Die Original-Anklageschrift (the Original writ) verlangt den Stempel zu 50 Cents, wonach für alle ferneren gerichtlichen Proceduren in der gleichen Angelegenheit die Stempelgebühr wegfällt.

Vollmachten zahlen in den meisten Fällen 1 Dollar.

Contracte brauchen im Allgemeinen für jeden Bogen Papier einen Stempel zu 5 Cents.

Wechsel bis zu 200 Dollars, zahlbar in einer Frist von 34 Tagen bis zu 6 Monaten, haben einen Stempel von 2 bis 6 Cents; bei einem Verfalltermine über 6 Monate 10 Cents, und dies gilt für jede weiteren 200 Dollars in gleicher Weise.

Schuldverschreibungen brauchen für je 200 Dollars einen Stempel zu 10 Cents.

Creditbriefe sind gleichfalls stempelpflichtig.

Lotteriebillete und ähnliche Scheine sind, wenn der eingesetzte Betrag 1 Dollar nicht überschreitet, mit einem Stempel von 50 Cents und für jeden eingesetzten weiteren Dollar mit 50 Cents mehr zu bestempeln.

Verzollungserklärungen zahlen 1 bis 5 Dollars Stempeltaxe.

Policen von Lebensversicherungen haben einen Stempel von $1/4$ bis 1 Dollar.

Empfangsscheine sind stempelfrei, doch mit Ausnahmen, so z. B. braucht ein Empfangsschein für magazinirte Waaren den Stempel zu 25 Cents.

Telegraphische Depeschen haben einen Stempel von 1 bis 3 Cents.

Medicin- und Parfümerieartikel von $1/4$ bis 1 Dollar Verkaufspreis haben 1 bis 4 Cents, für je 50 Cents Mehrwerth weitere 2 Cents als Stempelauflage.

Spielkarten haben pr. Spiel je nach dem Werthe den Stempel von 1 bis 5 Cents.

Reprint Publishing

Für Menschen, Die Auf Originale Stehen.

Bei diesem Buch handelt es sich um einen Faksimile-Nachdruck der Originalausgabe. Unter einem Faksimile versteht man die mit einem Original in Größe und Ausführung genau übereinstimmende Nachbildung als fotografische oder gescannte Reproduktion.

Faksimile-Ausgaben eröffnen uns die Möglichkeit, in die Bibliothek der geschichtlichen, kulturellen und wissenschaftlichen Vergangenheit der Menschheit einzutreten und neu zu entdecken.

Die Bücher der Faksimile-Edition können Gebrauchsspuren, Anmerkungen, Marginalien und andere Randbemerkungen aufweisen sowie fehlerhafte Seiten, die im Originalband enthalten sind. Diese Spuren der Vergangenheit verweisen auf die historische Reise, die das Buch zurückgelegt hat.

ISBN 978-3-95940-042-8

Made in Germany

www.reprintpublishing.com

www.ingramcontent.com/pod-product-compliance
Lightning Source LLC
LaVergne TN
LVHW080041090426

835510LV00041B/1870